KB251886

빛깔있는 책들 ●●● 265

충남 지역 마을지 총서 ⑥ 당진군 합덕읍 합덕리

당진 합덕마을

소들강문 평야에 가꾼 천주교 교우촌

글 · 사진 | 충남대학교 마을연구단

박찬승, 권선정, 곽호제, 유보경, 권병욱, 김현숙, 박종익

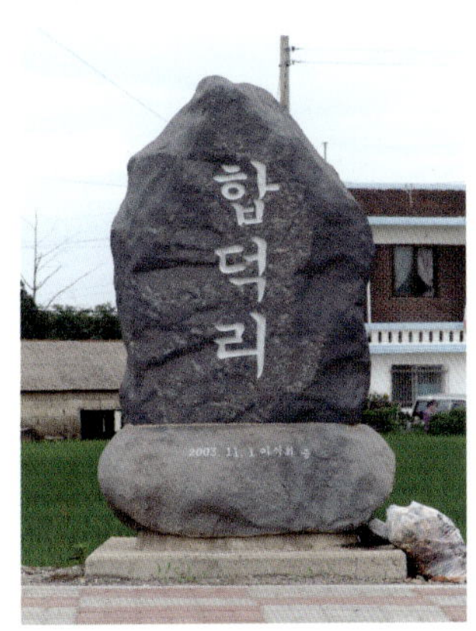

대원사

| 저자 소개

박찬승
한양대학교 사학과 교수. 문학박사(한국사)
'소들강문 평야에 가꾼 천주교 교우촌' 집필

권선정
충남대학교 마을연구단 전임연구원. 교육학박사(지리학)
'자연과 인문경관' 집필

곽호제
청양대학 초빙교수. 국사학
'마을의 역사' 집필

유보경
충남대학교 마을연구단 전임연구원. 문학박사(사회학)
'미작생산과 노동' 집필

권병욱
충남대학교 마을연구단 전임연구원. 문학박사(사회학)
'사회생활과 문화' 집필

김현숙
충남대학교 마을연구단 전임연구원. 문학박사(한국사)
'일상생활의 변화', '마을의 역사' 집필

박종익
충남대학교 마을연구단 전임연구원. 문학박사(민속학)
'민속과 의례' 집필

차 례

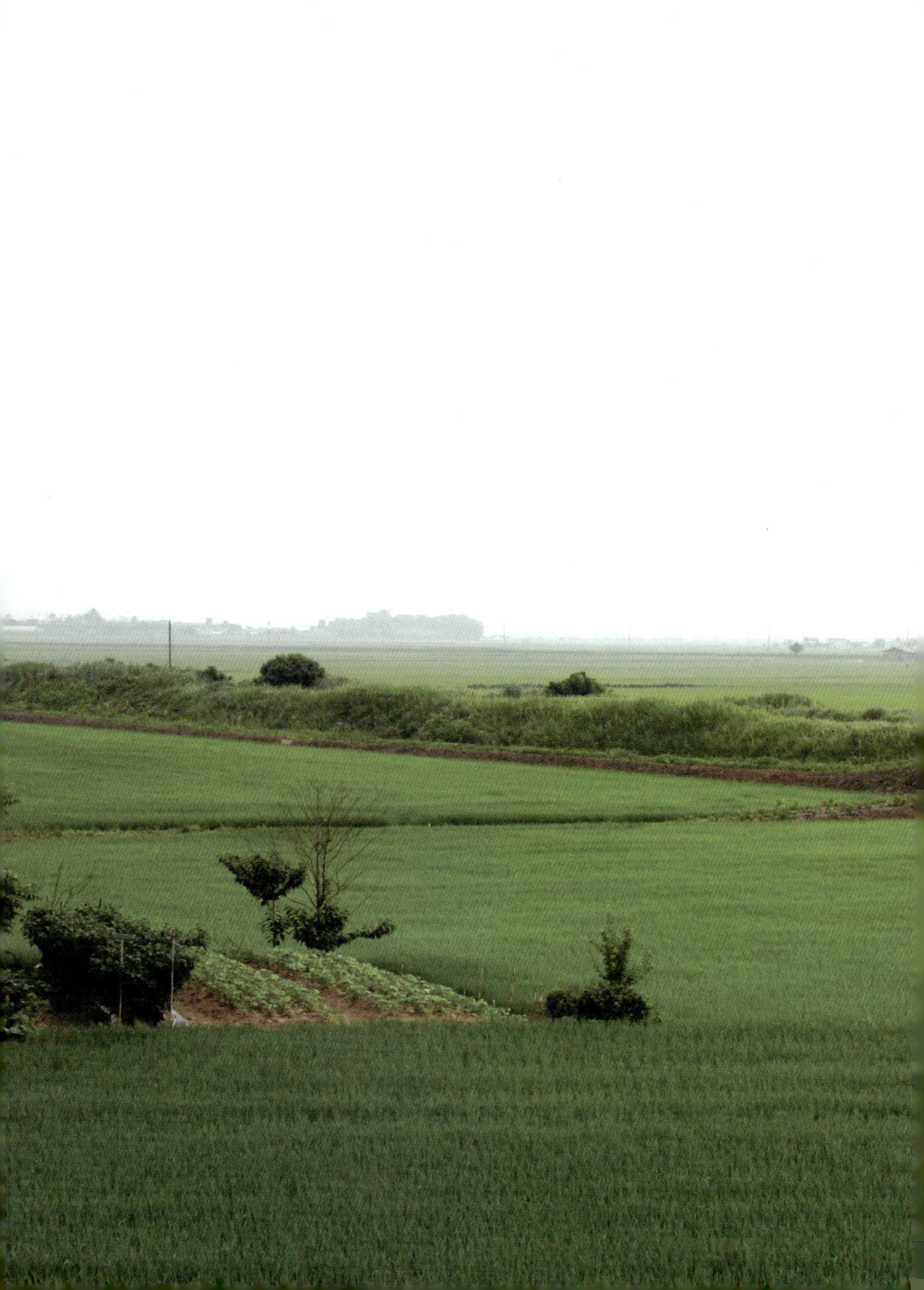

충남 지역 마을지 총서 ⑥ 당진군 합덕읍 합덕리

당진 합덕마을

소들강문 평야에 가꾼 천주교 교우촌

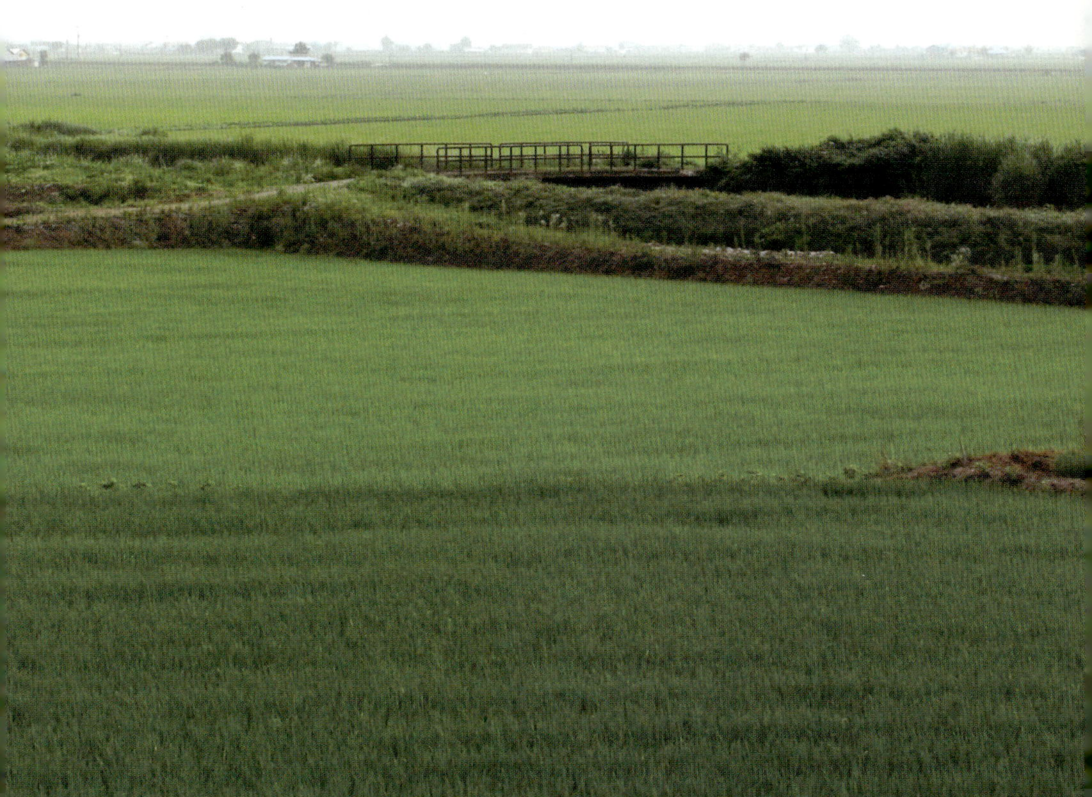

머리말

마을이 사라지고 있다. 지금으로부터 40년 전인 1966년 한국의 농가 인구는 약 1,540만 명으로 인구의 절반을 상회했지만, 2006년에는 약 330만 명으로, 전체 인구에서 차지하는 비중은 이제 7%도 되지 않는다. 많은 마을에 빈 집이 늘어나고 있고, 주민들의 평균 연령이 60세가 넘는 곳도 적지 않아, 앞으로 10년, 20년 뒤가 되면 수백 년 혹은 천 년 이상의 생애를 가진 수많은 마을들이 수명을 다하고 이 땅에서 사라지게 될 지도 모른다.

마을은 한반도의 역사가 시작된 이후 20세기 중엽에 이르기까지 대부분의 사람들이 거주해온 생활의 공간이었으며, 또 민속·의례·신앙 등 전통적인 문화를 만들어온 문화의 공간이었다. 조선시대 선비들이 생활하면서 정신문화를 창출해온 곳도 도시라기보다는 농촌 마을이었다. 따라서 마을이 사라진다는 것은 전통적인 한국 문화의 뿌리가 사라진다는 것을 의미한다. 이에 대한 아쉬움과 함께 전통문화 보존의 필요성이 제기되는 것은 당연하다.

그러나 마을은 전통문화의 뿌리인 것만은 아니다. 마을은 현재 한국 사회 인구의 대부분을 구성하고 있는 도시인들의 삶의 뿌리이자 성장 배경이며, 동시에 그들이 삶에 지칠 때 찾게 되는 정신적 고향이기도 하다. 나아가 마을은 성장과 개발의 이면(裏面)에 반목과 파괴를 심화시켜 온 근대문명의 한계를 넘어 새로운 미래를 전망할 때 우리가 돌아보는 대안이 될 수도 있다. 그러므로 마을은 우리 선조들과 오늘을 사는 어른들에게만 중요한 것이 아니라, 자라나는 우리 아이들과 앞으로 태어날 후손들에게도 소중한 것이다. 그런 마을이 사라지고, 이제는 학문적 조명에서조차 소외되고 있음은 아쉬운 일이 아닐 수 없다. '마을 연구'와 '마을 조사'의 중요성과 시급성은 여기에서 출발한다. 더구나 충남지역의 마을 연구는 경상도나 전라도에 비해 매우 빈약한 상황이기 때문에 그 중요성은 더욱 크다고 할 수 있다.

충남대학교 충청문화연구소에서는 이런 문제의식에서 2004년 '마을연구단'을 조직하고, 학술진흥재단의 지원을 받아 충남지역 마을 연구에 착수하였다. 마을연구단에서는 충남지역에도 다양한 유형과 지역적 특징을 지닌 마을들이 많이 존재한다는 점을 감안하여, 전체적으로 충남지역 마을들을 대표할 수 있는 9개의 마을을 선정, 3년에 걸쳐 매년 마을 3개씩을 공동으로 심층 조사하고, 공동 연구원들이 각 마을을 주제로 한 연구 논문들과 함께 마을의 역사와 현재의 모습을 담은 '마을지'를 꾸미기로 하였다. 15명의 공동 연구원들과 십 수 명의 보조연구원(학생)들은 이를 위해 각 마을을 공동 또는 개인별로 수시로 방문하면서 자료를 모으고, 수많은 마을 주민들을 만나 인터뷰를 진행했다. 연구원들은 마을의 모습을 전체적으로 조망하기 위하여, 지리, 역사, 경제, 사회, 일상생활, 민속 등 각 분야에 걸쳐 조사를 실시하였다. 또한 마을의 과거와 현재의 모습을 좀더 생생하게 전달하기 위해서 지난 시절의 기록과 사진을 모으고 오늘의 마을 경관과 주민들의 활동을 폭넓게 사진에 담아 마을지에 수록하였다. 또한 집필에 있어 필자들은 가급적 평이한 문체를 사용함으로써, 연구자나 일반인들은 물론 각 마을의 주민들도 쉽게 읽을 수 있도록 배려하였다. 이러한 작업들은 전임연구원들이 중심이 되어 이루어졌지만, 다른 공동 연구원들과 학생들도 많은 힘을 보탰음은 말할 것도 없다. 합덕리 마을지도 이런 과정을 통해 탄생되었다.

합덕리(合德里)는 당진군 합덕읍에 소재하는 마을로, 예당평야에 속하는 소들강문 평야의 중심에 자리한 마을이다. 뒤로는 야트막한 언덕을 등지고, 앞으로는 바다와 같이 넓은 평야를 마주한 마을, 이곳이 합덕리 마을이다. 합덕리 마을은 조선시대에는 '창말'로 불리었다. 즉 덕산현의 창(倉)이 있던 마을이었던 것이다. 그리고 마을 앞의 논들도 뱀처럼 꾸불꾸불한 삽교천의 범람으로 인해 매우 불안전한 상태에 있었다. 하지만 조선후기부터 삽교천의 천변에 둑을 쌓는 작업은 계속되었고, 한말에 이르러 어느 정도 안전한 평야지대가 만들어졌다. 합덕리 앞의 들도 한말에 이르면 비교적 안전한 평야가 된 것으로 보인다.

그리고 1899년 천주교의 성당, 즉 합덕성당이 창말 뒤편 구억뜸에 들어왔다. 합덕성당에서는 서울의 천주교의 지시를 받아 합덕리를 중심으로 인근의 토지를 대거 사들였고, 이를 합덕리의 농민들에게 소작을 주었다. 이 과정에서 타지의 천주교 신자들이 이 마을로 몰려들어 소작인이 되었고, 천주교 신자가 아닌 사람들도 이 마을에 들어와 소작인이 되기 위해 성당에 다니기 시작했다. 이후 이 마을은 천주교 신자 마을이 되어 현재는 주민의 96%가 천주교 신자이다. 그리고 이 마을은 신부 30여 명을 비롯하여 많은 수사와 수녀를 배출하였다. 아마도 단위 마을에서 이처럼 많은 신부와 수사, 수녀를 배출한 곳은 전국 어디에도 없을 것이다.

이러한 역사를 가지고 있기 때문에 합덕리 사람들은 종교적인 것뿐만 아니라 경제생활, 사회생활, 교육, 여가생활 등 거의 모든 생활을 성당에 의지해왔다. 해방 이후 농지 개혁으로 성당의 땅은 마을 주민들에게 분배되었고, 주민들의 생활이 예전보다 나아진 뒤에도 주민들의 성당에 대한 의지는 여전하였다. 하지만 1980년대 이후 급격한 이농과 함께 합덕리의 모습도 변해가고 있다. 주민들은 고령화되어 가고, 논농사에만 거의 전적으로 의지해온 생업은 벽에 부딪쳤다. 신자 수가 줄어들고, 신자들의 생활이 어려워짐에 따라 성당 운영도 점점 어려워지고 있다. 합덕리 마을지는 위와 같은 합덕리의 역사, 사회생활과 경제생활, 일상생활, 그리고 민속과 의례 등 합덕리의 모든 것을 담아보려 노력했다.

합덕리를 조사하고 마을지를 편찬하는 과정에서 집필자들은 많은 분들로부터 도움을 받았다. 합덕리의 김경태 이장님과 김홍식 합덕성당 주임신부님, 서야중고등학교의 故 유재하 이사장님, 인터뷰에 응해 주신 고종진 선생, 새마을 지도자 전용석 선생 그리고 조재홍 노인회장님, 송순섭 부녀회장님을 비롯하여 최광섭 연반계장 등 감사의 뜻을 전해야 할 분들이 너무도 많다. 아마도 합덕리 마을 사람치고 우리 마을 연구단과 접촉하지 않은 사람이 거의 없을 것이다. 그분들은 바쁜 가운데에서도 항상 친절하고 성의 있게 인터뷰에 응해주었고, 연구단의 마을 이해를 위해 협조를 아끼지 않았다. 이러한 마을 분들의 도움이 없었더라면 합덕리 마을지의 구성은 불가능했을 것이다. 이 자리를 빌려 합덕리 마을 분들에게 깊은 감사의 뜻을 전한다.

또한 집필자들은 공동 연구를 함께해온 마을연구단의 다른 공동 연구원 선생님들과 연구를 보조해준 학생들에게도 감사의 말씀을 드린다. 이 책이 부족한 가운데서도 약간의 장점이 있다면 그것은 오로지 함께 연구에 참여하신 이분들의 도움 때문이라고 생각한다. 특히 마을연구단의 연구책임자로서 모든 작업을 진두지휘해온 김필동 교수에게 먼저 감사를 드린다. 또 합덕리 마을 조사팀장으로 연구단과 마을 사이의 주된 연락 창구 역할을 하면서, 수합된 마을지 원고의 정리에도 수고해준 권병욱 박사의 노고에도 감사를 드린다.

합덕리 마을지의 출판은 한국학술진흥재단의 연구비 지원으로 비로소 가능하였다. 재단 측에 깊은 감사의 마음을 전한다.

2008년 정월

집필자들을 대신하여 박 찬 승 적음

총론 : 소들강문 평야에 가꾼 천주교 교우촌

대전에서 공주, 예산을 거쳐 충남 북서부 당진군으로 향하다 보면 드넓게 펼쳐진 평야지대를 만나게 되는데 이곳이 바로 예당평야의 한 부분인 소들강문 평야이다. 아산만으로 들어가는 삽교천 하류의 서쪽에 자리하고 있는 소들강문 평야는 충남에서 가장 큰 평야이며, 한국에서도 호남평야, 김해평야 다음으로 큰 평야이다. 이 평야 가운데에 서면 마치 바다 속에 들어와 있는 듯한 착각을 불러일으킨다. 과거 삽교천은 꼬불꼬불 들락날락하면서 이 들판에 물길을 만들었고, 때문에 홍수 때만 되면 소들강문 평야는 물에 잠기곤 했다. 뿐만 아니라 아산만과 이어지는 삽교천 하류에는 바닷물이 들어오기 때문에 삽교천의 물은 농수로 쓸 수 없었다. 때문에 삽교천 하류에 자리 잡은 소들강문 평야는 항상 삽교천 상류에서 물을 끌어다 쓰거나 합덕방죽의 물을 끌어다 써야만 했다. 1978년 삽교방조제가 만들어지고, 예당저수지의 물을 끌어다 쓸 수 있게 되면서 이 평야는 수리안전답이 되었지만, 그 이전에는 항상 불안하기만 한 평야였다.

충남 당진군 합덕면 합덕리 마을은 이러한 소들강문 평야의 중심에 자리한 마을이다. 뒤로는 야트막한 언덕을 등지고, 앞으로는 바다와 같이 넓은 평야를 마주한 마을, 이곳이 합덕리 마을이다. 이 마을이 언제 생겼는지는 잘 알 수 없다. 이 마을은 조선시대에는 '창말'로 불리었다. 즉 덕산현의 창(倉)이 있던 마을이었기 때문이다. 이 마을에 창이 있었다는 것은 부근까지 삽교천의 물이 들어왔고 포구가 있었다는 것을 의미한다. 그리고 이는 이 마을 앞의 논들도 삽교천의 범람으로 인해 매우 불안전한 상태에 있었다는 것을 의미한다. 하지만 사람들의 힘은 무서웠다. 조선후기부터 삽교천

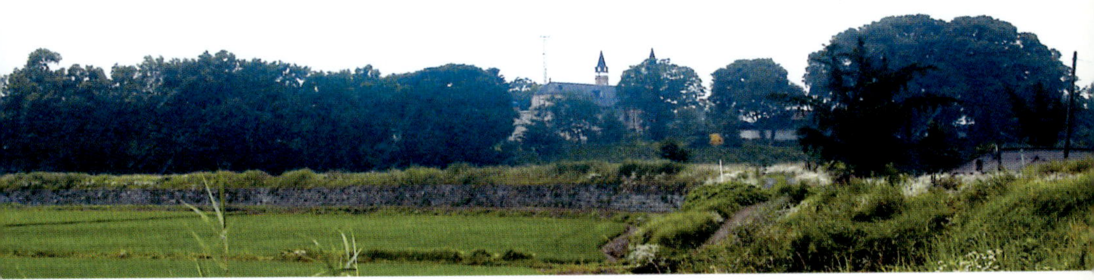

옛 합덕방죽 쪽에서 바라본 합덕성당과 구억뜸

의 천변에 둑을 쌓는 작업은 계속되었고, 그 결과 한말에 이르면 어느 정도 안전한 평야지대가 만들어졌다. 합덕리 앞의 들도 한말에 이르면 비교적 안전한 평야가 된 것으로 보인다.

이 시기에 합덕리 창말 뒤편 구억뜸 언덕에는 천주교 교회가 들어왔다. 합덕 인근의 내포지역은 이미 오래 전부터 한국 천주교의 못자리라고 할 만큼 천주교 세력이 강한 곳이었다. 합덕면이 위치한 내포지역은 19세기 초반부터 천주교의 포교지로 손꼽히던 곳이었다. 1860년대 초 베르뇌 주교가 전국을 선교사가 상주하는 8개의 본당으로 나눌 때에 내포지역은 상부내포와 하부내포로 나눌 정도로 이 지역은 천주교 세력이 강하였다. 여기서 상부내포의 중심지는 홍성이었고, 하부내포의 중심지는 예산의 고덕이었다. 고덕면은 합덕면과 바로 접해 있는 지역이다. 그러나 1866년 병인박해가 일어나, 다블뤼 주교가 합덕면 신리에서 체포되고, 1865년에 입국한 위앵과 오메르트 신부가 인근 금치리, 거더리 공소에서 체포되었다. 다블뤼 주교가 체포된 신리에는 이미 신자들이 있었던 것으로 보인다. 그러나 박해 이후 마을을 떠나 다른 곳으로 이주하거나 교회와 멀리하였던 것으로 보인다. 1886년 한불수교에 의해 천주교 포교가 자유롭게 됨에 따라 그동안 산간 지역에 피신해 있던 천주교도들이 다시 평야지대로 내려오기 시작하였다. 그리고 1889년 새로 입국한 퀴를리에 신부가 양촌(예산군 고덕면 상궁리)에 자리 잡고, 파스키에 신부는 간양골(예산군 예산면 간양리)에 자리 잡으면서 평야지대의 선교가 다시 시작되었다. 1894년 간양골 본당이 폐지되면서 양촌 본당으로 통합되었고, 이후 여기에서 다시 공세리 본당과 공주 본당이 분리해나가게 된다. 그런 가운데 퀴를리에 신부는 양촌이 본당의 중심지로 적당치 않다고 생각하여 다른 곳을 물색한 결과 합덕읍 합덕리를 주목하게 되었다. 그는 1898년 이곳의 땅을 매입하여 사제관과 성당을 짓고 이듬해 이곳으로 본당을 이전하였다. 이리하여 천주교 합덕 본당의 역사가 시작된 것이다.

합덕에 본당을 마련한 퀴를리에 신부와 그의 후임자들은 계속하여 인근의 농지를 사들였다. 그것은 교회의 재정 자립과 천주교 교우촌 건설이라는 두 가지 목표를 위한 것이었다. 특히 앞의 천주교 교회의 재정 자립은 합덕 본당 차원의 문제가 아니라 천주교 조선교구 전체의 문제였다. 즉 합덕에서 농토를 사들인 주체는 합덕 본당이 아니라 서울 명동에 있는 천주교 조선교구의 책임자 뮈텔 주교였던 것이다. 뮈텔 주교는 프랑스로부터의 후원금을 의지하는 체제에서 벗어나 재정 자립을 해야 한다고 생각했다. 뮈텔 주교는 특히 합덕지역에 넓고 값싼 농지가 존재한다는 사실에 주목하고 합덕 본당의 신부들에게 농지 매입을 지시한 것으로 보인다.

천주교회의 농지 매입은 전국적으로 진행되었지만, 특히 논의 매입은 합덕에서 집중적으로 이루어져 1920년에 이르면 약 23만 6천 평의 논과 3만 6천 평의 밭을 충남지역에서 매입한 것으로 나타난다. 그 대부분은 합덕면의 땅이었다. 이후에도 천주교회는 끊임없이 농지를 매입하여 1950년 농지 개혁 당시 예산과 당진에서 모두 195정보(약 58만 5천 평)를 소유하고 있었다. 그리고 그 대부분은 합덕면에 소재하고 있었다. 합덕면에서도 합덕리 · 신리 · 석우리 · 운산리 · 신석리 · 도리에 주로 땅을 소유하고 있었으며, 특히 합덕리와 신리에 가장 많은 땅이 있었다. 1922년경 천주교회는 합덕리에서만 논 94,787평, 밭 27,690평을 소유하고 있었다. 당시 천주교회가 합덕에서 거두어들인 소작료는 약 3천 석에 달하였다고 하며, 이는 천주교 서울 교구의 가장 큰 재원이었다.

합덕 본당은 이 토지들을 합덕리를 비롯한 토지 소재지 인근 마을의 농민들에게 소작을 주었다. 그리고 소작인들은 모두 천주교회에 다니도록 하였다. 이에 따라 합

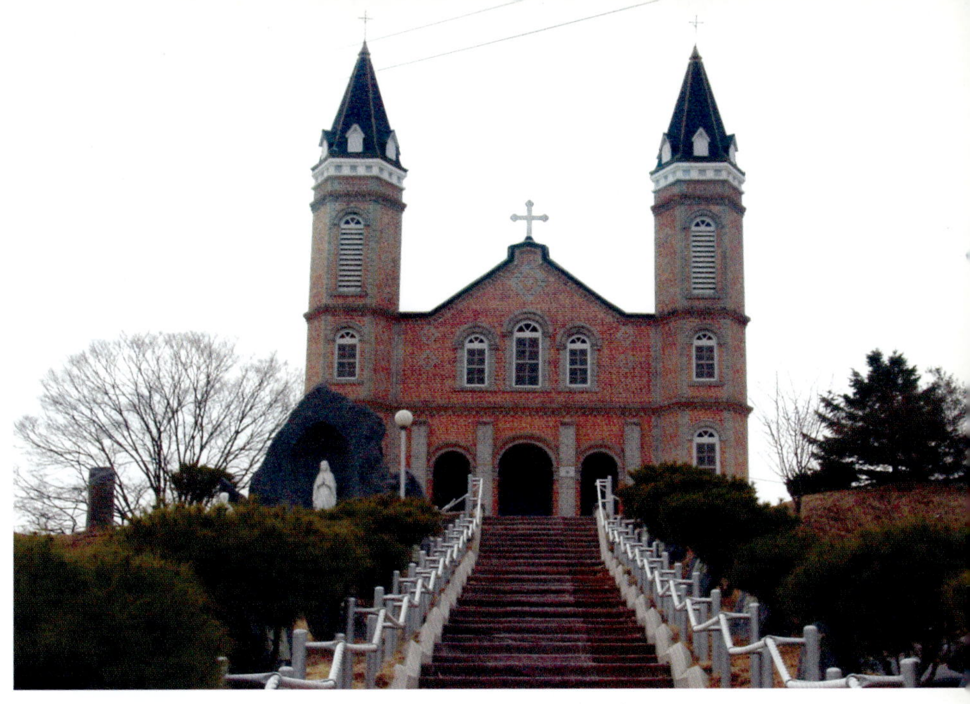

합덕성당에 올라가는 길

덕리의 주민들은 모두 교회에 나가기 시작하였고, 타지의 천주교인들도 소작을 얻기 위해 합덕리로 이주해오기 시작했다. 1898년 말 교회가 이사 오기 전 합덕의 신자 수는 101명이었다. 이사 후인 1900년 말 합덕의 신자 수는 155명으로 늘었다. 1909년에는 315명으로 늘었고, 1920년에는 427명에 달하였다. 이로써 합덕리는 천주교 교우촌으로 성공적으로 건설된 셈이었다.

합덕리 주민들은 천주교회 토지만을 소작한 것은 아니었다. 서울에 거주하는 지주의 땅도 역시 소작을 하고 있었다. 하지만 가장 비중이 큰 것은 천주교회의 토지였다. 그리고 천주교회의 토지는 다른 지주보다 약간 낮은 소작료를 낸 것으로 보인다. 또한 천주교회에서는 이주해오는 농민들에게 집을 지을 땅도 제공하였다. 따라서 합덕리의 주민들은 집과 땅을 모두 교회에 의지하였고, 이는 자연스럽게 충실한 신앙생활로 이어졌다.

이 마을에서는 해방 이후 한두 명씩 천주교 신부가 나오기 시작하여 현재까지 30

여 명의 신부가 나왔다. 수녀도 50명이 넘게 나왔다. 이로써 합덕마을은 한국에서 성직자를 가장 많이 배출한 마을이 되었다. 이것이 가능했던 것은 마을 주민들의 신앙심이 매우 두터웠다는 점과 가난한 농민의 아이들로서는 신학교에 진학하는 길 외에 다른 학교에 진학하기가 어려웠다는 점이 함께 작용한 것이었다. 이러한 분위기 속에서 합덕리 사람들의 일상생활은 거의 전적으로 천주교회에 의존해왔다고 해도 과언이 아니다. 70년대 중반까지도 성당에서는 매일 새벽 5시 반, 낮 12시, 저녁 6시에 종을 쳤다. 성당의 종소리가 나면 들판에서 일하던 사람들도 일을 멈추고 서서 기도를 드렸다고 한다. 밀레의 만종에 나오는 장면이 합덕리에서 그대로 재현되었던 것이다. 일요일에는 당연히 일을 하지 않고 반드시 성당에 나가 미사와 여러 봉사활동에 참여했다. 아이들도 학교는 빠져도 주일 미사는 빠질 수 없었다. 일 년 중 4대 축일에는 신도와 인근 주민 등 2천여 명이 모여서 축제를 벌였다. 특히 성탄절 전야에는 미사 외에 영화와 연극을 상영하고, 등불 행렬을 하는 등 성대한 축제를 진행하였다. 합덕성당의 이러한 여러 행사에서 합덕마을 사람들은 가장 중심적인 역할을 하였다.

마을 사람들은 지금도 성당의 여러 조직에 편제되어 있다. 성당의 사목편제에는 총회장 이하 17개의 분과가 있는데, 합덕마을 사람들은 대부분 이에 소속되어 나름의 활동을 해왔다. 또 성당에는 다양한 봉사 조직이 있었다. 사목회, 안나회, 마리아회, 성모회, 울뜨레아회, 레지오회, 프란체스코회 등이 그것이다. 마을 사람들은 대부분 이들 조직에 소속되어 활동을 해왔다. 현재 합덕마을에는 연반계, 부녀회, 노인회, 이삭회, 합심회 등의 조직이 또 있지만, 성당의 조직만큼 활발하지는 못한 편이다.

마을 주민들은 1950년대 농지 개혁에 의해 천주교회 소유의 땅을 싼 값에 불하받을 수 있었다. 또 1960년대 합덕 방죽이 논으로 개발되면서 이 논을 임차하여 농사를 지을 수 있었고, 1980년대에는 이 논을 사들일 수 있게 되었다. 이러한 과정을 거치면서 합덕마을 사람들의 경제적 형편은 점차 나아졌다. 1970년대에는 천주교회에서 소유하고 있던 집터의 땅들도 마을 주민들에게 헐값에 넘겨졌다. 이러한 여건 변화로 합덕마을은 1970년대 중반에 가장 번성했다. 1973년 당시 합덕리 인구는 864명이었다. 당시 합덕마을에는 도정공장이 두 곳이나 있었고, 주점도 다섯 곳이나 있을 정도였다.

그러나 합덕마을도 1980년대 이후 농업의 쇠퇴에 따른 '이농'이라는 대세를 피할

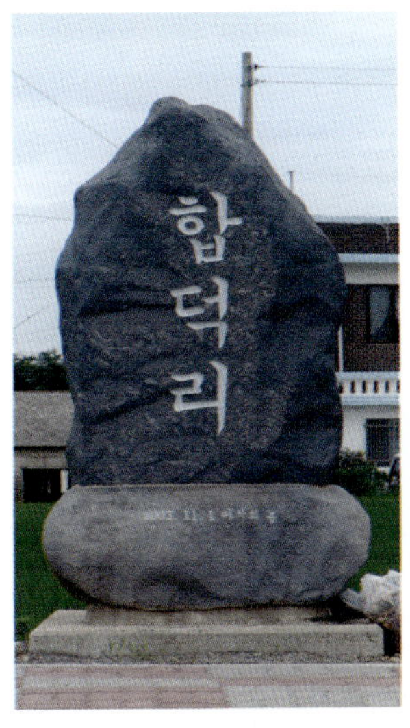

합덕리 마을 지명비

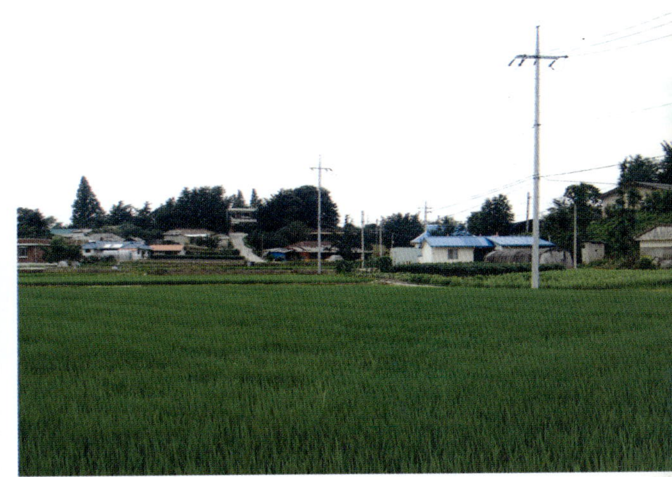

합덕리 마을 전경

수 없었다. 어찌 보면 1970년대부터 이농이 본격화된 다른 지역의 마을보다는 그래도 많이 버틴 셈이었다. 1990년대 이농은 더욱 심화되어 1993년 마을 인구는 155세대 474명으로 급격하게 줄어들었다. 마을 주민이 줄어들면서 마을의 모습도 많이 달라졌다. 주막의 모습이 자취를 감추었고 약국의 모습도 사라졌다. 30여 년간 운영되던 정육점도 문을 닫았고, 이발소도 자취를 찾을 수 없게 되었다. 요즈음 마을 중심부를 관통하는 32번 국도변의 상점들은 한가한 가운데 자동차들만 경적을 울리며 달리고 있다. 빗물에 할퀸, 처량하게 문을 걸어 잠근 도로변의 빈 상점 건물들이 합덕리의 옛날을 이야기하고 있을 뿐이다. 합덕리의 인구는 최근 340명 선까지 떨어졌다. 그나마 다행인 것은 합덕리 인근에 합덕중 · 고등학교와 서야중 · 고등학교가 있어서 40~50대의 연령층이 이농을 덜 생각하고 있다는 점이다. 하지만 대학 진학과 취업 등을 위해 젊은 층은 마을을 떠나고 있어 인구는 계속해서 감소할 것으로 여겨진다.

구억뜸 정상에 우뚝 서서 아름다운 모습을 자랑하고 있는 고딕 양식의 합덕성당은

1929년에 지어진 것이다. 성당은 아직도 모든 면에서 마을의 중심이 되고 있다. 하지만 마을 주민들이 감소하면서 합덕성당도 신자의 감소로 어려움을 겪고 있다. 신자들의 활동도 예전만큼 활발하지 못하고 행사도 크게 축소되었다.

합덕마을 사람들의 주된 생업은 물론 농업이며, 특히 미작농업이다. 농가의 평균 경작 규모는 약 3천 평이며, 1만 평 이상을 경작하는 대농도 7가구가 있다. 마을에는 현재 이앙기 7대, 트랙터 10대, 콤바인 3대, 건조기 8대가 있는 등 상당한 기계화가 이루어지고 있다. 하지만 정부의 수매가는 하락하고 쌀 소비는 줄어들어 마을 주민들의 수입은 예전과 같지 않다. 그렇다고 벼를 다른 작물로 바꾸거나, 특용작물 재배를 하거나, 축산을 하는 농가는 극히 소수이다. 그 역시 전망이 뚜렷하지 않아 위험이 따르는 데다가 주민들의 평균 연령이 높아지고 있어 새로운 시도를 하지 못하고 있기 때문이다. 일부 주민들은 식당과 같은 가게를 하거나 주변의 농공단지 혹은 건설공사 현장, 인근 지역의 과수원이나 인삼밭 등에서 임금 노동을 하면서 생계를 보충하고 있다.

합덕마을은 전반적으로 정체되어 있는 듯한 분위기이다. 하지만 마을 주민들 가운데에서도 무엇인가 새로운 돌파구를 찾아야 한다는 생각들이 꿈틀대고 있다. 합덕리 이장 김경태 씨는 합덕리도 더 이상 과거에 매어 있지 말고 뭔가 새로운 일을 시작해야 한다고 말한다. 그는 합덕리가 옛날의 명성을 되찾기 위해서는 합덕마을도 예산지역 마을들처럼 특용작물을 재배하는 쪽으로 나아가야 한다고 주장한다. 합덕성당의 김홍식 주임신부 역시 같은 생각이다. 김 신부는 또 성당과 합덕리 마을의 공생을 위해, 외지의 성당 순례단을 적극 유치하여 합덕성당과 교우촌 합덕마을을 둘러볼 수 있도록 함으로써 합덕의 부흥을 꾀해야 한다고 말한다. 합덕마을이 어떤 돌파구를 찾을 수 있을 것인지는 순전히 합덕마을 주민들의 역량에 달려 있다. 한국에서 가장 대표적인 천주교 교우촌이면서 소들강문 평야의 중심지에 자리 잡고 있는 합덕마을은 그 나름의 특성을 살리면서 생존을 도모하기 위해 안간힘을 쓰고 있다.

(박 찬 승)

자연환경과 인문경관

구릉성 산지와 간석지 평야 입지

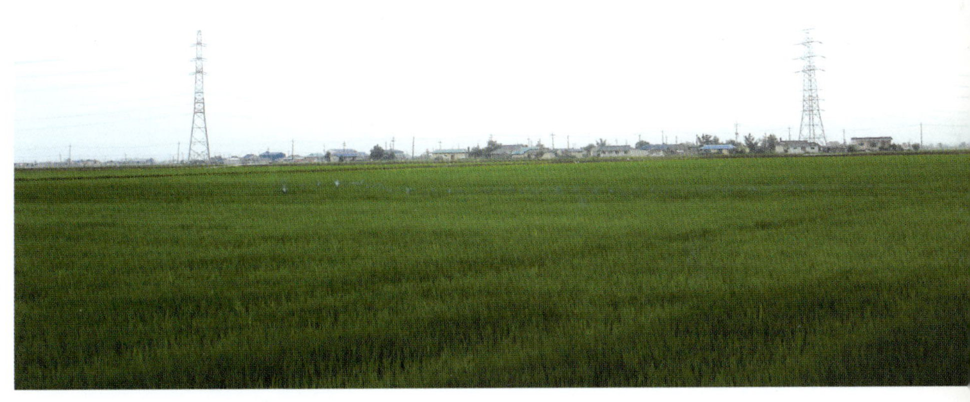

합덕리가 자리 잡고 있는 예당평야

대전에서 공주, 예산을 거쳐 충남 북서부 당진군으로 향하다 보면 드넓게 펼쳐진 평야지대를 만나게 되는데 그곳이 바로 예당평야다. 삽교천, 무한천, 곡교천이 만나 형성된 예당평야는 수많은 마을들의 터전이 되어 왔는데, 그 중 예당평야 한복판 야트막한 구릉을 기대 형성된 마을이 바로 합덕리(合德里)이다.

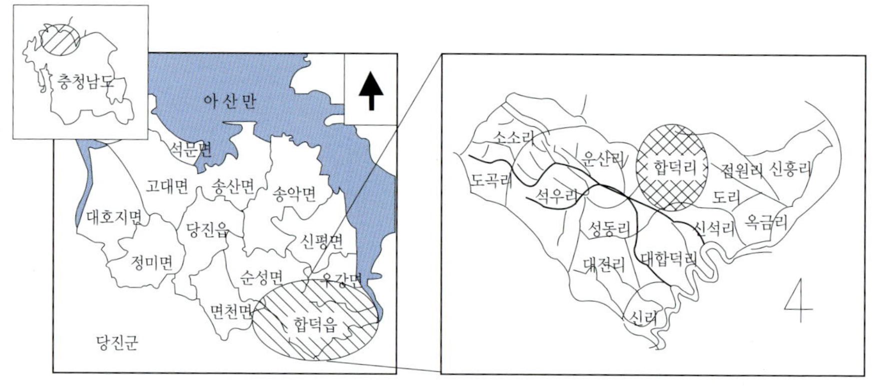

당진군 합덕읍의 위치 **당진군 합덕읍 합덕리**

합덕리가 위치한 삽교천 하류지역은 삽교천 · 무한천 · 곡교천이 합류하는 곳으로 후빙기 해수면의 상승으로 인한 하성 및 해성 퇴적작용으로 하천보다 넓은 규모의 범람원이 형성되어 있다. 또한, 평야주변에는 해발 50m 이하인 화강암의 침식 구릉지가 넓게 펼쳐져 있다.

합덕리는 행정구역상 충청남도의 최서북부에 위치한 당진군의 동남단 합덕읍(合德邑)에 속하는 지역으로 창말, 도란말, 구억뜸, 산직말, 새말 등의 자연마을로 구성

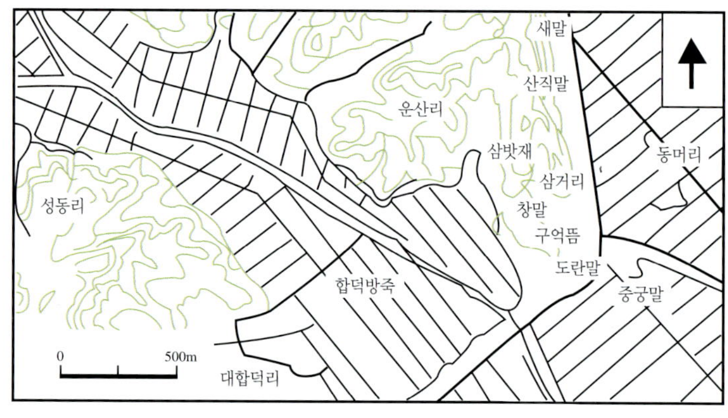

합덕리의 자연마을과 하천체계

되어 있다. 현재 이들 마을들은 인근의 평야지대와 경계를 이루는 해발 10~50m 내외의 구릉성 산지(非山非野地)에 입지하고 있다. 이러한 합덕리의 입지적 특성은 합덕읍을 구성하고 있는 다른 마을들과 관련하여 촌락형태나 가옥구조 등에 유사성이나 차이를 만들어내는 요인이 되기도 한다.

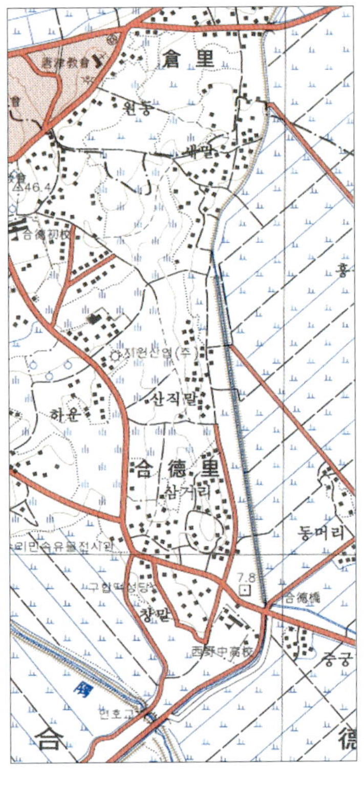

합덕리의 지형도(1: 25,000)

본래 합덕읍은 합덕리처럼 낮은 구릉성 산지에 입지하고 있는 마을들과 과거 삽교천의 간석지성 충적지였던 평야지대에 형성된 마을들로 구성되어 있다. 가령 감조하천(感潮河川)인 삽교천을 경계로 예산군과 마주하고 있는 신흥리, 점원리, 도리, 옥금리, 신석리, 신리 등은 갯골을 따라 바닷물의 침입이 빈번했던 삼교천변의 간석지성 충적지가 농경지로 전환되면서 형성된 평야지대 마을들이라고 할 수 있다.

그에 반해 합덕리를 포함하여 운산리, 소소리, 도곡리, 석우리, 성동리, 대전리, 대합덕리 등은 옛날 합덕방죽의 수원이 되었던 석우천(石隅川)을 사이에 두고 높고 낮은 구릉성 산지를 기대어 자리 잡은 전형적인 농촌 마을이라고 할 수 있다.

특히 합덕리는 구합덕방죽을 사이에 두고 대합덕리와 마주하고 있는데, 그곳은 석우천이 삽교천과 만나는 합수지역의 각 구릉 끝자락에 해당하는 곳으로 평야지대와 경계가 되는 지역이다. 현재 예산군에서 구양교를 지나 당진으로 향하는 32번 국도를 따라가다 보면 사방의 저평한 평야지대를 가로지른 후 야트막한 고갯길로 접어드는 경사 변환점을 확인할 수 있는데, 그곳이 바로 합덕리로 접어드는 경계인 것이다.

이러한 마을의 입지적 특성은 그곳에 형성된 촌락의 형태에도 영향을 주는데, 가령 구릉에 기대어 자리 잡은 마을들은 산을 등지는 배산(背山)의 형태로 가옥들이 군

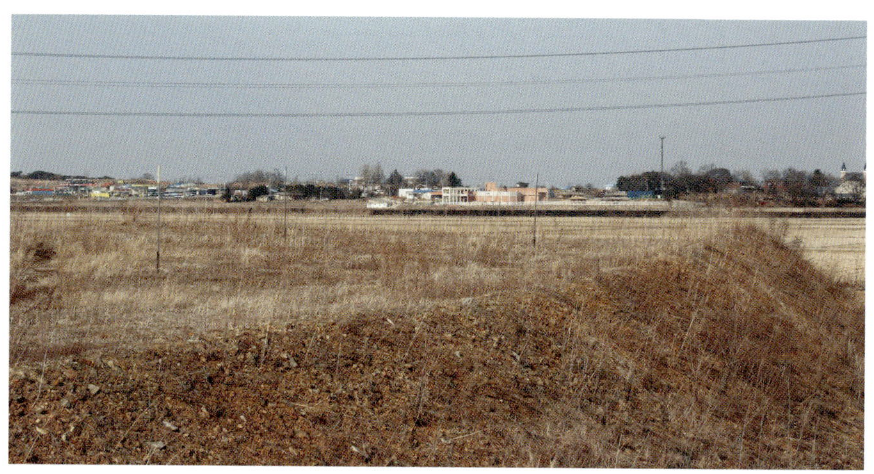

구릉성 산지에 자리 잡은 합덕리 전경

집을 이루고 있고, 과거 간석지성 충적지였던 곳에 자리 잡은 마을들은 마치 바둑판처럼 일정한 규모로 구분된 경작지 단위마다 가옥들이 밀집되어 있는 집촌(集村)의 형태를 띠고 있다.

이렇듯 합덕리를 포함한 합덕읍 지역에서 집촌의 형태가 두드러진 것은 이곳이 미작 중심의 농업지대로서 주거 장소와 경지가 각각 분리되어 있고, 지하수면이 낮아 식수를 쉽게 얻을 수 있는 이점이 있기 때문에 나타나는 현상이라고 할 수 있다. 이는 당진군에 인접한 충남 서북부의 태안반도 지역에서 확인되는 산촌(散村)의 형태와 구별되는 것으로 태안반도 지역은 합덕읍과 달리 평야의 발달이 미약하여 농경지의 연속성이 부족하고 지하수면이 얕은 관계로 집촌의 형성이 제한될 수밖에 없었다고 할 수 있다.

또한 촌락의 구조와 관련하여 흥미로운 것 중의 하나가 가옥의 좌향(坐向), 즉 가옥배치와 관련된 것이다. 흔히 한국의 전통 촌락에서는 북쪽이나 북서쪽에 위치한 산을 뒤로하여 남향이나 동향을 취하는 것이 일반적인 가옥배치로 알려져 있는데, 이곳에서는 방위 배치가 전통 촌락에서 쉽게 확인되는 남향이나 동향을 반드시 고집하지는 않는 듯하다. 특히 구억뜸 구릉 정상에 바람막이 하나 없이 자리 잡은 구합덕성당

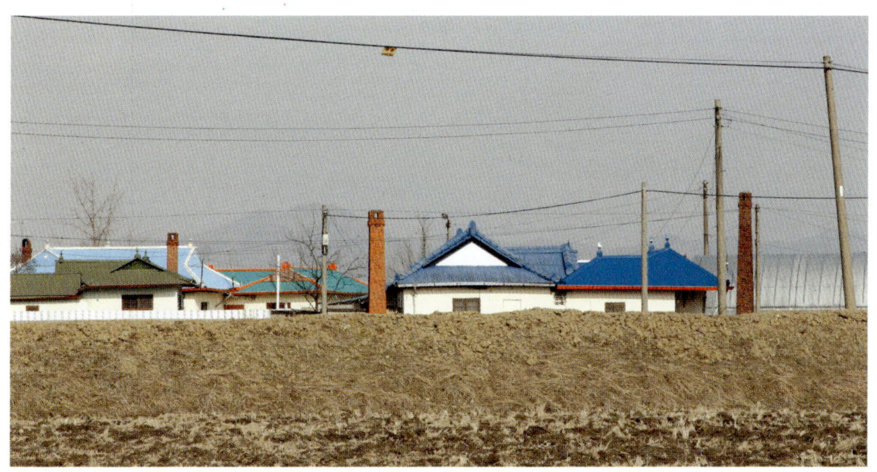

평야지대에 자리 잡은 중궁원(점원리) 마을의 굴뚝

의 경우 거의 북향을 취하고 있는 것이다. 이러한 가옥 배치는 그만큼 이 지역의 지형적 조건이 바람의 흐름이나 기온 변화에 영향을 줄 만큼 두드러지지 않기 때문이 아닌가 한다.

그 외 가옥 구조와 관련하여 구릉이나 평야 지대에 자리 잡은 거의 모든 가옥들이 예외 없이 갖추고 있는 특징적인 경관이 바로 굴뚝이다. 가히 '굴뚝 박물관'을 연상케 할 정도인데, 대부분 붉은 벽돌로 쌓아올려진 굴뚝을 가옥 당 보통 한두 개에서 많게는 서너 개까지 확인할 수 있다. 이렇듯 굴뚝 수에 차이가 있는 것은 가옥에 딸린 방마다 굴뚝이 마련되기 때문이다. 그러다 보니 외형상 굴뚝만 보고도 방의 수를 헤아릴 수 있을 정도이다.

굴뚝은 과거 목재나 연탄을 난방의 주재료로 사용할 때 연기나 가스를 잘 빠지게 할 목적으로 세워진 것이라고 하는데, 그 높이나 규모가 가옥을 위압하고도 남음이 있을 정도이다. 현재는 대부분 기름보일러로 대체하다보니 그 용도는 폐기된 채 형편에 따라 남아있거나 없어져가는 실정이다. 결국 굴뚝은 이 지역의 환경적 특성 중의 하나인 바람의 흐름과 관련된 것으로 여겨진다. 즉 계절별로 다양한 방향에서 불어오는 바람을 막아 낼 지형적 조건을 갖추지 못한 상태에서 자연적인 대류현상을 이용한 지혜의 산물로 굴뚝의 규모나 높이가 경험적으로 결정되어 온 것이 아닌가 한다.

경관을 통한 장소 이해

합덕리는 인간의 구체적 삶이 이루어져 온 생활 장소(place)이다. 그러한 장소 안에서 이루어지는 인간의 공간적 행위는 결국 장소를 구성하는 다양한 경관요소(landscape)에 대한 경험을 통해서이다. 수많은 점과 선이 면과 입체를 이루듯, 다양한 경관요소들이 장소를 구성하고 있는 것이다. 그렇기에 합덕리라는 장소의 특성을 이해하는데 있어 인간의 구체적 경험대상이 되는 특징적인 경관요소들에 주목할 필요가 있다. 여기서는 합덕방죽과 합덕성당, 그리고 몇몇 지명경관을 통해 합덕리의 장소 특성을 구성해보고자 한다.

미작 중심의 촌락

우선 합덕리는 앞서 살펴본 것처럼 낮은 구릉성 산지에 자리 잡은 촌락이다. 대개 산지에 기대거나 그 품안에 자리 잡은 촌락의 경우 하천을 임하는 것이 일반적이다. 합덕리의 경우도 합덕방죽의 수원지인 석우천과 삽교천을 끼고 있는 형태라고 볼 수 있다. 합덕방죽의 축조 시기가 길게는 백제시대까지 올라간다는 주장도 있으니 방죽 축조 이후에 합덕마을이 형성된 것인지 아니면 그 이전부터 마을이 자리 잡고 있었는지는 분명하지 않다.

본래 석우천은 어르미(蘿山) 남쪽 산록과 면천과의 경계인 쑥고개 동쪽에서 발원하여 동류하면서 석우리, 운산리를 거쳐 신석리 하흑마을 동쪽에서 삽교천에 합류하였는데, 현재는 합덕방죽이 논으로 개간되면서 직선으로 인공하천을 만들어 옛날 합덕방죽의 북쪽으로 흐르게 되었다.

석우천을 수원으로 하는 합덕방죽은 합덕리 일대가 과거 미작을 주로 하던 농촌지역이었음을 짐작케 하는 경관요소인데, 전해지는 이야기로는 합덕리와 점원리 일대의 논에 사용된 물은 일차적으로 합덕방죽의 물이 아닌 예산군 고덕면 구만리보에 저

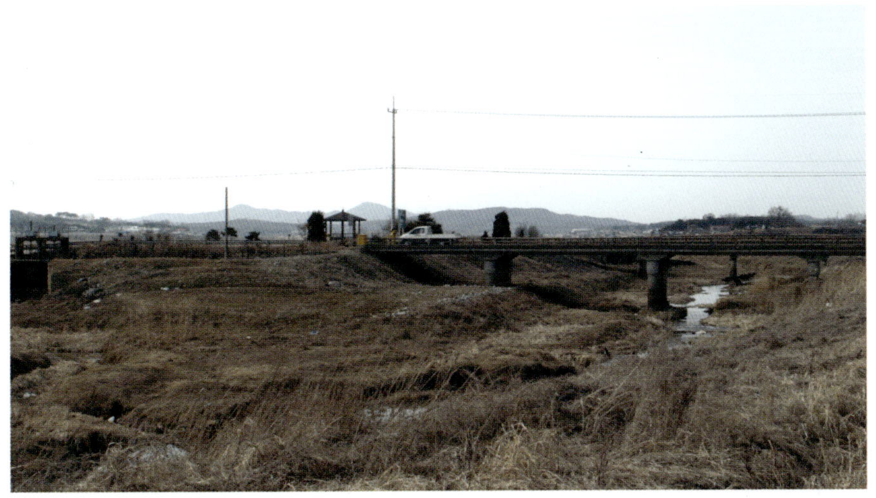

석우천과 연지교 현재 인공적으로 직선화된 석우천을 가로지르는 연지교 부근에는 삽교호 물과 예당물이 만나는 합수처가 있다.

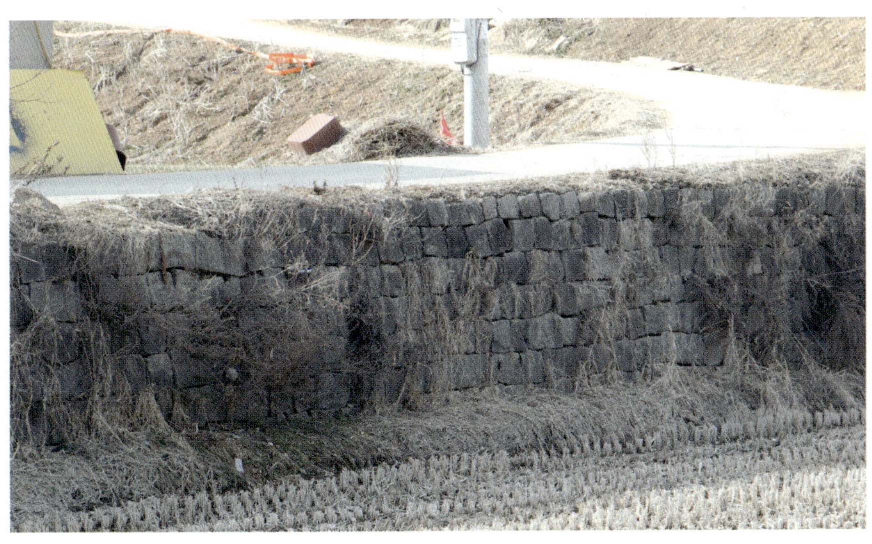

합덕방죽의 석축(대합덕리)

수된 삽교천물이었다고 한다. 이것은 합덕방죽의 관개지역 중에서 옥금리, 도리, 신석리, 대합덕리가 일차적인 합덕방죽 물의 사용처였다는 의미인데, 합덕리와 점원리는 이들 지역의 모내기를 끝낸 후 남은 물을 사용할 수 있었다고 한다.

현재에도 혼탁한 삽교천물보다 예당저수지 물을 더 맑고 깨끗한 물로 선호하는 것을 볼 때, 합덕리 일대의 농경지가 합덕방죽 물을 일차적으로 공급받지 못하고 먼저 삽교천 물을 공급받았다는 것은 흥미로운 추측을 자아내는 부분이다. 가령 합덕리나 점원리 일대의 농경지들이 과거 삽교천의 간석지였던 관계로 그 농업생산량이 상대적으로 떨어졌기 때문일 수도 있고, 아니면 관개 수로망의 특성상 자연스런 결과일 수도 있고, 또는 해당 지역의 토지 경작자나 지주들의 사회적 관계가 반영되었기 때문일 수도 있을 텐데 현재로서는 확인하기가 어렵다. 그만큼 합덕방죽은 과거부터 미작지대로서 농업을 중요시하는 합덕리 일대의 생활상을 그대로 보여주는 특징적인 경관이라고 할 수 있다.

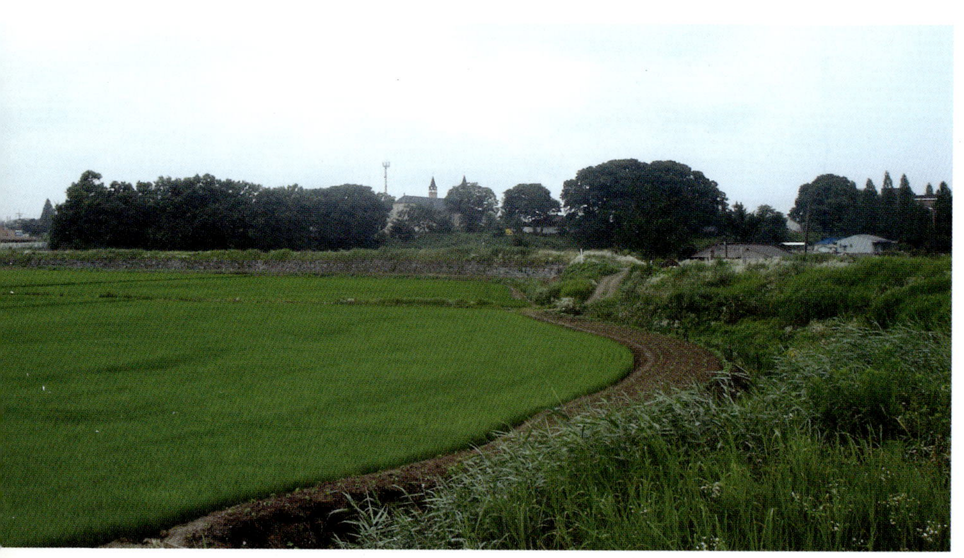

합덕방죽과 구억뜸(합덕성당)

천주교 교우촌

앞서 살펴본 바와 같이 합덕리는 전형적인 미작 중심의 촌락이라고 할 수 있는데, 종교와 관련된 인구구성을 보게 되면 이 지역이 특정 종교를 중심으로 형성되어 온 특수촌락임을 확인하게 된다. 천주교의 성소이자 상징경관이라고 할 수 있는 합덕성당의 위용을 통해서도 짐작할 수 있듯이 합덕리는 인구의 거의 95% 이상이 천주교 신자들로 구성되어 있고, 그사이 30명 이상의 신부와 수도자들이 배출된 곳이기도 하다. 이는 이웃하고 있는 합덕읍의 소재지인 운산리의 경우 개신교와 천주교가 비슷한 비율로 구성되어 있는 것과도 대비된다.

합덕리의 구억뜸 구릉 정상에 북향으로 자리 잡은 합덕성당은 예산군 고덕면 상궁리의 양촌본당, 합덕읍 신리의 천주교 공소, 우강면 송산리의 솔뫼성지 등과 함께 이 지역이 충청도 천주교의 중심지임을 다시 한 번 확인시켜 주는 탁월한 경관이다. 본래 합덕성당의 전신은 예산군 고덕면 상궁리에 있던 양촌성당(1890년)인데, 합덕성당 초대신부인 퀴를리에(南一良) 신부에 의해 합덕리로 이전되어(1899년) 한옥성당으로 건축되었다가 다시 1929년 현재의 모습으로 개축되었다고 한다. 한때 합덕읍의 소재지인 운산리에 신합덕성당(1961년)이 생겨 구합덕성당으로 불리게 되었으나,

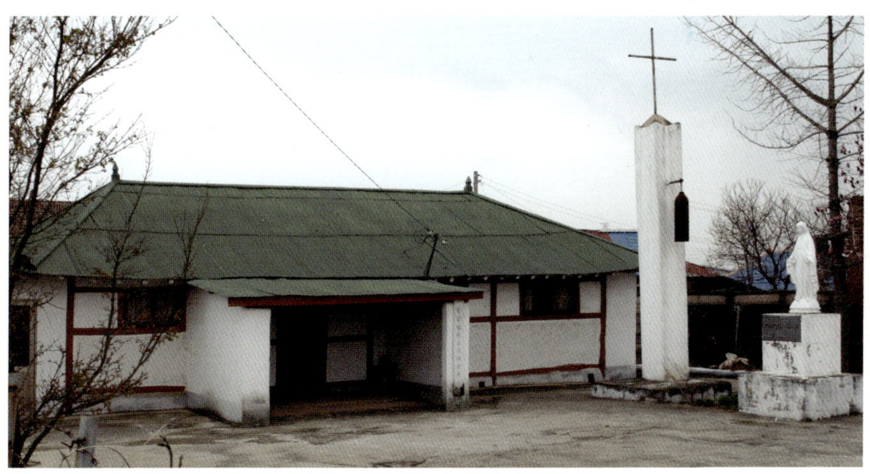

양촌성당(예산군 고덕면 상궁리)

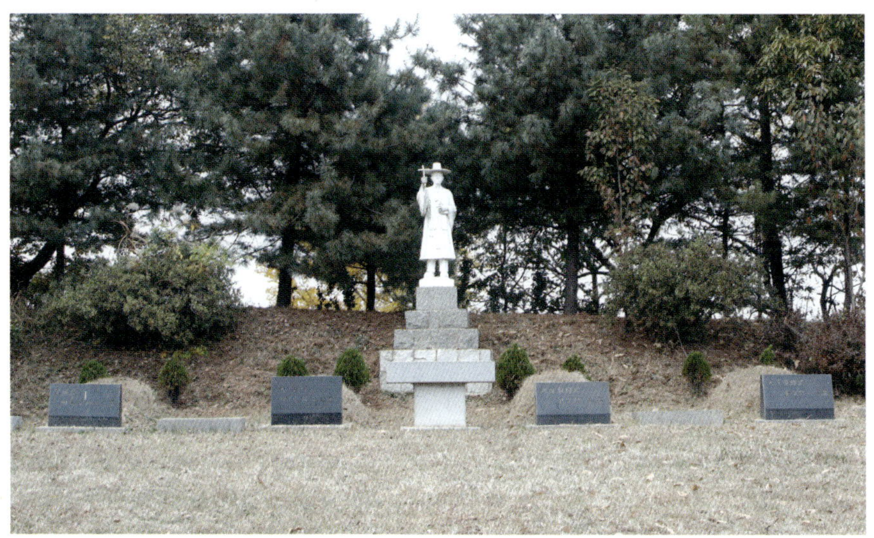

합덕성당 뒤뜰의 성직자 묘소

1997년 다시 합덕성당으로 그 이름을 되찾았다.

성당 뒤뜰에는 여러 기의 성직자 묘소(매스트르 신부묘, 홍병철 랑드르 신부묘, 백문필 패랭 신부묘, 심재덕 마르코 신부묘)가 자리하고 있는데, 그 앞에는 합덕방죽의 거센 바람을 갈무리라도 해주려는 듯 일련의 고목들이 빼곡히 들어서 있다.

교통의 중심지

공간을 주요한 삶의 조건으로 삼는 인간은 문학가가 시나 소설, 수필 등의 다양한 형식을 통해 문학텍스트를 쓰는 것처럼 그들의 공간적 행위를 통해 지표상에 다양한 형태의 공간텍스트(geographical texts)를 구성하게 된다. 여기서 관심 갖는 합덕리의 몇몇 지명경관도 이러한 공간적 행위의 결과물로서, 구체적으로 그것은 인간들의 다양한 삶의 경험이 녹아있는 장소를 형성하는 경관텍스트(landscape text)라고 할 수 있다.

보통 지명은 지표상의 물리적 요소의 위치나 일정 경계에 의해 구분되는 단위지역을 지시하는 언어적 표현으로서 자연적 조건, 역사적 사건, 또는 행정적 조치나 지리적 인식(풍수적 해석) 등 다양한 요인들에 의해 결정되는 경우가 많다. 그렇기에 현재 직접 눈으로 물질적인 경관 요소를 확인할 수 없는 경우 지명과 같은 언어적 표현은 장소성 읽기의 유용한 도구가 될 수 있다. 여기서는 합덕리의 지명 중 창말(倉里, 창뜸)을 경관텍스트로 삼아 읽어보고자 한다.

창말은 합덕리의 여러 마을 중 가장 큰 마을이다. 창말의 한자어 '倉里'는 글자 그대로 이곳이 조선시대 덕산현(德山縣)의 현물세곡을 보관하던 창(倉)이 있었던 마을임을 의미한다. 덕산현은 현재의 예산군 지역으로 결국 합덕리의 창말은 예산군의 경계를 넘어 그 행정관할이 이루어졌던 월경지(越境地)[1]였던 것이다. 역사적으로도 합덕리를 포함하고 있는 삽교천 주위 아산, 예산, 당진군 일대는 다른 군현에 월경지의 형태로 존속되는 토지가 많았는데, 이는 인근에 발달한 조운, 조창, 특산물 공급 등과 관련해 이 지역이 교통, 경제상 쉽게 양보하기 어려운 중요한 지역이었음을 보여주는 것이 아닌가 한다.

실제 내포지역을 가로지르는 삽교천은 감조하천으로서 바닷물이 내포평야 깊숙이 합덕읍 구양도를 거쳐 예산군 고덕면 구만리의 구만포까지 들어올 수 있었기에 예로부터 수상교통이 아주 편리하였다. 삽교천변 인근에 있는 포구로는 합덕리의 암두포(岩頭浦), 대합덕리의 대호역(帶湖驛), 신흥리의 독포(獨浦), 점원리의 유궁포(由宮浦), 우강면 신촌리의 부리포(富里浦, 泛斤內浦)·가포(佳浦)·굴포(屈浦), 송산리의 상포(上浦)·중포(中浦)·하포(下浦), 세류리의 우포(牛浦), 공포리의 공포(孔浦), 부장리의 남원포(南院浦), 대포리의 원대포(元大浦)·대포(大浦), 예산군 고덕면 구만리의 구만포(九萬浦), 아산시 인주면 대음리의 대각포(大角浦) 등이 있다. 그리고 조창으로는 합덕리 창말의 덕산창(德山倉, 홍주조창)과 우강면 강문리 부리포의 범근내포 조창 등이 있었다.

그런데 언뜻 생각하기에 조세미곡을 저장하던 창과 포구는 함께 있지 않았을까 짐작할 수 있다. 그럴 경우 드넓은 평야와 구릉성 산지의 경계에 입지한 합덕리 창말에는 어떤 포구가 들어섰을까 궁금해할 수 있다. 그러나 실제 창은 배가 뭍에 닿아 직접 세곡을 싣는 포구와 떨어져 있는 경우가 대부분이었다. 왜냐하면 당시 삽교천은 감조하천으로 밀물 시 해수의 역류현상이 심하여 인근의 낮은 간석지를 홍수로 삼키는 일이 많았기에 그곳에 창을 마련해 세곡을 저장하기에는 한계가 있었기 때문이다. 그래서 포구와 가까운 거리에 있는 구릉성 산지에 창을 마련해두었던 것이다. 이런 사례는 합덕리의 창말 말고도 우강면 창리와 부리포 간의 관계에서도 쉽게 확인할 수 있다.

결국 창이 있었다는 것은 현재의 입장에서 보자면 물류유통의 중심지로서 이 지역이 입지상 주요한 교통로의 결절지에 있었다는 이야기일 수 있다. 그렇기에 역사적으로도 오랫동안 다른 군현의 월경지로 운영되지 않았는가 한다.

이러한 역사적 사실은 수상교통보다 육상교통체계가 중심이 되는 현대에 접어들어 합덕리 일대가 이 지역 교통체계의 중심에 있을 수밖에 없게 된 배경, 어찌 보면 교통의 결절지로서 합덕리가 가져온 장소의 관성을 떠올리게 한다. 실제 1980년 삽교천 방조제(34번 국도)가 개통되기 이전까지만 해도 합덕리를 관통하는 32번 국도는 서울, 천안, 대전, 당진, 서산 등지로 이어지는 거의 유일한 통로였다고 할 수 있다. 이렇듯 교통체계상 중요한 역할을 담당해온 합덕리 일대는 삽교천 방조제 개통 외에도 최근에는 서해안 고속도로의 개통으로 인해 그 위상이 약간은 바뀌고 있다고 할 수 있는데, 앞으로 삽교천 수운과 내륙-해안을 잇는 통합적 교통체계상에서는 어떤 역할을 할지 기대되는 부분이다.

마을의 지명

합덕(合德)

합덕이란 지명은 합덕읍의 여러 마을들이 둘러싸고 있는 합덕방죽(합덕지)과 관련해서 유래했다고 하는데, 수차례에 걸쳐 진행되어 온 합덕지 보수, 개축 작업 때 참여한 장정들의 '합심적덕(合心積德)'을 의미하는 '합덕(合德)'에서 유래했다고도 한다. 앞서 합덕방죽 경관을 통해 합덕리를 포함한 이 지역일대가 전형적인 미작 중심 촌락이었음을 살펴보았는데, 그만큼 합덕방죽이 갖는 실제적 필요성과 상징적 의미는 결국 마을 지명에까지 반영되었다고 할 수 있다. 대합덕리에 있는 합덕제 중수비들도 이 지역에서 합덕방죽이 갖는 중요성을 오늘날까지 전해주고 있다.

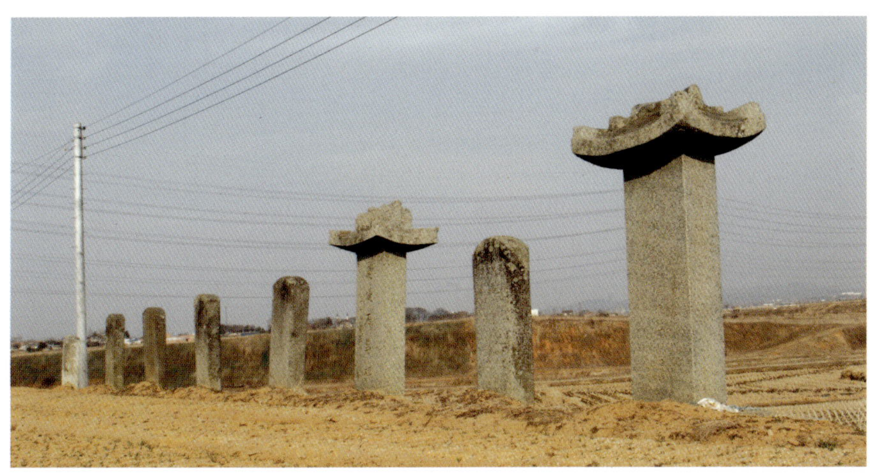

합덕제 중수비

창말(倉里, 창뜸)

창말은 조선시대 덕산현(현 예산군)의 현물세곡을 보관하던 창이 있던 마을로 과거 합덕리 일대가 수운의 주요한 결절지 역할을 했음을 짐작케 하는 지명경관이다.

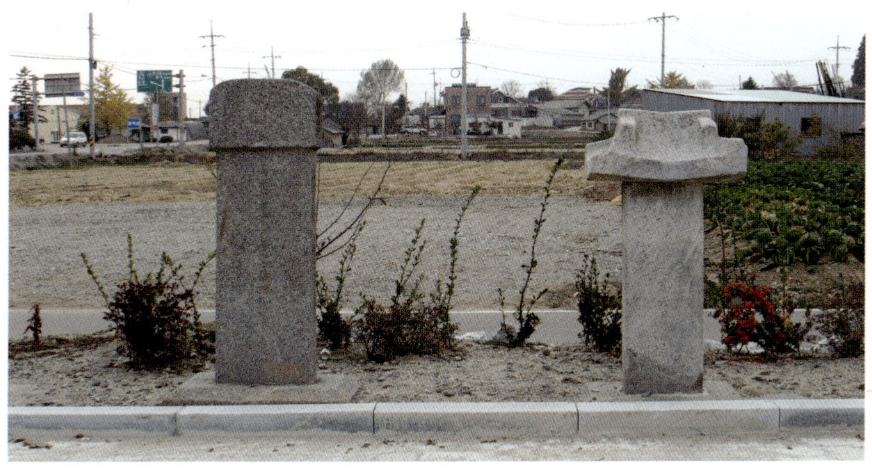

창말의 마을회관 앞 비석

합덕리 마을회관 앞에는 원래 삼거리에 있던 것을 옮겨다 놓은 비석 2기가 있다. 둥구제(꽃동산)라는 작은 야산 아래에 있는 마을로 '창뜸' 이라고도 불린다.

중궁말

창말 남동쪽에 있는 마을.

구억뜸

창말 남쪽에 위치한 마을로 구릉 정상에 1929년 개축한 고딕 양식의 합덕성당이 자리 잡고 있다. 전형적인 촌락 지역에 이렇듯 거대한 서양식 교회건물이 그것도 북향을 향해 들어섰다는 것은 여간 흥미로운 일이 아닐 수 없다. 특히 합덕리와 삽교천 사이는 간석지성 충적지로 저평한 평야지대를 이루고 있고, 그 맞은 편 합덕방죽 쪽도 무엇 하나 거칠 것 없는 드넓은 개방공간임을 볼 때, 당시 합덕성당이 구릉 정상에 자리 잡음으로써 보여주었던 위용, 힘의 정체가 어느 정도였을까 짐작하고도 남음이 있다.

새말

구억뜸 북쪽에 새로 형성된 마을로 신촌(新村)이라고도 불린다. 대개 '새말', '신촌', '새터' 등으로 불리는 마을들은 일제시대 신작로(新作路)가 새로 개통되면서 형성된 마을인 경우가 많다. 그러다 보니 마을 앞을 통과하는 도로는 단순히 도로가 아닌 일제(日帝)의 힘의 상징이 되는 것이고, 그것을 마을 입장에서 실용성이나 편리성에 비추어 순순히 수용한다는 것은 쉽지 않은 일이었다. 그러다 보니 전통적인 공간인식체계인 풍수(風水, 특히 풍수형국) 등을 통해 신작로가 가져올 마을에의 영향을 들어 일제에 대한 저항의 의지를 보여주는 예가 많았다.

산직말

새말 남쪽에 있는 마을로 유씨의 산지기가 살았다고 한다. 기계 유씨(杞溪 兪氏)가 안성에서 합덕으로 이주한 것은 유승지의 조부 때라고 하는데, 이후 유승지의 아버지인 유백환(兪百煥)이 소들강문(우평강문)의 토지를 매입하였다 한다. 현재 우강면 창리마을의 마을회관 위쪽에 99칸 고택이 있었고, 그 자리에 연못이 있어 팔각정을 세우고 배를 띄웠다 할 정도니 그 위세가 어느 정도였을지 짐작이 간다. 우강면 창리에 유백환, 유치홍의 공적비가 비각 안에 보존되어 있다.

삼밧재

창말 서쪽, 합덕성당 동북쪽에 위치한 마을로 예전에 삼을 많이 심은 밭이 있었다고 한다. '삼밭재' 가 변해서 '삼밧재' 가 되었다고 하는데, '비랭이 삼밧재' 라고도 불린다.

삼거리

구억뜸, 창말, 삼밧재 가운데 있는 마을로 합덕리를 관통하는 32번 국도에서 합덕방죽, 덕산가는 길로 갈라져 들어가는 곳에 자리 잡고 있다. 실제로는 합덕방죽 방향, 신례원 방향, 덕산 방향, 신촌 방향 등으로 분기하는 사거리였는데 삼거리로 불리고

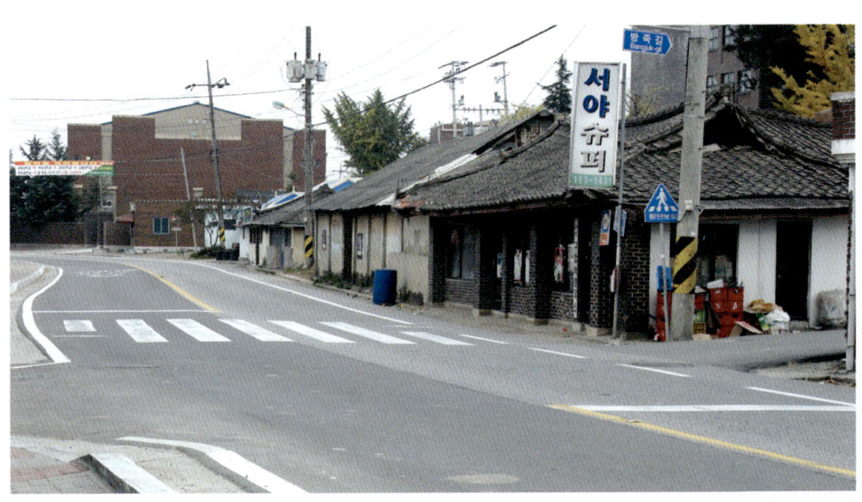

현재의 삼거리

있다. 20여 년 전, 지금의 신합덕 주유소 앞으로 새로운 길이 나면서 과거 삼거리의 번잡함은 찾아볼 길이 없이 단지 허름한 정류소 겸 슈퍼만이 그 자리를 지키고 있다.

동머리

창말 동쪽 입구, 즉 머리 부분에 있는 마을.

홍무전

산직말, 새말과 마주하면서 상점원과 신촌 사이에 있는 마을로 점원리에 속한다. 옛날 논이 되기 전에 이곳이 약간 높았다고 하는데, 물이 빠지면 기러기나 오리들이 모여들어 춤을 추었던 곳이라고 전해진다.

도란말

현 서야중 · 고등학교 자리를 중심으로 해서 형성된 마을이었는데 현재는 없어졌다. 보통 도란말은 '도랫말'이라고도 하는데, 그 입지 특성상 산모퉁이에 자리 잡고 있는 형태가 많다. 예전에는 바위너덜이 많고 암두포(岩頭浦)라는 포구가 있어서 암두리(岩頭里)라고 불리기도 하였다.

바위배기

합덕리의 동북쪽에 위치한 마을로 예전부터 바위가 많아서 '바위가 많이 박힌 마을'이란 의미의 '바위박이' 마을이었다고 한다. 과거 중국인들이 합덕방죽을 석축으로 쌓을 때 이 마을의 돌을 사용했다고 한다.

(권 선 정)

주(註)

1) 월경지는 행정 관할이 이루어지는 범위 내에 토지가 연결되지 않고 타 행정구역에 있으면서 실제로는 관할되는 형태를 말하는데, 일명 비지(飛地), 비월지(飛越地), 비입지(飛入地) 라고도 한다. 그래서 월경지는 타 영내에 만처럼 끊어지지 않은 채 깊숙이 침입하여 마치 어금니가 맞물려 있는 형태의 견아상입지(犬牙相入地), 상입처(相入處), 두입지(斗入地)와는 구분되는 개념이다.

마을의 역사

근대 이전의 합덕과 지명유래

합덕리의 '합덕(合德)'이란 지명은 합덕제(合德堤)에서 유래하였으며, 합덕제를 수·개축할 때 수만 장정의 합심덕적(合心德積)을 상징하는 데에서 유래하였다고 한다. 『세종실록지리지』에 의하면, 합덕지역은 통일신라시대에 덕풍현(德豊縣)에 소속되었고, 고려시대에는 덕산현 비방면(非芳面)에 소속된 합덕부곡(合德部曲)이었다. 1298년(충렬왕 24) 이 지역 사람 환자(宦者) 황석량(黃石良)이 원(元)나라에 가서 공을 세우면서 합덕현(合德縣)으로 승격되었다. 따라서 합덕현에도 현감(또는 현령)이 파견되었을 것이나 이를 확인할 수 있는 문헌 기록은 없고, 관련 건물터도 확인이 어렵다. 다만 합덕현의 동헌은 현재 합덕읍 대합덕리 이병기(李丙箕)의 대지에 있었고, 합덕현의 향교는 대합덕리 김영민(金泳敏)의 대지였다는 말이 전해오고 있을 뿐이다. 그러나 합덕현은 15세기 말 폐현(廢縣)이 되면서 홍주목의 합남면(合南面)과 합북면(合北面), 그리고 덕산현의 비방곶면 등으로 나뉘어 홍주목과 덕산현의 월경지(越境地)가 되었다. (『신증동국여지승람』참조)

합덕이 홍주목과 덕산현으로 귀속된 이후 존재했던 마을의 명칭(18세기 후반 당시)과 현재의 명칭을 비교하면 [표 1]과 같다. 현재의 합덕리는 조선시대 덕산현 비방면의 창리, 범천리, 신리, 신촌과 홍주목 합북면의 암두리 지역에 해당한다. 대체로 덕산현 비방곶면은 현재 합덕리의 동남쪽으로 넓은 농경지가 펼쳐진 곳에 있었다. 이와 같이 현재의 합덕리에는 이미 조선시대 이전부터 마을이 형성되었고, 많은 주민이

〈표1〉 합덕지역의 마을 명칭 비교

洪州牧 合南面		洪州牧 合北面		德山縣 菲芳串面	
朝鮮	現在	朝鮮	現在	朝鮮	現在
鷹井里	城東里	在五之里	石隅里	倉里	合德里
池邊里		石隅里		泛川里	
俱理里		倉汀里		新里	
驛垈里	大合德里	道洞里	道谷里	新村	
德谷里		道洞北里		頓串里	牙山 仙掌 頓浦里
浦內里		會台里	素素里	多士里	鮎元里
木井里		所素洞里		島里	島里
玉琴里	玉琴里	雲山里	雲山里		
下黑石里	新石里	下雲山里			
上黑石里		巖頭里	合德里		
垈田里	大典里	令山串里	牛江面 松山里		
宮里		元堂山北里			
開基里		元堂山南里			
內洞里				新設	新興里

출전 : 『輿地圖書』

거주하고 있었다. 이는 다음의 자료를 통해서도 확인할 수 있다. 18세기 후반 자료인 『여지도서(輿地圖書)』에 수록된 이들 마을의 편호와 인구를 정리하면 다음의 [표 2]와 같다.

조선시대 합덕지역에서 편호와 인구가 가장 많은 곳은 덕산현 비방곶면 신리, 창리, 다사리였다. 이 지역 역시 농경지가 넓게 펼쳐진 평야지대로 농경지 인근에 마을이 형성되어 있었음을 짐작케 한다. 그후 1895년 지방관제 개정에 의하여 합덕은 면천군에 편입되었다가 1914년 조선총독부에 의한 행정구역 통폐합에 의하여 비방곶면의 창리(倉里), 신촌(新村), 신리(新里) 일부, 범천리(泛川里)가 병합되어 '합덕리'가 되었다. 결국 조선시대 합덕지역의 중심은 현재의 합덕리였고, 많은 주민이 거주하고 있었음을 알 수 있다. 이와 같이 '합덕(合德)' 이라는 명칭은 고려시대에 '합덕

〈표2〉 조선시대 합덕지역 마을별 인구

홍주목 합남면					홍주목 합북면					덕산현 비방곶면				
리명	편호(戶)	인구(명)			리명	편호(戶)	인구(명)			리명	편호(戶)	인구(명)		
		남	여	합계			남	여	합계			남	여	합계
鷹井里	19	29	39	68	在五之里	42	49	81	130	倉里	105	125	152	277
池邊里	17	37	31	68	石隅里	9	18	20	38	新里	83	146	186	332
俱理里	17	34	36	70	倉汀里	25	32	45	77	新村	60	66	65	131
驛垈里	28	76	73	149	道洞里	30	40	70	110	泛川里	13	47	53	100
德谷里	62	108	90	198	道洞北里	19	50	50	100	島里	26	42	45	87
木井里	16	19	28	47	會台里	42	117	100	217	多士里	91	174	96	270
玉琴里	58	69	103	172	所素洞里	20	37	39	76	頓串里	83	92	43	135
下黑石里	55	74	101	175	雲山里	63	89	107	196					
上黑石里	23	26	39	65	下雲山里	26	30	50	80					
浦內里	48	67	82	149	巖頭里	30	50	45	95					
垈田里	28	104	102	206	令山串里	46	54	85	139					
宮里	16	25	30	55	元堂山北里	27	32	65	97					
開基里	40	70	82	152	元堂山南里	18	21	55	76					
內洞里	14	31	41	72										
合計	441	769	877	1,646		397	619	812	1,431		461	692	640	1,332

출전 : 『輿地圖書』

부곡(合德部曲)' 이라는 용어에서 처음 사용되기 시작하였으나, 현재의 '합덕리' 라는 마을의 명칭은 20세기에 들어와서 사용되기 시작한 셈이다.

오늘날 합덕리가 된 창리, 신촌, 신리 일부, 범천리 가운데 역시 중심을 이룬 것은 창리, 즉 창말이다. 창말이라는 지명은 이곳에 덕산현의 창(倉)이 있었기 때문이다. 현재 마을회관 앞에는 「현감 서득순 영세불망비」와 「군수 이장렬 영세불망비」등 2개의 선정비가 있는데, 이는 삼거리에 세워져 있던 것을 옮겨 온 것으로 현재의 합덕리가 창말의 중심지였다는 것을 말해준다. 덕산현의 창이 설치된 지역이라는 점은 합덕이 평범한 농촌 마을이 아니라 경창(京倉)으로 실어 나르는 조세미와 물산의 집결지

이자, 하급관리들이 창고를 관리하는 공적인 성격을 갖는 마을이자, 개방적인 마을이라는 특성을 띠게 했을 것으로 판단된다. 상당수의 마을 주민들은 농사 이외에도 창고 물자 수송 및 관리 등을 통해 생활을 영위했던 것으로 보인다.

마을의 지리적 특성과 합덕제(合德堤)

합덕리를 이해하기 위해서는 이 마을을 둘러싸고 있는 소들강문 평야(우평 · 강문평야)라는 자연경관과 합덕제(合德堤 · 合德池 · 蓮湖 · 蓮堤라고도 칭함)라는 저수지의 역사를 알아야 할 것이다. 합덕 주민들의 역사는 바로 이들과 긴밀히 얽혀 수백 년간 전개되었기 때문이다. 뒷면의 지도에서 볼 수 있듯이 이 평야지대를 가로지르는 삽교천은 사행(蛇行)이 심하여 하상변동이 많으며, 조석의 영향으로 해마다 홍수의 피해를 많이 입는 지역이었다. 특히 합덕농민들이 개간하고 농사를 지었던 소들강문들판은 배수가 불량하며, 밀물의 영향으로 염분이 있는 이른바 '갯땅' 이었다. 따라서 이 지역 농민들에게는 논농사를 위한 수리 · 배수시설의 완비와 조류를 막기 위한 삽교천의 제방 축조가 가장 큰 과제였다. 이리하여 이미 고려 이전부터 방축 축조와 농지의 개간이 행해진 것으로 보인다. 그 중 대표적인 것이 바로 합덕제(저수면적 : 175정보, 몽리면적 : 726정보)이다.

1808년에 만들어진 『만기요람』 재용편을 보면 "현재 물을 이끌어 관개하는 곳을 우편에 촬록(撮錄)하면, 홍주(洪州)의 합덕제(合德堤), 함창(咸昌)의 공검지(恭儉池), 김제(金堤)의 벽골제(碧骨堤), 연안(延安)의 남대지(南大池)가 가장 현저한 곳이다"라고 하여, 합덕제가 조선후기 전국에서도 가장 중요한 4대 제언 중의 하나였음을 알 수 있다.

합덕제는 언제 축조되었을까. 이에 대해서는 여러 설이 있다. 첫째는 백제 27대 위덕왕(554~598) 또는 제30대 무왕(600~641) 시대로 추정하는 견해이며(홍사준), 둘째는 후백제의 건국자인 견훤이 고려 태조 왕건과의 전투기간인 918~935년 사이로 추정하는 견해이고(홍병철), 셋째는 방사성탄소측정의 결과에 따라 330~

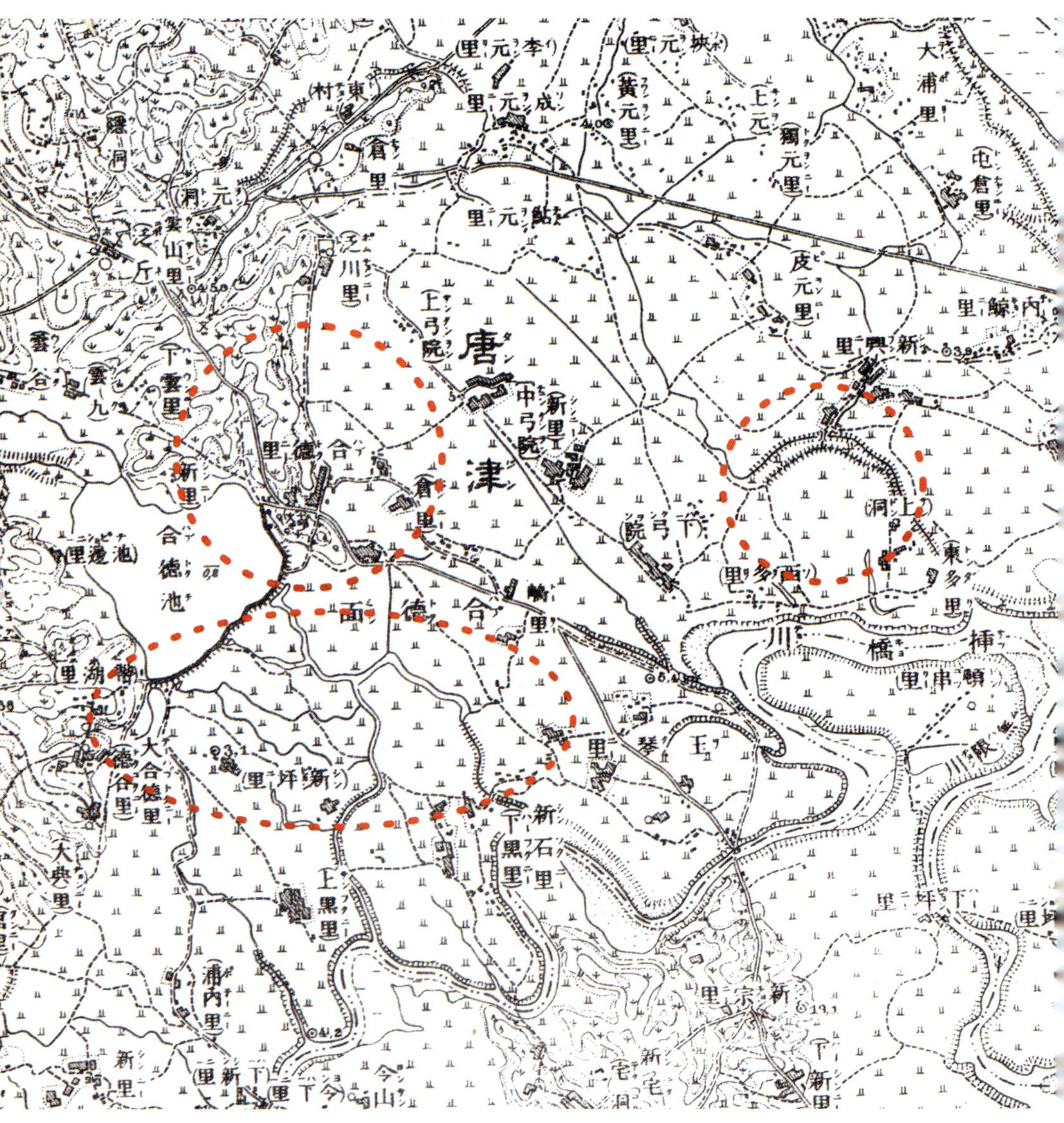

왼쪽 상단의 원은 합덕리이며, 왼쪽 하단은 합덕제에서 수로를 따라 내려오는 물줄기의 모습이다. 오른쪽 상단부의 원은 전에 쌓았던 상둑이 삽교천의 사행으로 인해 원둑으로 변한 모습이다. 대부분의 원둑과 수로들이 북서향에서 남동쪽으로 향해 있는데, 개간의 방향과 일치한다.

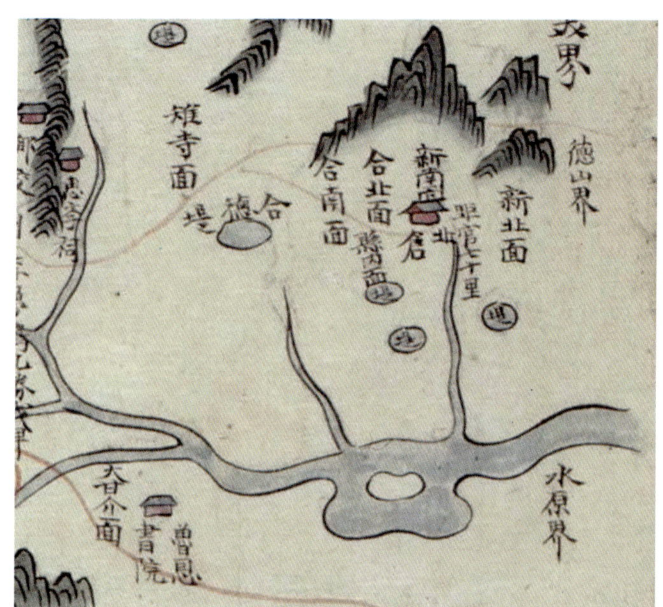

『해동지도 ; 홍주목』 규장각 소장, 古 4709—41 왼쪽 상단의 합덕제 외에도 이 지역에는 백미제, 중둑 등 여러 저수지들이 축조되어 있음을 알 수 있다. 아래의 물길이 삽교천이다.

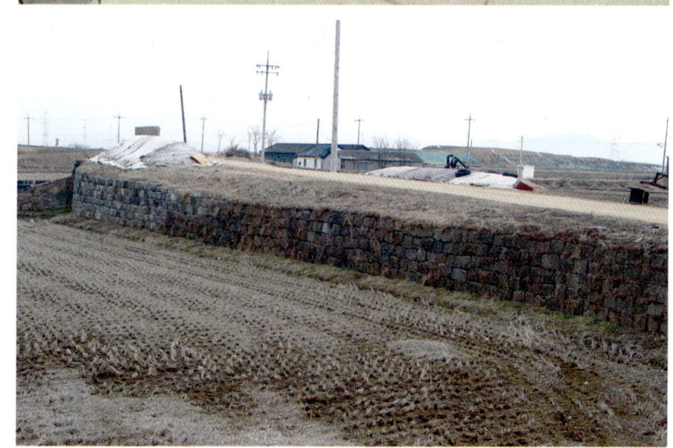

옛 합덕방죽 제방 : 1964년 예당(禮唐)저수지가 준공되면서 합덕제는 폐지되고 현재는 농경지로 바뀌어 있다.

374년으로 추정하는 견해(백제연구소)이며, 넷째는 발굴 조사에 따라 고려시대로 추정하는 견해(충남대박물관)이다. 이같이 다양한 견해가 있기 때문에 현재로서는 어느 쪽이 옳다고 단정하기 어려운 실정이다.

〈표3〉 합덕제의 시기별 규모 비교

시기	규모
세종~문종 정분 개축	제장 2,700여척
17세기 중엽(『동국여지지』)	제장 300보, 둘레 20리
18세기 중엽(『여지도서』)	둘레 11,815척
19세기 중엽(『여도비지』)	제장 500여보, 둘레 30여리
1964년(합덕제 폐지시)	제방길이 1,771m, 둘레 8~9km

(1리=360보, 1보=6척)

합덕제는 조선시대 이후의 여러 기록에 등장하고 있다. 『세종실록지리지』 충청도 조에 보면 연지(蓮池)가 합덕에 있는데, 못의 길이가 3,600자이고, 130결의 전답에 관개를 하고 있다고 기록하고 있다. 『성종실록』(4년 10월 1일 기미)에도 "합덕제방은 고려 때부터 쌓기 시작하였고, 조선조에 정분(鄭苯, ?~1454)이 감독하여 다시 쌓았는데 길이가 2천7백여 척이고 일곱 고을이 수리(水利)를 입고 있다"라고 하였다. 정분은 1436년 충청도 감사에 부임하여 2년 정도 재임하였는데, 이때 합덕제의 개축을 감독한 것으로 보인다.

한편 합덕제는 조선후기에 여러 차례에 걸쳐 보수되었는데, 이때의 기록을 참고하여 합덕제의 규모를 시기별로 보면 <표3>과 같다. 합덕제는 그 깊이가 깊지 않아 저수량이 적었을 뿐더러 흙으로 된 제방이 붕괴되면 그 지역의 농사를 망치게 되는 것이었다. 이에 조선후기에도 여러 차례 중수되었는데 『조선왕조실록』과 『비변사등록』 등에 기록이 풍부히 나온다. 영조 38년(1762)에는 병조판서 김양택(金陽澤)이 합덕제가 수축한 지 오래되어 무너진 곳이 많다는 계에 의하여 영조는 이를 보수하도록 명하였다. 영조 44년(1768)에는 홍주 목사 홍양호(洪良浩)가 부임하여 11,000명의 장정을 동원하여 보수 및 준설공사를 시행하였다. 정조 2년(1778)에는 군민 4,553명과 인근 군민 3천5백 명을 동원하여 무너진 부분 두 곳을 수축하였다. 정조 16년(1792)에는 군민 3천 명과 인근 군민 3천5백 명을 동원하여 수축작업을 하였다. 정조 24년(1800)에는 목사 김이호(金履鎬)가 합덕제를 중수하였고, 그후 철종 2년(1851) 4월에 합덕제를 준설하였으며, 그 뒤 매년 인근 군민의 협조를 얻어 보수공사

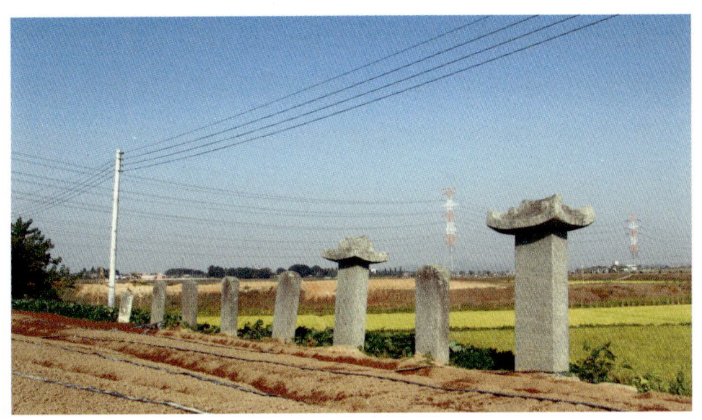

옛 합덕제 주변의 비석군 (대합덕리 소재)

를 계속하였다. 그리고 합덕제의 관리인으로 있던 진사 김태윤(金泰潤)이 상계(上契)를 조직하고 계장 직책을 담당하였으며, 1820년경부터는 감역 유계환(俞啓煥), 전 병사 이정규(李廷珪), 김기성(金基性) 등이 차례로 합덕제의 관리를 맡았다.

식민지기에 들어서서는 1911년 김기성 외 6명의 발기로 경비를 거두어 합덕제를 수축하였고, 1913년에는 유진상(俞鎭相), 김철호, 조병학(趙秉學), 장두식(張斗植), 김종훈(金鍾勳) 등이 주체가 되어 몽리지역 지주들로부터 공사비 3만여 원을 거두어 제방 내안(內岸)을 석축으로 완공하는 큰 공사를 하였다. 그 뒤 1920년 큰 한발로 주민들의 기근이 극심하자 구제를 위하여 1만 3천 원의 공사비를 들여 취로사업으로써 물이 마른 합덕제 바닥을 파내기도 했다.

이 같은 합덕제의 중수 사실은 합덕제 서쪽에 해당하는 대합덕리에 있는 8기의 비석을 통해서도 알 수 있다. 8기의 비석 중 2기는 화강석재로 만든 옥개형(屋蓋形) 이수(螭首)에 장방형 대좌(臺座)를 갖추고 있으며, 나머지 6기는 반원형 석비이다. 각 비문의 전면 내용과 비석의 규모(높이×넓이×두께, 단위 : cm)를 오른쪽으로부터 순서대로 나열하면 다음과 같다.

1. 암행어사김공유연영세불망비(暗行御史金公有淵永世不忘碑) : 220×60×29
2. 연제중수비(蓮堤重修碑) : 140×50×21
3. 연제석축비(蓮堤石築碑) : 190×53×24

4. 종이품유공치흥영구기념비(從二品兪公致興永久紀念碑) : 130×47×21
5. 순찰사심공상훈영세불망비(巡察使沈公相薰永世不忘碑) : 120×45×20
6. 연제중수비(蓮堤重修碑) : 115×52×15
7. 목사김공문제영세불망비(牧使金公文濟永世不忘碑) : 118×45×17
8. 연제중수비(蓮堤重修碑) : 88×43×15

합덕제는 주민들의 생존 기반으로서 주민들과 희로애락을 함께 해왔다. 이에 합덕제와 관련된 여러 민속이 전해진다. 그 중 일부만 소개하면, 1930년대까지만 해도 매년 음력 7월 용날[辰日]에 합덕면 수리계 주관으로 제언제(堤堰祭)를 지냈다 한다. 1950년대까지 음력 정월 14일 합덕제에 가서 용갈이(龍耕)을 하고 온 소에게 야식을 먹이는 풍속이 남아 있었다.

한편 합덕제는 합덕 주민들의 공동소유로 되어 있었으나 권신의 농간으로 사용(私用)되거나 충훈부의 사급(賜給) 대상이 되기도 하였다. 연산군은 합덕제 내에 논으로 쓸 수 있는 토지를 장숙용(張淑容)에게 주도록 전지하였던 바가 있고, 현숙공주(顯肅公主)에게 특사(特賜)하려고 한 바도 있다. 또한 합덕제의 경제적 이익을 독점하려는 시도도 있었다. 1884년 면천면 성원리에 거주하는 손사빈(孫士彬)이 수세를 징수하려고 시도하였다. 그러자 몽리지역 내의 농민들은 하흑리에 거주하는 문충식(文忠植)과 최응수(崔應洙)를 대표로 상경케 하여 의정대신 윤용선(尹容善)에게 진정하였고, 윤용선은 좌영대장 민응식(閔應植)에게 수세징수 중지 명령을 내려 수세징수 시도는 좌절되었다.

1894년에는 전 병사 이정규(李廷珪)가 연제수리계의 계장을 맡으면서 저수지의 얕은 곳을 개간하여 차지하고, 깊은 곳만을 저수지로 만들려고 하였다. 그 뿐만 아니라 관개구역의 농민들에게 수세를 부과하고자 하였고, 이에 농민들은 크게 상심하여 합덕민란이 일어나는 계기가 되었다. 대한제국기에는 서울의 아무개가 합덕제를 개인 소유로 만들기 위해 농상공부에 수속을 밟았으나 김철호(金喆鎬)가 농상공부에 소송하여 공유로 원상 복귀시켰다. 이와 같이 합덕제의 토지와 물을 둘러싸고 주민들은 관청 혹은 세력가와의 끝없는 투쟁을 벌여왔는데, 그것은 합덕제가 그들의 생존

기반이었기 때문이었다.

개항기의 합덕리 농민운동

합덕민란의 발발 원인과 양상

앞에서 살펴보았듯이 합덕 주민들은 수백 년 동안 자연과 그리고 지주와 '물싸움' 벌였던 경험이 있다. 매해 2~3차례의 수해와 제방의 보수·관리 등 자연과 끝없는 투쟁을 벌였고, 방죽의 토지와 물을 사이에 놓고 마을 간에 혹은 세력가와의 투쟁도 불사하였다. 그리고 이러한 투쟁의 경험은 이 지역주민들로 하여금 관과의 투쟁 혹은 지주와의 투쟁 대열에도 나서게 하였다. 합덕리와 그 인근지역에서는 1894년 합덕민란, 1894년 동학농민전쟁, 대한 제국기 활빈당의 준동 및 의병 전쟁, 식민지시대의 활발한 소작쟁의, 청년회 운동, 신간회 운동, 한국전쟁기 좌우익 대립으로 인한 투쟁이 있었다. 본 절에서는 합덕민란과 동학농민전쟁의 사례를 통해 합덕리 주민들이 이 시기 변혁운동에 어떻게 동참했는지 알아보기로 한다.

1893년 12월의 합덕민란은 이정규(李廷珪)라는 양반의 합덕제 불법개간과 부당한 수세 징수 획책에서 비롯되었다. 이 민란은 1894년 1월 고부민란과 유사한 원인과 형태를 띠며 전개되었고, 이 지역의 동학농민운동의 전사(前史)로서 의미를 지닌다.

합덕민란의 원인이 되었던 이정규는 충청도 임천군(林川郡 : 현 부여군 임천면) 출신으로 본관은 한산(韓山)이다. 그의 관직생활을 보면, 처음에는 내직(內職)에서 무반으로 근무하다가 그후 충청도 덕산군수, 평안도 선천부사, 전라도 좌수사로 근무하였다. 퇴직 이후 홍주목 신남면 창리(洪州牧 新南面 倉里 : 현 합덕읍 합덕리)로 낙향하여 현재 합덕 천주교회 자리에 저택을 짓고 호화생활을 하였다고 한다. 그는 다시 전라도 병사(兵使)로 2년간 근무하다가 임기를 마치고 다시 이곳 신남면 창리(합덕읍 합덕리) 본가로 와서 가족들과 함께 살았다.

그는 창리에 사는 동안 부근에 거주하는 농민들을 크게 괴롭혔다. 생활 여유가 있는 평민들은 강압적 방법으로 재산을 빼앗겨, 궁핍에 처하기도 하였다. 어떤 농민은 재산을 몰수당하고 생계가 곤궁하여, 매일 낚시질로 연호(蓮湖)에서 소일하는 이정규에게 다가가 빼앗긴 재산의 반환을 애원했으나 들어주지 않자, 실망하여 그만 방죽에서 투신하고 말았다. 그러나 이정규의 횡포와 착취를 잘 아는 농민들 사이에서는 이병사가 발로 차서 방죽에서 익사하게 했다는 말로 와전 · 유포되었다. 또한 당시 이정규는 농민들을 동원하여 연호에 무성한 연근을 채취하도록 하였는데, 엄동설한에 작업을 시켜 농민들의 원성이 높았다. 당시 그는 연제수리계 계장이란 직책을 맡았는데, 이를 기화로 삼아 연호의 유지(溜池) 부분의 얕은 쪽을 개간하여 개인 논으로 만들고, 깊은 곳만 유지로 남겨두었다. 또한 관개지역 농민에게 수세(水稅)를 부과하여 징수하려 하였다. 합덕제는 원래 공동체 소유였기 때문에 이 같은 수세의 부과는 농민들을 크게 자극하였다.

6개 마을 농민들은 연호 서쪽 산기슭 '도랑댕이'에서 비밀리에 모여 수일 동안 대책을 협의하였다. 그들은 우선 이정규의 횡포와 농민들의 고통을 호소하기 위하여 홍주목사에게 소장(訴狀)을 올리기로 결의하고 그 작성자로 합덕면 옥금리에 거주하는 나성로(羅聖魯)와 창리에 거주하는 이영탁(李永鐸) 2인을 선출하였다. 이들은 이정규의 악행을 상세히 기록한 『혈원록(血怨錄)』을 작성하여 지역민 약 800명과 함께 홍성으로 가서 홍주목사 이승우(李勝宇)에게 호소하기에 이르렀다. 그러나 창리 농민들은 이정규의 협박으로 동행하지 못했다. 이에 홍주목사 이승우는 농민 대표로부터 자세한 사정을 모두 청취한 후 농민들에게 일단 귀가하도록 명하고는 아무런 조치를 취하지 않았다.

농민들의 움직임을 알게 된 이정규는 합덕면 성동리에 거주하는 전 비인군수 표명서(表明瑞)를 통해 홍성으로 간 농민들을 전원 살해해달라고 요청하는 서신을 홍주목사에게 보내도록 하였다. 이를 알게 된 군중들은 이정규의 폭거에 크게 흥분하여 최후의 수단을 강구하기로 결의하였다.

농민들은 이정규의 가렴주구와 수세부과 등 행악을 규탄하면서 홍주에 가지 않은 창리 농민들을 모두 죽여버리자는 극단적인 의견까지 내놓기도 했다. 이 소식을 듣고 놀란 창리 농민들이 달려와 자신들의 고충을 호소하며 다른 동리 농민들과 행동을 같이할 것을 약속하였다. 더욱 기세가 오른 농민들은 이정규를 죽이기로 결의한 뒤, 나

성노(羅聖魯)와 이영탁(李永鐸)을 대표로 추대하고 행동에 돌입하였다. 이날 오후 8시경 농민들은 징을 쳐서 동리의 농민들을 불러 모았는데 모여든 농민들이 수천 명에 달하였다고 한다. 그들은 횃불을 들고 함성을 지르며 연제를 지나 순식간에 이정규의 저택을 포위·방화하였다. 당시 이정규의 저택은 오늘날 합덕성당 입구 부근이었던 것으로 알려진다. 이때 이정규는 야음을 틈타 도주하였다. 이상이 이른바 '합덕민란'으로서 1893년 섣달 그믐날 일어난 사건이었다.

합덕민란은 자연발생적인 농민봉기가 아니었다. 이 지역 농민들의 이 같은 조직적인 농민 항쟁을 가능케 할 수 있었던 힘은 농민의식의 성장으로부터 찾을 수 있다. 즉, 합덕제를 둘러싸고 수백 년간 지속된 물싸움과 지주와의 투쟁 경험은 합덕리와 인근 주민들을 단결시켰고, 비판의식과 정치의식을 심화시켰다.

합덕민란은 1894년 1월 고부민란에 선행하며 고부민란과 발발 원인 등에 있어 여러 유사성을 지닌다. 이정규의 합덕제 불법개간과 부당한 수세 징수획책, 농민의 재산몰수, 강제 부역 등 수탈과 횡포가 합덕 민란의 근본 원인이었고, 고부군수 조병갑의 황무지 개간과 부당한 세금 징수, 부민의 금전 약탈, 관개용 저수지 만석보의 수축과 부당한 수세 징수 등이 고부 민란의 원인이었다. 이러한 점에서 합덕민란은 19세기 후반 농민 항쟁의 구체적 양상을 알려주는 귀중한 사례이자 이 지역 동학농민운동의 서곡으로 평가될 수 있을 것이다.

합덕지역 동학농민운동의 전개

합덕민란이 있은 다음 해인 1894년 전라도에서 시작된 동학농민봉기는 충청도 지역까지 확대되었다. 충청도 가운데에서도 특히 내포지역, 즉 홍성·예산·서산·당진 지역은 동학의 교세가 강한 곳이었고, 이 때문에 1894년 여름부터 가을까지 합덕지역에서도 동학농민군의 활동이 매우 활발하게 전개되었으며, 관군·일본군과의 전투도 격렬하게 진행되었다. 당시 합덕은 홍주 관할지역으로 『홍양기사』를 보면, 10월 8일 이승우가 호연초토사(湖沿招討使)에 임명되었으며, 10월 11일에 목시 전투, 10월 20일조에 합덕 전투가 있었다는 기록이 있다. 10월 16일부터 22일까지의 내용을 보기로 하자.

"16일 비도(동학군) 수천 명이 합남 땅에 주둔하여 기세가 심히 커서 관군이 가서 토벌하였다. 17일 덕산 한내(예산군 고덕면)에 이르러 적도가 감추어둔 군기를 빼앗았다. 18관전 400량을 주었다. 저녁 후에 덕산에서 원병을 청하므로 200명을 보냈다. 합남, 원평 등지에서 괴수 유치교(兪致敎)를 잡아서 예산현으로 보냈다. 20일 새벽부터 어두워질 때까지 싸움나간 장사가 급보를 제공하는데 관군이 덕산 한내와 면천 남산 적군 사이에 있어(합덕읍 성동리 성동산성을 일컬음) 형세는 외롭고 힘은 나뉘어 싸우기가 어려우니 300명을 보내 달라고 첩보가 왔고, 그 뒤 합덕 첩보가 또 와서 청하여 탄환을 100여 명이 장정으로 수송하여 주었다. 21일 관군이 합덕으로부터 회진해 왔다. 비도 중 총 맞아 죽은 수가 부지기수고 60여 명을 포로로 잡아 5진으로 나누어 부역을 시켰고 먹을 것을 주었다."

위의 글을 통해 합덕 전투의 규모와 양상을 짐작할 수 있다. 또한 합덕 전투는 현지의 유적과 증언으로도 확인된다. 즉 합덕 성동리의 테미산성은 산머리를 테 두른 것 같이 쌓았다 하여 붙인 이름으로 백제시대의 토성인데, 당시 초토사 이승우가 관군을 이끌고 이곳으로 와서 토성을 수축하는 등 정비한 뒤에 관군을 주둔시키고 동학군을 토벌하는 근거지로 활용했다고 한다. 동학군은 이에 대항하여 구합덕성당 방면 꽃동산 소들성에 집결하여 합덕제를 중심으로 활을 쏘며 싸웠다고 한다.

한편 합덕 전투와 동학 농민군의 무덤에 관한 증언들도 다수 있다. 이인화의 글 「당진 동학혁명 · 의병운동사」(『내포문화』16호, 2004)에 이들 증언이 실려 있는데, 이들 증언을 살펴보면 다음과 같다.

증언1) 합덕읍 대합덕리는 전에 합덕 방죽으로 삽교천 물이 들어오면서 1980년대 양수장을 지었는데 그 뒤가 방죽을 접한 곳이었다. 그런데 일제 때 금광을 하면서 깊은 곳이 되었다. 그런데 이 산을 동학군 무덤이라 했다. 전에 그 옆쪽에 살던 최씨의 자제 두 형제가 목욕을 하다가 그곳에서 빠져 죽었다. 그때 동학군들이 데리고 갔다고들 했다. 그리고 그 뒤는 큰 소나무가 있는 산이었다. 그곳에 지금도 아주 큰 무덤이 하나 있다.

증언2) 갑오년 가뭄 때 방죽이 말라 있었는데 관군과 접전을 해서 동학군이 대패를 하였다. 동학군들이 포위되어 갈팡질팡하다 합덕 방죽 주변에서 죽었는데 이 시신들을 모아 동학총을 만들었다. 네댓 개가 있는데 그 수는 수백 명으로 어른들로부터 들어왔다. 서산 · 태안 사람들이 많았기에 무덤을 찾는 사람은 없었다.

증언3) 무덤이 성동리 공동묘지처럼 집단으로 두 가운데 있었는데 한 곳에 6, 7백 기(基) 정도씩 있었다. 박정희 대통령 당시 표홍열이 개간촉진법에 의해 이장 공고를 냈는데 이장해 가는 사람이 그리 많지 않았다. 현재 과수원으로 개간하였다. 성동리 방죽 중심에서 서남방향 500m, 1000m지점으로 관군은 테미산성에서 집결하고 동학군은 구합덕성당 방면 꽃동산 동구성(자연 지명으로 성안)에 집결해 합덕방죽을 중심으로 활을 쏘며 싸웠다고 어른들에게 들었다.

증언4) 홍성 관군들이 와서 응전을 하는데 홍주목사가 테미산성을 이용해서 싸웠다. 그때 토성을 수축하여 군대를 주둔시켜 싸웠고, 동학군들을 토벌하고 그 죽은 동학군들의 시체를 줄줄이 엮어 합덕읍 운산리 공동묘지에 묻어 현재도 수십 기가 있다.

이들 증언을 통해 합덕연호 주변에서 전투가 벌어졌음을 알 수 있다. 홍주 초토사 이승우가 홍주관할 지역인 합덕에 초토병을 이끌고 와서 전투를 하였다 한다. 연호를 중심으로 합덕읍 성동리의 테미산성 쪽의 두 곳에 있는 6, 7백 기의 무덤과 연호를 건너 반대쪽인 합덕읍 운산리의 무덤들 중에 어느 것이 동학군 관련 무덤이고 또 어느 정도가 그들의 무덤인지는 알 수 없다. 그러나 합덕 연호 위의 산에 있던 무덤이 「동학군무덤」이라는 것은 틀림없는 사실이라 본다. 정황으로 볼 때 합덕 연호가 풀숲으로 우거지고 물이 적은 상황에서 전쟁이 벌어졌을 경우 쫓기던 동학군들이 무참히 죽은 뒤 그 시신들을 인적이 드문 한 곳에 모아 묻었으리라고 보인다.

또한 증언에 의하면 당시 가뭄이 들어 방죽이 말라 있었는데, 관군과 전투를 벌이던 동학군이 합덕제 주변에서 수백 명이 살해당해 4~5개의 동학무덤(東學塚)에 묻혔으며, 죽은 자들은 대부분 서산과 태안 사람들이었다고 한다. 또한 관군들이 동학군의 시체를 줄줄이 엮어 합덕읍 운산리 공동묘지에 묻어 현재도 수십 기가 있으며,

박정희 정권시기에 동학군의 무덤으로 추정되는 묘지에 대해 이장 공고를 하였으나 이장해 가는 사람이 별로 없었으며, 현재는 과수원으로 개간하였다고 한다. 이로써, 1894년 10월 20일을 전후하여 합덕제 주변에서 관군과 동학군의 전투가 벌어져 수많은 동학군이 죽음을 당하였음을 확인할 수 있다.

동학농민운동에 당시 합덕 주민들이 얼마나 참여 혹은 호응했는지는 자료의 미비로 알 수 없다. 그러나 앞의 증언과 잔존하는 동학군 무덤을 통해 볼 때 합덕 민란을 이끌었던 이 지역 주민들도 상당수 전투에 참가했거나 도움을 주었을 것으로 판단된다.

식민지기 교우촌의 건설과 마을의 토지관계

교우촌의 건설과 합덕 주민들의 이주

합덕마을에 현재와 같은 신앙공동체가 건설된 것은 1898년도로 거슬러 올라간다. 천주교가 전교의 자유를 허용받은 조불조약(1886)이 체결되자 내포지역의 천주교 신자들이 급증하였다. 1894년 12월 경 충남의 공소는 모두 34개, 신자는 모두 1945명으로 늘어났다. 퀴를리에(Curlier : 1889~1904) 신부가 구합덕 본당의 전신인 양촌에 사제관을 짓고, 주임신부로 부임한 이후 교세가 날로 확장하게 되자, 신유 · 병인박해 때 산간벽지에 흩어져 생활을 하던 신자들이 평야지대로 이동하기 시작하였다. 이에 선교사들은 박해 이후 최하층민으로 전락하여 옹기구이와 담배농사에 종사하던 신자들을 돌보고, 교육시키고, 아울러 경제적 기반도 마련해주어야 했다. 그 해결책은 많은 신자들을 한 곳에 수용할 수 있는 신앙촌 건설이었다.

그러나 본당이 있었던 양촌은 매년 홍수 피해를 입는 저지대였고, 증가한 신자들을 수용하기에는 기존 성당이 협소해졌을 뿐더러, 1895년 양촌 본당의 사제관도 비적들의 습격으로 파괴되었다. 이에 퀴를리에 신부는 본당의 이전을 결심하게 되었고, 결국 인근의 합덕리에 수해 방지 및 도적 방어에 용이한 구릉지대가 있다는 점에서 낙점되었다. 전통적으로 프랑스의 성당들은 대체로 언덕 위에 건축되어 마을을 굽어

합덕성당 역대 신부

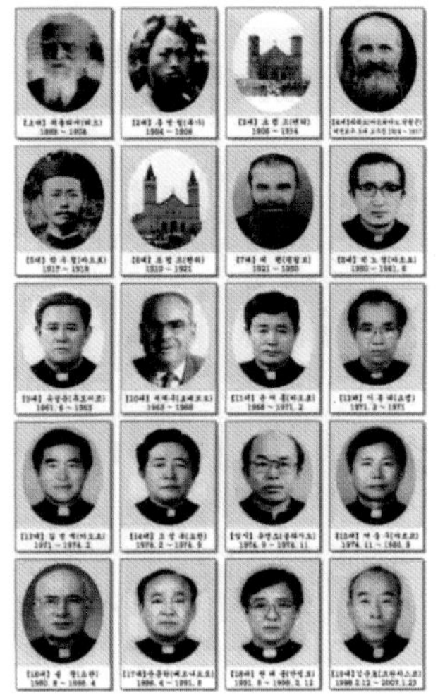

합덕성당 출신 성직자

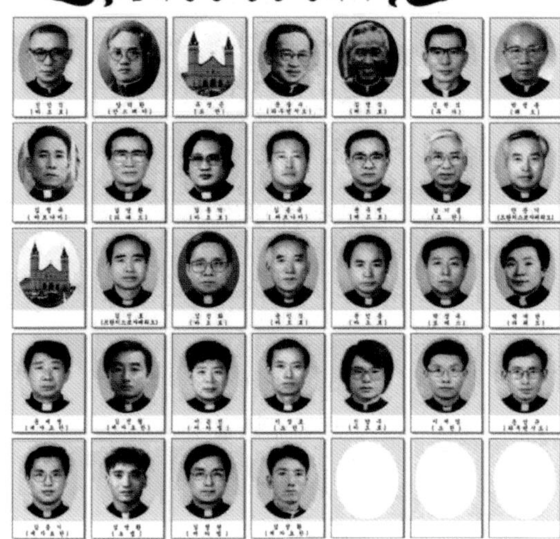

한국의 대표적인 천주교 교우촌답게 이 마을에서 배출된 신부의 수는 무려 35명이고 수녀는 50여 명에 이른다(2007년 집계).

보는 형태를 취하고 있었는데, 합덕리 구릉의 지형적 조건이 이를 가능케 하였다. 아울러 합덕리에는 농사지을 수 있는 넓은 평야가 있어 신자들을 대거 이주시키기에 적합한 지역이었다는 점과, 인천으로 연결되는 포구인 부리포나 구양도에서 불과 2km 내에 위치한 수상 교통의 요지라는 점도 높이 평가되었다. 퀴를리에 신부는 1898년 대지(당진군 합덕읍 합덕리 275번지) 7,022평과 밭 5,750평을 당시 이곳 향촌사회의 유지였던 유진태로부터 매수하여 성당과 사제관을 짓기 시작하였다.

앞에서 언급했듯이 조선시대 합덕리는 덕산현과 홍주목의 월경지로 해창(海倉)이 설치되었던 지역이다. 상당수의 마을 주민들은 농사 이외에도 창고 물자 수송 및 관리 등을 통해 생활을 영위했고, 갑오개혁 이후 창고제도가 폐지되자 원주민들은 마을을 떠나기 시작하였다. 원주민들의 이거는 성당이 준공되고 천주교 교우들이 정착함에 따라 가속화되었던 것으로 보인다. 그 결과 불과 2, 3호의 신자들로 시작한 합덕리는 1929년에 이르러 70호의 교우촌으로 탈바꿈하였다. 이렇게 성당 교우촌이 비교적 순조롭게 뿌리를 내렸던 것은 합덕리가 본래 공동체적 질서가 강한 양반 혹은 종족마을이 아니었기 때문으로 판단된다.

그러면 현재의 마을 주민들은 어느 시기부터 마을에 정착하여 살았을까. 합덕리의 현재 총 세대 수는 108세대이다. 세대 분리한 후손들과 친인척 및 출향가구, 장기 출타 가구주 등을 제외하고, 조사 가능한 64세대를 대상으로 가구조사를 실시했다. 비록 정확한 인구이동을 파악하기에는 한계가 있지만, 대체적인 이주의 흐름을 파악할 수 있다. 4대째 거주한 집은 약 11가구로, 그 중 가장 오래된 집은 1700년대 말경에 입향한 김해 김씨 집안이다. 제주 고씨, 고령 신씨, 평양 조씨, 양천 허씨도 19세기 초반 경부터 거주했던 것으로 보인다. 12가구 정도가 1900년대 초반에 이주한 가족들로 추정되는데, 성당의 교우촌 건설과 관련된 이주로 판단된다. 해방 후 이주한 세대들도 6가구나 되는데, 북으로부터의 대규모 인구이동에 기인한 것으로 보인다. 1960년대 주민들의 이주 수는 약 4가구 정도로 감소하다가 1970년대 초반 약 10가구 정도로 증가 추세를 보인다. 그후 산업화와 이농화로 인해 세대 수는 급격하게 감소한다. 이처럼 대부분의 주민들은 합덕성당이 이주해온 1898년경부터 1900년대 초반기, 1910년과 1919년경, 해방 이후 그리고 1970년대에 이주한 것으로 추정된다. 이처럼 조선시대부터 거주했던 합덕리 주민들은 불과 11가구밖에 되지 않는다. 즉, 합덕리 주민들은 식민지기에 들어서 대폭 교체되었고 천주교 교우촌으로 재탄생한 것이다.

합덕리 주민들은 100여 년에 걸쳐 서서히 이주해 왔기 때문에 당대의 종족 마을과는 달리 다양한 성씨 분포도를 보여준다. 몇 개만 예를 들어 본다면, 제주 고씨, 경주 김씨, 김해 김씨, 광산 김씨, 안동 김씨, 남평 문씨, 순천 박씨, 밀양 박씨, 면천 복씨, 달성 서씨, 은진 송씨, 평산 신씨, 고령 신씨, 순흥 안씨, 파주 염씨, 해주 오씨, 여주 이씨, 전주 이씨, 한양 임씨, 평택 임씨, 천안 전씨, 담양 전씨, 동래 정씨, 전주 정씨, 한양 조씨, 평양 조씨, 경주 최씨, 진주 최씨, 한양 최씨, 신창 표씨, 청주 한씨, 양천 허씨 등 약 32개의 성씨가 모여 살고 있다.

이 같은 인구 이동은 합덕본당의 교우 수의 증가와 대체로 일치하고 있다. 즉, 신앙촌이 본격적으로 건설되면서, 그리고 신자들에게 소작지를 나누어 준다는 소문이

퍼지면서 주민의 유입이 급속히 늘어났다. 가장 많은 수의 주민들이 합덕리 인근 지역에서 이주하였고, 그밖에 서산, 홍성, 예산, 아산, 당진, 우강, 삽교, 천안 등지에서 왔다. 이들이 이주한 계기는, 예상과는 달리 순수한 신앙 때문에 이주한 세대는 4가구 정도밖에 되지 않고, 대부분이 성당 토지를 소작하기 위해서거나, 들판이 넓어 일감이 풍부하고 농사짓기에 유리하다고 판단하여 이주한 것으로 드러난다. 이리하여 "무엇 때문에 교회 나왔냐고 물어보면 대토 논 3마지기 때문에 나왔다"는 말이 풍문이 아니었음을 알 수 있다. 이 같은 사실은 이들이 천주교에 입교한 시점을 조사해 본 결과 많은 수의 주민들이 합덕에 이주하기 바로 전이나 이주한 후에 입교했다는 증언에 의해 뒷받침된다.

구합덕 본당과 마을의 지배구조

천주교 교우촌으로서 합덕리는 합덕성당의 교세와 불가분의 관계를 맺으며 발전해왔다. 신자 수가 증가하는 시기에는 합덕리 주민의 수도 증가하며, 발전기를 맞이하였다. 합덕성당의 신자 수는 아래 <그래프 1>에서 보는 것처럼 한말 이후 1920년대 초까지 거의 지속적인 증가세를 보이고 있다. 그리하여 1920년을 전후하여 신자 수는 400명을 넘었다. <그래프 2>는 1950년대 이후 1980년대까지 합덕성당의 신자 수의 변화를 보인 것이다. 한국전쟁 이후 신자 수는 급격한 증가세를 보여 1954년에는 3,000명을 돌파하였다. 1960년에는 무려 4,500명에 가까운 신자 수를 보였는데, 이때가 한국 농촌사회의 인구가 피크에 달한 시점이었다. 결국 이 해에 신합덕성당이 신설되어 분리되어 나감에 따라 합덕성당 신자 수는 2,000명 선으로 줄었다. 이후 합덕성당의 신자 수는 2,000에서 2,500명을 꾸준히 유지하였다. 그러나 1985년부터 2,000명 선 이하로 떨어지기 시작했다. 이는 1980년대 후반부터 본격화된 이농현상과 궤를 같이 한 것이었다.

앞서 언급했듯이 합덕리는 천주교 신앙공동체 건설을 목표로 이루어진 마을이고, 소작지 대여도 신자 우선으로 배분되었기 때문에 경제적인 관계가 종교적 관계로까지 연결되는 특징을 갖고 있다. 또한 이 마을은 다른 마을과는 상이한 운영원리와 조직, 즉 성당과 천주교를 중심으로 마을이 운영되었다. 주민들의 사회 · 문화생활은 성

〈그래프1〉 한말—식민지기 합덕성당의 교세변화(1899~1922)

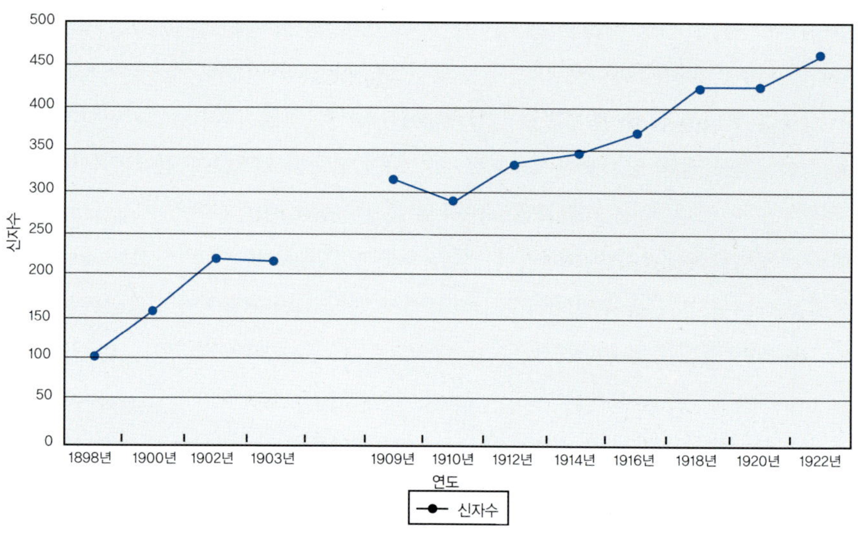

〈그래프2〉 해방 이후 합덕성당의 교세변화(1953~1988)

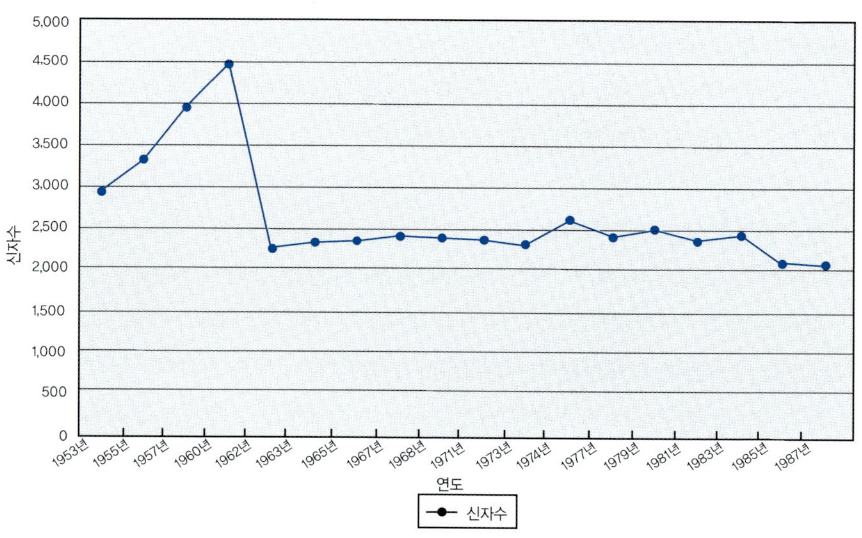

당의 조직을 중심으로 이루어져 왔고, 마을 총회나 진흥회 등 공적인 조직도 유명무실하거나 성당조직과 중첩된 상태로 운영되었다. 일례로 마을의 공적인 조직인 합덕리 진흥회장이나 구장은 성당의 복사나 회장들이 겸직하였다. 전재익, 이장용, 김종언, 김원태 등 모두 성당의 복사나 회장으로 활동하고 있는 자들이다. 이것이 함축하고 있는 의미는 합덕리에서는 성당을 통하지 않고는 마을 주민들의 일상적인 생산·사교활동이나 심지어는 식민당국의 대민지배도 어렵다는 뜻이다. 아울러 성당을 통해 식민지의 지배 질서가 주민에게로 관철되고 있다는 뜻이다.

그러나 외형상 식민지 지배 질서는 구장을 통해 이루어졌다. 구장들은 당국의 지시에 따라 애국반을 설치하고 전시 물자 공출이나 예당수리조합 공사, 혹은 32번 국도 보수 부역 등에 주민들을 내보냈다. 1930년대 초반 합덕리에서도 진흥회가 설치되었는데, 진흥회장은 면진흥회 총회에 참석하여 다음과 같은 지시사항을 주민들에게 전달하였다. 즉, 국기 게양 장려, 조세공과의 기한 내 엄수, 시간 아껴 쓰기, 색의 착용 실행, 농사개량, 부업장려, 소비절약, 미신타파 등 생활개선책 및 농사개량들이었다. 합덕리 진흥회도 당국의 시책에 부합하는 여러 활동을 전개했는데 그 중 농사개량을 들 수 있다. 모심을 때 두둑 위에 심는 견종법이 장려되었고, 농가 부업 장려의 일환으로 가마니 치기가 있었다. 또한 퇴비 증산이 장려되어 상으로 삽과 괭이 등을 주었고, 수리시설이 미비했기 때문에 마을에 2~3개의 작은 저수지를 파서 모내기철에 사용하도록 하였다. 그밖에도 색의 입기 운동이 시작되었는데, 흰 복장을 하고 합덕면 시장에 갈 경우 먹물 세례를 받았다 한다.

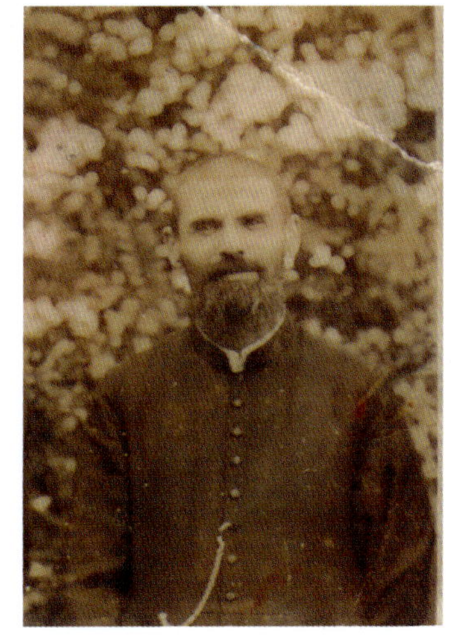
페랭 신부

이 마을에서 신부가 점하는 위치는 절대적이다. 물론 현대기에 들어서면서 신부의 위상이 점차 약화되었지만, 식민지시대만 하더라도 프랑스 신부는 한 마을 혹은 지역의 실질적인 지배자로 군림하였던 것이다. 식민지기 합덕 본당의 신부는 프랑스인 페랭 신부(Perrin, 白文弼 : 1921~1950)

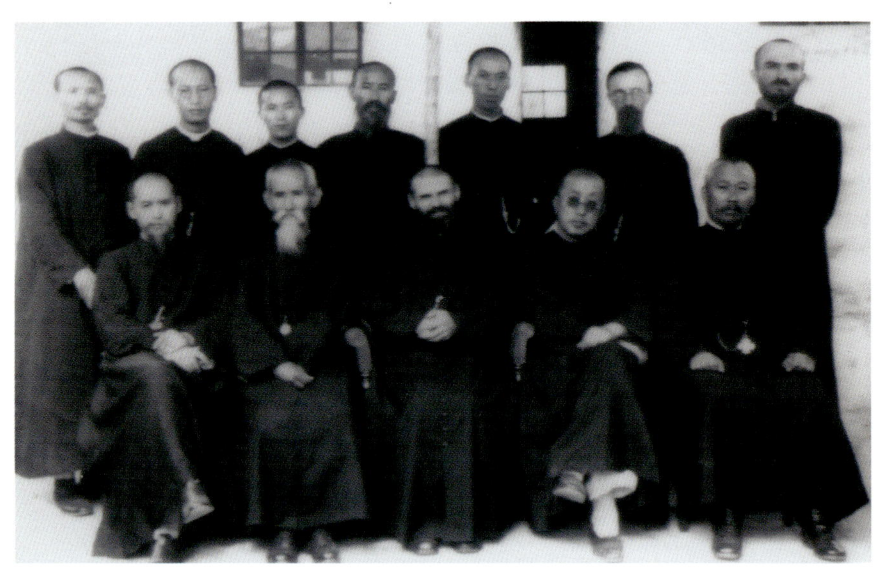

합덕성당에 모인 외국인 신부님들. 중앙 하단에 앉아 있는 분이 페랭 신부이다.

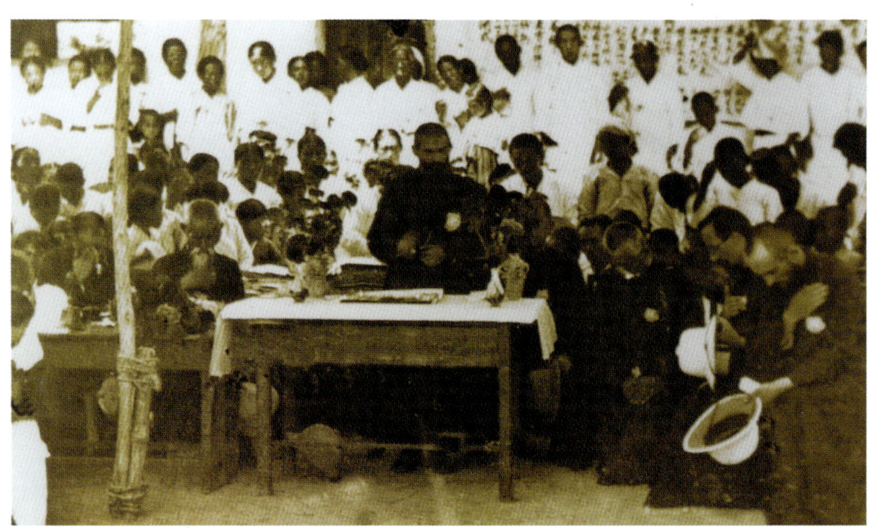

페랭 신부의 은경축 사진. 페랭 신부가 중앙에서 미사를 집전하고 있고 오른쪽에는 서양인 신부들이 무릎을 꿇고 엄숙히 기도하고 있다. 성호를 긋고 있는 조선인 교우들이 흥미롭다.

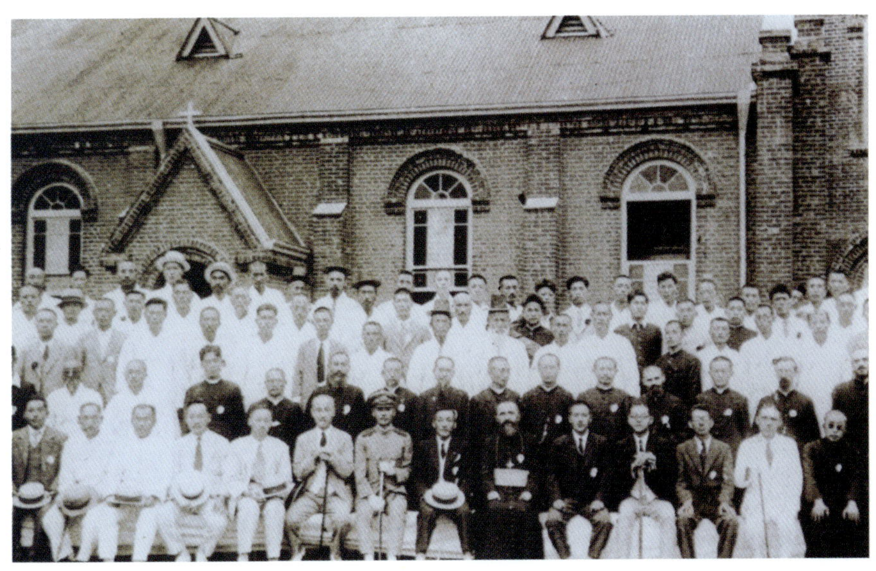

1929년 합덕 본당의 축성식. 모자와 지팡이를 들고 있는 지역 유지들과 관공서 직원들이 앞줄에 앉아 있고 그 뒤에는 신부들, 뒷줄에는 조선인 교우들이 서 있다.

로 약 30여 년간 합덕리에 살았으며, 한국전쟁기 북한군에 의해 대전으로 끌려가 학살되었다. 대다수의 주민들이 아직도 그를 기억하고 있으며 그에 대해 깊은 애정을 갖고 있다. 합덕마을과 주민에 대한 그의 영향력은 지대하며, 그의 삶은 마을의 역사와 궤를 같이 한다.

페랭 신부는 합덕리와 인근 지역에 약 30여 만 평을 소유한 대지주이자 천주교 신앙공동체의 장(長)이라는 사회적 신분에 의해 마을의 사회 · 경제 · 문화적 관계는 물론 정신세계에까지 영향력을 행사할 수 있는 힘을 갖고 있었다. 페랭 신부는 종교적인 엄격함과 동시에 자애로움과 긍휼함을 갖추고 마을 주민들을 지배하였다. 페랭 신부는 1차대전 참전 시 습득했던 의술을 기초로 마을 주민은 물론 인근지역의 병자들을 고쳐주었고, 흉년 시 교우 및 기아선상에 놓인 가난한 자들의 구민활동을 전개하였다. 또한 합덕리에서 고아원 및 매괴학교의 운영, 청소년 교육과 프랑스 운동 및 음악 등 문화의 전파 등 사회 · 교육 · 문화 전반에 걸쳐 많은 활동을 하였다. 이런 활동들은 합덕리가 인근지역에서 선진적인 마을로 발전하고 인정받는 데 기여하였다. 페랭 신부는 마을 주민들의 노름, 음주 등은 엄격하게 단속하였고, 삼종기도나 십계명을 엄격히 지키도록 강제하는 등 주민들의 일상생활과 종교생활을 규제하였다. 즉, 종족마을의 유지나 종회장들이 했던 보호자 내지 자비롭고 엄한 어른으로서 역할을 담당했던 것이다.

한편 페랭 신부가 특히 싫어했던 것은 사회주의 세력이었던 듯싶다. 1923년경 사회주의 세력이 합덕리의 농민들 속으로 세력을 확장하고, 성당이 운영하고 있던 매괴학교까지 침투하였다. 이들의 지휘 하에 교사들과 학생들이 교감 최모 씨의 퇴출을 요구하고 동맹휴학을 단행하자, 페랭 신부는 해당 교사들과 학생들의 퇴교는 물론 학교 폐쇄라는 극단적인 조취를 단행하였다. 즉, 사회주의에의 반대 입장을 천명하였던 바, 합덕리는 전형적인 우파 마을로 자기 정체성을 확보했고, 이는 한국전쟁기 좌우익 갈등과 1950년 페랭 신부와 윤복수 복사의 치명이라는 비극의 단초가 되었다.

합덕성당에 부임하였던 페랭 및 프랑스인 주임신부들은 프랑스라는 제국주의 국가의 영향력과 경성교구의 정치사회적 연결망을 배후에 두었기 때문에 지방 식민당국과 마을 주민 사이에서의 대변자 내지 보호자로서 리더십을 발휘하였다. 지배자였던 일본인조차도 '양대인'이라 하여 굽실거렸던 프랑스 신부의 권위는 1917년 합덕면소재지와 시장을 합덕리에 개설하려는 충남도당국의 정책에 반대하여 대합덕리 덕곡에서 지금의 운산리로 옮기게 한 힘을 발휘하였다. 또한 식민지기 합덕면 소재지인 운산리에 전기가 가설되면서 합덕성당에 전등이 설치되는 데 큰 공헌을 했으며, 합덕리 앞을 지나는 32번 국도가 개설되면서 예산에서 당진까지 버스가 운행하는데 일조를 했다. 이 모든 것은 합덕리에 성당이 있었기 때문에 가능했던 것이었고, 또한 종교 및 기타 네트워크로 연결된 사회적 관계를 가진 신부가 있었기 때문에 가능했던 것이었다.

한편 페랭 신부는 식민지라는 시대적 상황에 의해 일정 부분 식민당국의 요구를 들어주거나 협력하는 모습을 보여주어야 했다. 1920, 1930년대 일제의 기독교 회유정책에 따라 천주교는 조응(照應)했고, 양자의 관계는 우호적이었다. 합덕성당은 크고 작은 행사가 있을 때마다 지방관이나 지방 유지들을 초청하였다. 1929년 합덕본당의 축성식이 교우 수천 명이 참석한 가운데 성대하게 거행되자, 당진 및 합덕 관공서 직원 및 지방 유지들도 다수 참석하여 축하해주었다. 한편, 1938년 국가전시총동원체제기 종교통제정책이 강화되면서, 성당은 예속 상태로 전락하고 인적 · 물적 협력을 강요당하였다. 1938년 경성교구가 '국민정신총동원 조선연맹'에 가입하면서, 산하 본당에서도 전시체제 하의 황국신민으로서 임무가 강제되었다. 그해 8월, 페랭 신부도 성모 승천일에 신자 천여 명이 모인 것을 기회로 '국민정신총동원 당진군 천주교회 연맹 결성식'을 거행하였다. 내선일체 체제 하에서 국체명징 종교보국 등 표어를 내건 가운데 위원장 등 임원을 선출하였고, 고문은 페랭 신부, 전재익 등이 임명되었다. 물론 합덕성당은 당국의 지시를 다 따른 것은 아니었다. 그러나 성당과 교우들의 생존을 위해 전시통제기간에는 더욱 가혹해진 식민당국에 협력하는 모습을 보여야만 했다.

토지소유관계와 소작인 조합

합덕면은 충남에서 가장 큰 평야지대로, 1920년대에 이미 삽교천 부근에 이른바 소들강문 평야가 1400여 정보에 이를 정도로 넓게 펼쳐져 있는 곳이었다. 앞서 언급했듯이 이곳은 바닷물이 들락거리는 삽교천을 끼고 있어서, 조선후기부터 삽교천의 천변에 둑을 쌓아 농지로 개간하는 작업이 계속되었다. 이러한 개간은 지주들과 농민들이 힘을 합하여 이루어진 것으로 보인다. 이곳의 지주들은 주로 왕실의 여러 궁방

〈표4〉 연도별 합덕리 토지 총면적 (단위 : 평)

	1912	1922	1932	1944	1949
전	64,689	74,051	73,342	73,106	73,106
답	427,633	427,633	427,633	427,255	427,255
대지	25,549	26,121	26,523	26,691	26,691
임야	16,020	16,020	16,020	15,676	15,676
도로	8,855	8,855	9,213	9,625	9,625
구거	21,489	21,489	21,489	21,867	21,867
합계	564,235	574,169	574,220	574,220	574,220

출전 : 당진군 합덕면 구토지대장

과 한양에 거주하던 양반, 관료들이었던 것으로 보이며 합덕리 주민들도 이들과 부재지주의 농지에서 소작을 한 것으로 판단된다.

『구토지대장』을 통해 식민지기 합덕리 경지면적의 추이 및 주민들의 토지 소유 규모를 추적하기로 하자. <표 4>에서 볼 수 있듯이 합덕리의 토지 총면적은 식민지 전 기간에 걸쳐 약 57만 평 정도로 큰 변동이 없다. 아마도 이 지역이 조선시대부터 개간이 행해져 이미 1910년경에는 개간이 끝났음을 반영하는 듯하다. 따라서 주민들의 관심사는 토지의 면적을 넓히는 것보다 시비 및 수리관개시설을 통해 생산량을 높이는데 있었을 것으로 판단된다. 평야에 위치한 마을의 특성을 반영하듯 지목을 보면 논과 밭이 비율이 월등히 높은데, 1912년도에는 논이 76%, 밭이 11%로 총 87%가 농경지이고 임야는 불과 2%, 대지는 5%, 도로 2% 그리고 구거가(제방과 도랑) 4%에 달한다. 토지대장을 통해 볼 때 합덕리는 중간 규모의 평야지대 미곡생산 마을이라는 것을 알 수 있다.

이 마을에 거주하는 농민들의 농지(전답)는 합덕리와 인근 운산리, 점원리, 신석리, 도리, 대합덕리 등지에도 분포되어 있다. 주민들은 합덕리 내에 농지를 제일 많이 소유하고 있으며 1912년에는 51명의 마을 주민이 총 83,000여 평을 소유하고 있다. 1922년에는 74명이 95,000여 평, 1932년에는 78명이 106,000평, 1944년에는 102명이 170,000평, 1949년에는 113명이 181,000평을 소유한 것으로 나타난다. 당시 합덕리 인구 규모를 감안해 볼 때, 영세한 규모의 토지조차 갖지 못한 무토지 농민이 광범하게 존재하는 것으로 추정된다. 특히 이주해오는 농민 중 다수가 무토지 농민으로 성당이나 부재지주들의 농지에서 소작하거나 머슴으로 고용되는 경우가 대부분이었다.

합덕리에서 가장 많은 땅을 가진 것은 천주교회였다. 합덕리에 합덕성당이 들어온 것은 1898년의 일이었다. 합덕에 본당이 마련되자 퀴를리에 신부와 그의 후임자 크렘프(Krempff : 1906～1914, 1919～1921) 신부는 계속하여 인근의 농지를 매입하였다. 그것은 교회의 재정 자립과 천주교 교우촌 건설이라는 두 가지 목표를 위한 것이었다. 특히 앞의 천주교 교회의 재정 자립은 합덕본당 차원의 문제가 아니라 천주교 조선교구 전체의 문제였다. 즉 합덕에서 농토를 사들인 주체는 합덕 본당이 아니라 서울 명동에 있는 천주교 조선교구의 책임자 뮈텔 주교였던 것이다. 뮈텔 주교는 프랑스로부터의 후원금에 의지하는 체제에서 벗어나 재정 자립을 해야 한다고 생각했다.

천주교회의 농지 매입은 전국적으로 진행되었지만, 특히 논의 매입은 합덕에서 집중적으로 이루어져 1920년에 이르면 약 236,000평의 논과 36,000평의 밭을 충남지역에서 매입한 것으로 나타난다. 아마도 그 대부분은 합덕지역의 땅이었을 것이다. 이후에도 천주교회는 끊임없이 농지를 매입하여 1950년 농지 개혁 당시 예산과 당진에서 모두 195정보(약 585,000평)를 소유하고 있었다. 그리고 그 대부분은 합덕면에 소재하고 있었다. 합덕면에서도 석우리 · 운산리 · 합덕리 · 신리 · 신석리 · 도리에 주로 땅을 소유하고 있었으며, 특히 합덕리와 신리에 가장 많은 땅이 있었다. 1922년경 천주교회는 합덕리에서만 논 94,787평, 밭 27,690평을 소유하고 있었다. 당시 천주교회가 합덕에서 거두어들인 소작료는 약 3천 석에 달하였다고 하며, 이는 천주교 서울 교구의 가장 큰 재원이었다고 전한다.

합덕 본당은 이 토지들을 합덕리를 비롯하여 토지 소재지의 농민들에게 소작을 주었다. 그리고 소작인은 천주교회에 다니도록 하였다. 이에 따라 합덕리의 주민들은 모두 교회에 나가기 시작하였고, 타지의 천주교인들도 소작을 얻기 위해 합덕리로 이주해오기 시작했다. 1898년 말 교회가 이사 오기 전 합덕 본당의 신자 수는 101명이었다. 이사 후인 1900년 말 합덕의 신자 수는 155명으로 늘었다. 1909년에는 315명으로 늘었고, 1920년에는 427명에 달하였다. 합덕리 주민들이 천주교회 토지만을 소작한 것은 아니었다. 서울에 거주하는 이상조, 이동구라는 지주의 땅도 역시 소작을 하고 있었다. 하지만 가장 비중이 큰 것은 천주교회의 토지였다. 그리고 천주교회의 토지는 다른 지주보다 약간 낮은 소작료를 낸 것으로 보인다.

한편 합덕면 일대의 토지는 대부분 부재지주의 소유였으므로 토지를 관리하는 마름(舍音)과 소작인 간에 소작권의 이동, 소작료 징수, 소작료 운반비 문제 등으로 갈등이 많았다. 그런 가운데 1920년대 전국적으로 나타난 사회운동의 바람은 합덕지역에도 영향을 미쳐 합덕면은 충청지역에서 가장 활발한 사회운동이 전개된 지역이 되었다. 1924년에 창립된 합덕청년회는 면천면, 신평면, 범천면과 합쳐져 신합청년회로 불리었다. 또한 거의 같은 시기인 1924년 3월 16일 당진소작조합이 출범하였다.

그런데 이러한 청년운동과 농민운동은 대체로 사회주의계열의 청년들이 주도하고 있었다. 그런 가운데 천주교의 영향 하에 있었던 합덕리에서는 1923년 12월 초 소작인들이 이문우의 집에 모여 '합덕리소작인상조회'를 결성하였는데 200여 명이 참석하였다고 한다. 여기에서 회장에 손영호, 총무에 이문우가 선출되었고, 고문으로 각 지주가 추대되었다. 물론 가장 큰 지주는 천주교회였다. 이날 합덕리소작회의 결성식에서 결의된 사항은 다음과 같다.

1. 소작 기한은 5년으로 할 것.
2. 비료 대금은 소작인과 지주가 각각 반씩 부담할 것.
3. 소작료 운반은 1리 이상은 불응할 것.
4. 상조회의 출자 기본금은 1924년 추수의 5%를 투자할 것.
5. 출자기본금은 소작인에게만 대부하며, 연 3할의 이자를 받을 것.

합덕리 소작인들의 상조회 결성은 지주, 특히 천주교회의 양해 하에 사회주의자들이 주도하는 소작인 조합의 여파가 밀려오는 것을 막기 위한 예방조치로 이루어진 것으로 보인다. 합덕리 농민들의 이러한 움직임은 다른 마을 주민들로 하여금 합덕리를 곱지 않은 시선으로 바라보게끔 만들었다.

1920·1930년대에 합덕의 농민들은 폭우와 가뭄 때문에 많은 고통을 겪었다. 1923년 폭우로 삽교천의 제방이 무너져 바닷물이 밀어닥치기도 했었고, 1928년 가뭄이 들었을 때 합덕 일대의 논에 물을 대어주던 구만보가 폐지되기도 했었다. 이로 인하여 합덕과 범천 일대의 소들강문 평야 1,400여 정보의 땅이 불모의 땅이 되었다. 이에 당진군에서는 지주들에게 수리계를 만들도록 종용하였고, 결국 지주 233명의 승낙을 얻어 수리계를 만들어 구만보 수축공사에 착수할 수 있었다.

폭우와 가뭄보다 합덕 농민들을 더 괴롭힌 것은 지주와 사음의 수탈이었다. 본래 소작농민들은 벼농사가 끝난 이후 모내기를 할 때까지 논에 보리농사를 지어 식량으로 삼아왔는데 일부의 지주들이 보리에 대해서도 50%의 소작료를 내도록 요구하거나, 보리를 심으면 벼의 소출이 작다고 하여 보리를 심지 못하게 하는 등 소작인들을 압박하였다. 또 일부의 지주들은 본래 지주가 내도록 되어 있는 수세(水稅)를 소작농과 반씩 부담하라는 요구를 하기도 하였다.

소작농민들을 괴롭힌 가장 큰 문제는 소작권의 자의적인 이동이었다. 사음들은 수세불납 혹은 소작계약 불응 등의 이유를 들어 소작권을 자주 이동시켜 소작농민들을 불안하게 하였다. 1925년 동아일보의 보도(1925. 3. 22)에 따르면 합덕, 범천, 신평 등 3개 면에서 소작권의 이동이 무려 350건으로 그 전 해의 51건에 비해 무려 7배나 늘었다고 한다. 지주들은 당진소작조합이 경찰로부터 강령 전문삭제와 집회금지 조처를 당하면서 이렇다 할 활동을 못하게 되자 소작조합이 해산되었다는 소문을 퍼뜨리면서 이와 같이 많은 건수의 소작권을 이동시켰던 것이다.

농지 개혁과 한국전쟁기의 합덕

농지 개혁과 성당의 토지 분배

1950년부터 시작된 농지 개혁은 합덕리의 경제 질서를 근본적으로 재편하였다. 합덕면 14개 리의 분배 농지 411만 평(총 558필지, 전 958필지, 답 4,560필지) 중 합덕리는 총 43만 평으로 운산리, 점원리, 신석리 다음으로 가장 많이 분배되었다. 그 중 논이 413,348평, 밭이 18,616평이다. 합덕리 거주 소작인들이 제일 많이 분배받았는데 총 37만 평으로 합덕리 분배농지의 약 86%를 차지한다. <표 5, 6>을 보면 합덕리 토지를 분배받은 수혜자는 총 147명으로 나타나는데, 평균 2,500여 평을 받은 것으로 집계된다. 구체적으로 보면 농지 면적 500평 이하를 받은 가구는 39%, 500~1,000평 사이는 37%, 1,000~1,500평 사이는 21%이며, 5,000~5,500평의 농지를 분배받은 자도 2명이나 된다.

이 지역의 거대 지주였던 합덕성당의 농지도 분배의 대상이 되었다. 합덕면 전체에서 분배된 합덕성당의 농지는 총 167,651평으로 합덕리 소재의 논은 약 81,000평, 밭은 약 11,000평으로 총 91,786평이 분배되었다. 1949년도 토지대장에 기록된 성당의 농지 규모(논과 밭)는 총 121,346평(논 : 97,758평, 밭 : 23,588평)으로, 약 3만

〈표5〉 합덕리 분배농지 면적과 피분배자의 거주지

피분배자 거주지	분배받은 농지 면적(평)
신흥리	921
대합덕리	1,532
신리	2,739
창리	16,917
점원리	17,507
운산리	19,921
합덕리	372,427
합계	431,964평

출전 : 국가기록원 소장,『합덕면 분배농지대장』

〈표6〉 합덕리 소작인 규모와 작인 수

소작지 규모(평)	작인 수
0—499	39
500—999	37
1000—1499	31
1500—1999	12
2000—2499	10
2500—2999	9
3000—3499	2
3500—3999	2
4000—4499	1
4500—4999	1
5000—5499	1
5500—5999	2
합계	147명

평(29,536평)이 분배가 되지 않았다는 것을 알 수 있다. 그것은 교우였던 소작인들이 "어떻게 성당의 땅을 뺏을 수 있는가"라면서 분배를 사양했기 때문이었다. 이밖에도 대지와 임야 등은 분배 대상에서 제외되었기 때문에 농지 개혁이후에도 성당은 총 합덕에서 56,429평의 농지를 소유하고 있었다. 이런 토지들이 다른 마을에서도 있었던 듯싶다. 농지 개혁 이후 합덕성당의 복사로서 토지 관리를 맡았던 김○○ 복사는 합덕리 이외에도 신리, 하흑, 상흑, 양촌, 거더리 등지에 매년 도지를 받으러 다녔다 한다.

농지 개혁 당시 분배를 사양했던 작인들은 시일이 지나면서, 생각이 바뀌게 되었고, 이에 성당과 작인 간에 갈등이 노정되었다. 1972년 합덕성당의 토지를 관할했던 대전교구에서 농민들이 소작하던 농지와 대지 등을 한 평에 쌀 2~3되로 헐값 분배하면서 교회와 작인들 간의 갈등이 종결되었다. 이때 인근 지역의 토지까지 포함하여 약 10여 만 평 정도가 불하되었다 한다. 현재 합덕리 주민들의 안정된 생활기반은 이 같은 천주교 재단 측의 배려에 기인한다.

한국전쟁기 합덕리와 인근 마을 간의 갈등

한국전쟁 때 인민군이 점령한 지역의 마을 내에서 좌우익 세력 간의 계속되는 학살로 많은 민간인 희생자가 발생하였다. 합덕은 당진지역에서 인명 피해가 가장 컸던 곳으로 알려져 있다. 우익에서 250명 정도가 희생되었고, 9 · 28 이후 좌익의 희생은 그보다 훨씬 더 컸다고 한다. 합덕지역에서 발생했던 이러한 희생은 이곳이 식민지시대부터 사회주의자들의 활동이 활발한 곳이었고, 동시에 천주교 합덕성당과 기독교 세력도 활발하였기 때문이었다. 또한 지주와 소작인 간의 계급갈등, 종교와 이념의 갈등이 치열했던 사실도 큰 희생이 발생한 배경이 되었다.

한국전쟁 당시 합덕지역에 인민군이 들어온 것은 7월 10일경이었다. 합덕지역에 들어온 인민군은 우선 치안을 장악하기 위해 내무서를 조직하였다. 내무서는 북한에서 내려온 정치보위부 요원들에 의해 지휘되었고, 이어서 당과 인민위원회 건설 사업이 진행되었다. 7월 14일 인민위원회 구성을 위한 선거가 실시되었다. 당시 리 인민위원회는 리 총회에서 선출하였고, 리 총회에서 뽑은 면 대표자가 면 인민위원을 선거하도록 하였다. 이 선거를 통해 뽑힌 면 인민위원과 리 인민위원은 대부분 농민이었다.

한국전쟁기의 이러한 상황에서 합덕리는 어떤 일을 겪었을까. 앞서 본 것처럼 식민지시대 합덕리 농민들은 천주교회로부터 어느 정도 안정된 소작권을 인정받고, 다소 낮은 비율로 소작료를 내고 있었으며, 소작인 조합도 별도로 만들었다. 합덕리 주민들의 이와 같은 모습은 인근의 다른 마을들로부터 경원의 대상이 되었던 것으로 보인다. 또 해방 이후 합덕리 주민들 가운데 일부는 대한청년단에서 활동하기도 하였다.

우익측에 섰던 합덕리는 한국전쟁이 발발하자 곤경에 처하게 되었다. 합덕리 주민들은 일단 점령 당국이 시키는 대로 리 인민위원회나 민청, 청년동맹 등을 형식적으로 만들어 화를 피하고자 했던 것으로 보인다. 그런 가운데 8월 14일 합덕성당의 페랭 신부와 신도회장 윤복수, 복사 송상원 등 세 사람이 내무서로 붙들려갔다. 이들 가운데 페랭 신부는 다시 대전형무로소 끌려가 그곳에서 인민군이 철수할 때 처형되었다. 9월 초 이 마르타 수녀와 권 요왕 수녀가 내무서에 붙들려갔다. 그리고 9 · 28 서울 수복 다음날인 29일 인근 X마을 주민들 가운데 일부 청년들이 합덕리를 습격하였다. 그들은 전 이장과 대한청년단 단원 등 8명을 한꺼번에 끌고 갔다. 끌려간 이들은

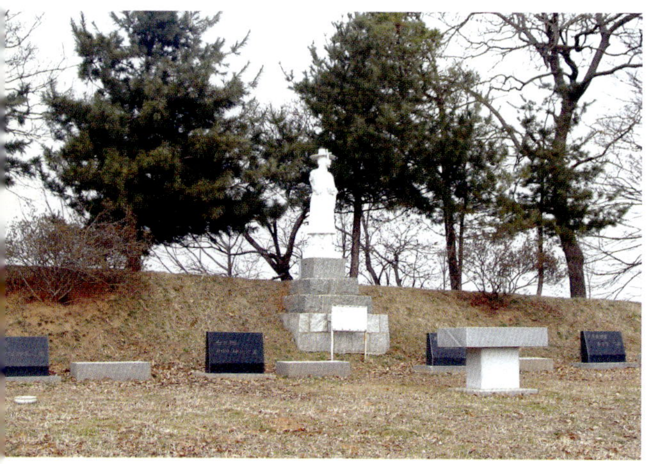

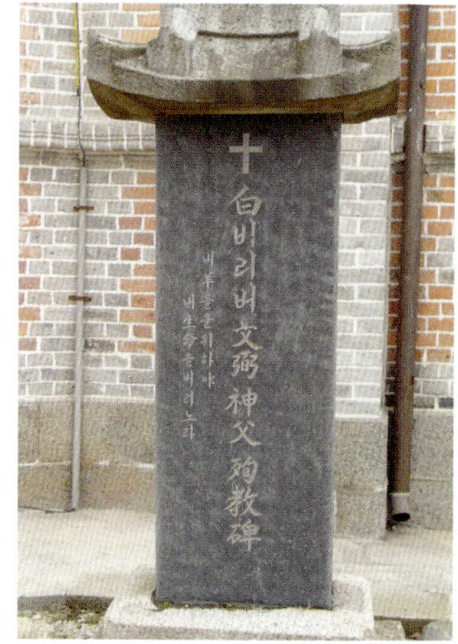

합덕성당 내 순교자 무덤 : 한국전쟁기 순교한 분들을 모셔놓았다.

페랭(백문필) 신부 순교비

일시 내무서 유치장에 갇혀 있다가 이날 밤 모두 합덕초등학교 뒤 옵박골에서 처형되었다. 이날 밤 처형된 합덕마을 사람들은 위의 8명과 이미 전에 끌려간 윤복수 신도회장, 송상원 복사를 합쳐 모두 10명이었다. 그날 밤 옵박골에서 처형된 합덕면 전체의 우익 인사들은 모두 36명이었다.

합덕리 사람들에 의하면 이때 합덕의 희생자들을 끌어간 이들은 X마을 출신의 좌익들이었다고 한다. 그러면 두 마을은 왜 대립하게 되었을까. 해방 직후부터 X마을에는 비록 소수였지만 좌익 활동가가 있었고, 그들은 보도연맹에 들어갔던 것으로 보인다. 그 가운데 박○○이 전쟁이 나자 끌려가 처형되었다. 인민군이 들어오자 유가족들은 그들에 협조하면서 보복에 나섰던 것으로 보인다. 당시 X마을의 지도자는 지○○이었다. 당시 X마을에서 그를 도와 적극적으로 부역한 이들은 대부분 가난한 소작농들이었던 것으로 보인다.

한편 합덕마을 주민들이 우익으로 간 것은 가톨릭 교회의 영향, 그리고 마을 주민들 가운데 우익 대한청년단 단원이 있었기 때문이었을 것이다. 반면 X마을 주민들은 지○○, 박○○ 등 마을 내 소수의 좌익 활동가의 영향으로 좌익 쪽으로 기울어진 것으로 보인다. 이러한 한국전쟁기의 아픈 상흔과 갈등은 그 후 이웃 마을들 간의 이해와 사랑으로 치유되어 현재는 과거의 이야기로만 남아있다. 오늘날 X마을 주민들도 대부분 천주교 신자라고 한다.

한편 해방 이전 합덕마을에서는 신부를 정점으로 새로운 이들이 성장하고 있었다. 이들은 개인적인 능력과 신앙심을 척도로 성당의 복사나 회장으로 발탁된 자들이다. 즉, 일반 마을에서 리더들이 갖고 있는 문중이나 학연 및 혈연의 기준이 신앙심으로 대체된 것이다. 이들은 진흥회장이나 구장직을 역임하여 식민지 지배 질서가 마을에 관철되는 매개자, 통로로서도 역할을 하였다. 따라서 수십만 평의 성당 토지를 관리하면서 얻게 된 경험과 능력, 그리고 마을 행정 경험 등은 그들을 마을의 지배층 반열에 올려놓았고, 농지 개혁 시 분배받은 농지를 토대로 영향력을 지속시켰다. 그 중 한 명은 해방 이후 국회의원 선거에 출마하기도 했다.

1950년부터 시작된 농지분배는 마을의 사회구조를 재편하는 효과를 가져왔다. 주민들도 1950년의 농지 개혁과 1972년도 성당의 토지분배라는 두 차례 분배를 통해 소농 내지 중농으로 성장하였다. 지주로서 경제적 지위를 상실한 성당은 경제적 영역을 떠나 주민들의 종교 · 정신적인 영역에만 머무르게 되었다. 그럼에도 불구하고 분배 이후 약 40여 년 넘게 합덕성당은 주민들의 사회 · 경제생활의 중심지였다. 모든 사교와 경제 활동이 성당의 조직을 매개로 이루어졌던 것이다. 그러나 최근 들어 성당의 위상과 역할은 점차 축소되는 경향을 보인다. 2005년 최초로 합덕리에 공적 조직인 부녀회가 출범하여 성당조직을 대체하기 시작했다는 사실은 이를 시사한다. 이러한 추세는 고령화와 산업화가 진행됨에 따라 심화될 것으로 예상되며, 천주교 신앙공동체로서의 합덕리도 역사 속으로 퇴장하고 문화관광지로서의 종교 마을 합덕리만 남을 지도 모르겠다.

(곽 호 제 · 김 현 숙)

* 이 글은 2006년도 충남대 충청문화연구소 마을연구단 『충남지역 마을공동체의 생애와 정체성 : 합덕리 편』의 논문들을 참고하였음을 밝힌다.

미작생산과 노동

충남 당진군 합덕면은 오늘날 호남평야, 김제평야에 이어 전국에서 세 번째로 넓은 소들강문평야에 자리하고 있다. 우강면 · 합덕읍에 걸친 소들강문(牛坪江門)평야는 충남 제일의 곡창지대인 예당평야의 한 부분으로 유명한 당진쌀(해나루 쌀)을 생산하고 있다. 이곳의 합덕방죽(일명 연호제)등 수리시설의 발달은 일제시기에 이미 합덕이 농경지를 발달시킬 수 있는 하나의 배경이 되었던 것 같다.

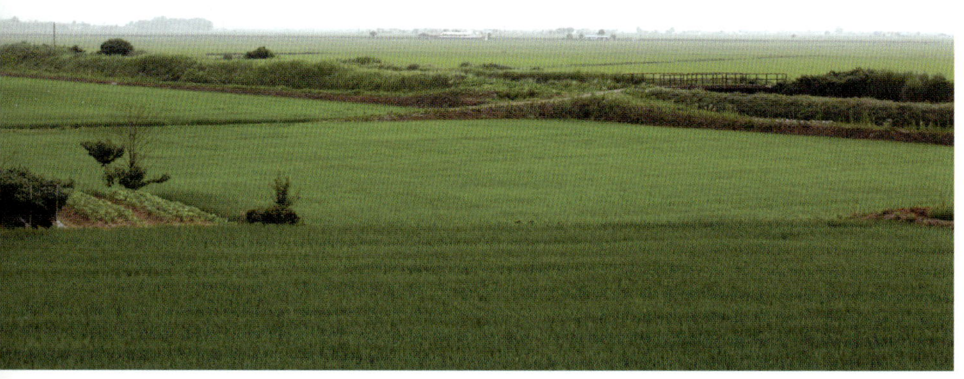

소들강문 평야

삶의 터전을 마련하기까지

주민의 경지확보 과정

합덕마을에 성당이 들어오면서부터 현재까지 성당은 마을 주민에게 일상생활을 비롯하여 사회 · 경제적 생활에 이르기까지 다양한 측면에서 영향을 끼쳤다. 한국전쟁 이후 마을 성당에는 가장 많은 성도들이 있었다고 전한다.[1] 성당이 마을 주민들에게 미친 다양한 영향 중 가장 인상적인 것은 역시 경제적인 것이다.

합덕성당은 면소재지 근처에서 거대한 규모의 토지를 소유하고 있었다. 그렇기 때문에 해방 이후까지 성당의 위력은 이 마을에서 대단한 것이었다. 성당의 전답(田畓)은 1950년 농지 개혁 당시 예산과 당진에서 모두 195정보에 달하였는데, 그 대부분은 합덕면에 소재하고 있었다. 합덕면에서도 석우리, 운산리, 합덕리, 신리, 신석리, 도리에 모두 346필지의 땅을 소유하고 있었으며 특히, 합덕리(135필지)와 신리(113필지)에 가장 많았다. 성당이 해방 후에 마을 주민들에게 농지를 나누어 주고 농사를 지을 수 있는 권리를 주었기 때문에 서산 등지에서 외지인들의 유입이 이루어졌다고 한다. 당시 서산은 산골이어서 경지가 적었고, 삽교천이 막히기 전까지만 해도 육로는 32번 국도밖에 없어 이곳 말고는 달리 이주할 지역이 없었다. 서산 사람들이 하나 둘씩 이 마을에 이주해 살면서 점차 그들의 친척들까지도 이주해오게 되었고, 그 결과 이

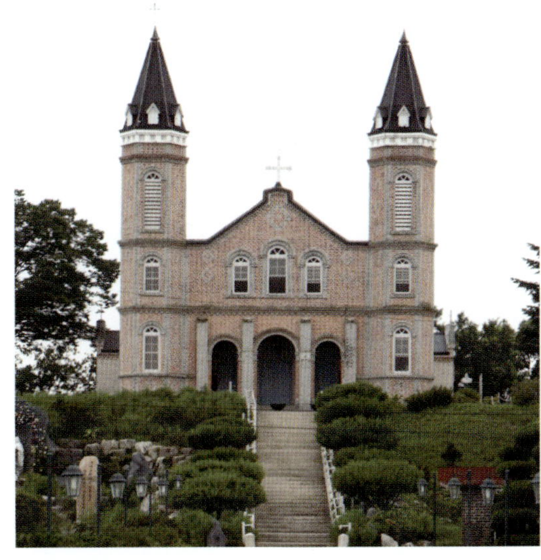
합덕성당

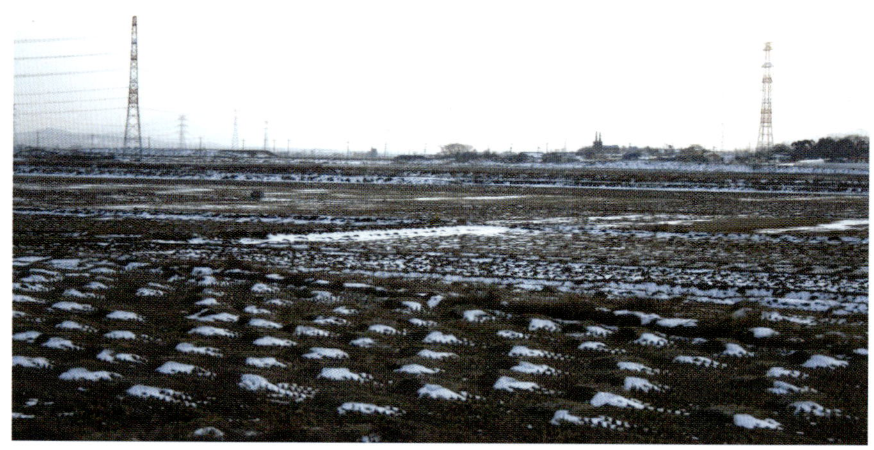

농지로 개간된 합덕방죽

마을에는 서산 출신의 사람들이 많다. 서산에서 이곳으로 이주해온 주민 대부분은 천주교 신자들이었다고 한다.

성당은 토지를 마을 주민들에게 나누어 주어 경작을 할 수 있는 터전을 제공하였고, 주민들에게 매우 값싼 임대료를 받았기 때문에 이 마을 주민들은 다른 마을과는 달리 극한 경제적 어려움에서 벗어날 수 있었다. 1953년 토지개혁 때 마을 주민들은 그들이 경작하고 있던 성당의 농지를 불하받게 되면서 자기 땅을 소유할 수 있게 되었다.

그밖에도 성당은 해방 이후에 주민들에게 밀가루를 배급하여 주었고, 한국전쟁 이후에는 밀가루와 옷가지 등 구호물자를 나누어 주었다고 한다. 생활이 어려운 사람들뿐 아니라 가난했던 당시의 대다수 주민들에게 이런 물품들을 분배하였고, 이는 마을 사람들의 생계에 큰 도움이 되었던 것으로 보인다.

이 마을 주민들이 경작지를 확보하는 데 있어 또 하나의 중요한 계기가 된 것은 합덕방죽의 개발이다. 1962~1963년 합덕저수지의 물을 빼고 이를 논으로 개간하는 대규모 공사가 이루어졌다. 당시 서울에 거주하던 김규만은 방죽을 매입해서 논으로 개간하는 '합덕방죽개발사업' 을 주도한 사람이다. 개간된 전체 면적은 103정보에 이르렸다. 개간된 전체 면적을 900평씩 배미로 묶어 경지정리를 하였고, 이렇게 개간된 논을 처음 20년 동안 마을 주민에게 임차를 주었다. 그러다가 1980년대 초에는 논을 개인에게 매각하였는데 임차를 짓고 있던 마을 사람들이 주로 이 논을 사게 되었다. 결국 합덕방죽이 논으로 개간되면서 합덕리 사람들은 과거보다 더 많은 농지를 경작할 수 있게 된 것이다. 합덕방죽을 개간하여 만든 논은 대한민국 최초로 경지정리가 이루어진 곳이기도 하다.[2)]

1970년대 초에는 천주교구청에서 성당의 토지를 소작하고 있던 경작자들에게 전(田)과 대지(垈地), 즉 집터를 헐값(1평에 쌀 3되)에 매각함으로써 주민 대다수가 비로소 자기 집을 확실히 갖게 되었다.

이렇듯 합덕마을 주민들은 성당의 덕택으로 다른 마을에 비해 경제적으로 윤택한 생활을 할 수 있었던 편이었고, 비교적 일찍 외국문물을 접하면서 일찍부터 신교육을 접할 수 있었다고 한다.

산업화와 마을변화

1970년대에 합덕리 마을은 가장 번성했고 부자마을로 이름을 드날렸다. 1970년

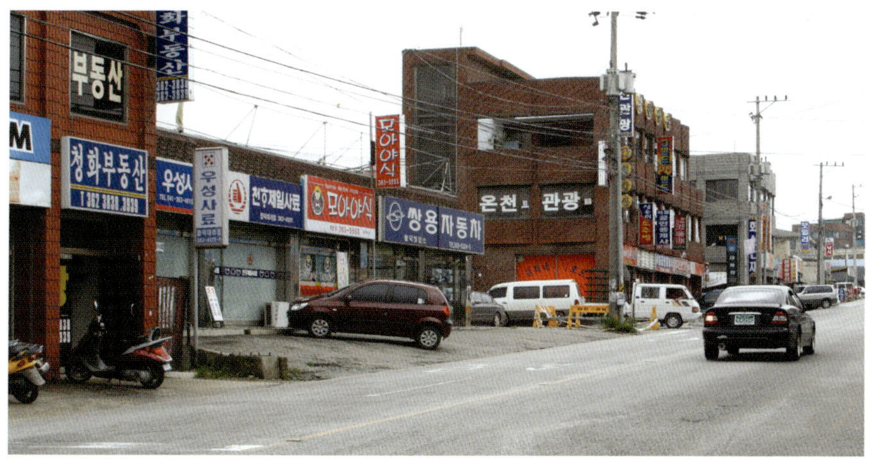

합덕읍내 : 상가들이 들어서 있지만 한산한 모습이다.

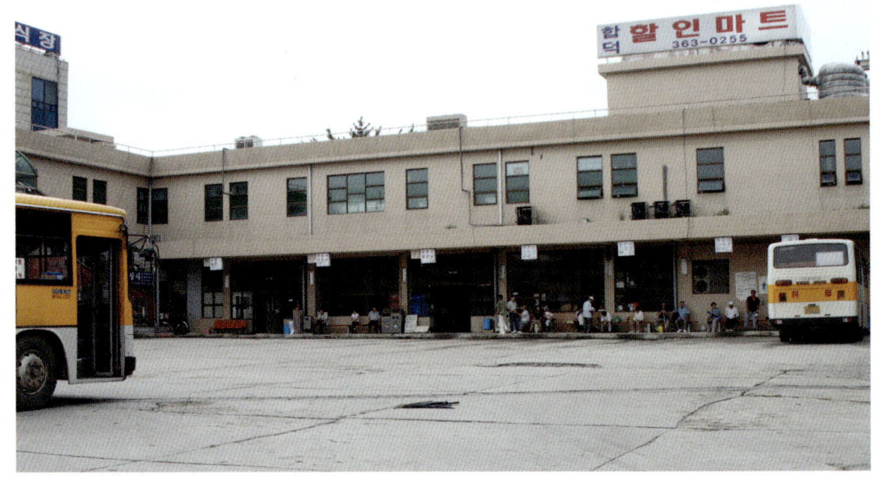

오늘날의 합덕 시외버스 터미널 : 예전에 비하면 매우 한산한 모습이다.

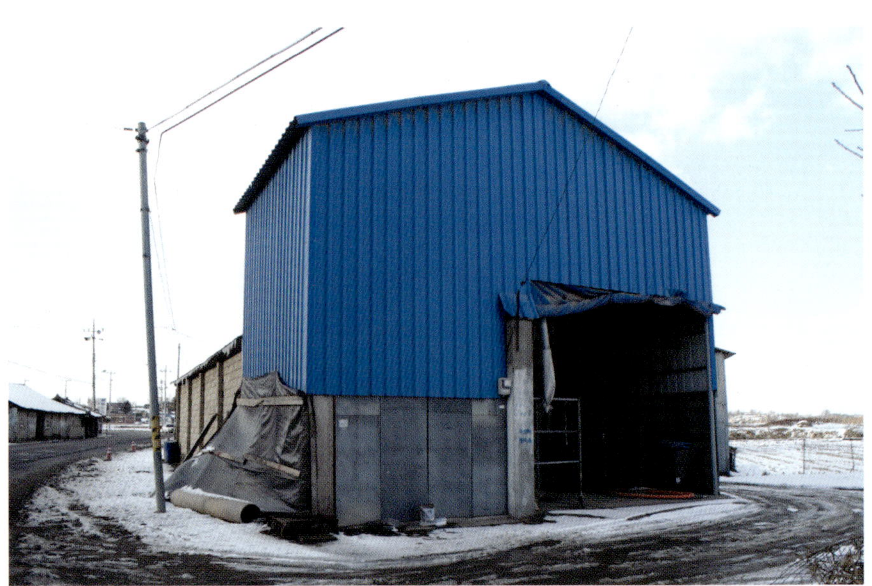

현재의 구합덕 정미소

대 중반 무렵은 합덕읍이 전체적으로 번창하였던 시기로, 합덕면이 읍으로 승격되었던 1973년 당시 합덕읍 인구는 23,000명, 합덕리 인구는 864명으로 인구가 정점에 달하였다.

당시 합덕마을은 합덕면의 소재지로 공공기관이 상당수 존재했고, 부의 상징이었던 도정공장이 2곳이나 있어 도정을 하기 위해 모여든 사람들로 북적였다. 구합덕정미소는 식민지시대부터 있었는데 1960~70년대 초에 가장 번성하였다. 이 지역에서는 합덕리에만 유일하게 도정공장이 있어 합덕면의 농민들이 이 마을로 모여들었고, 정미를 하려면 몇 시간씩 줄을 서서 기다려야만 했다고 한다. 마을 안에는 이들을 위한 막걸리 집(주점)이 5곳이나 있을 정도였다.

합덕리를 지나는 32번 국도는 식민지시대부터 있던 도로로 삽교천 도로가 뚫리기 전에는 교통량이 매우 많았다. 당시에는 서산, 태안, 당진에서 합덕을 거쳐야 서울을 갈 수 있었고, 합덕에서 서울 '용산'으로 가는 직행버스가 5~10분 간격으로 있었다.

따라서 합덕면에는 유동인구가 많이 몰려들었고 이 때문에 많은 상점들이 있었다. 그러나 1974년에 시작하여 1979년에 끝난 삽교천 도로공사(삽교천—아산만—평택)의 완공과 서해안고속도로의 개통으로 합덕의 교통량은 급격히 줄어들었다.

한편, 1980년대 초반부터 젊은 층이 대거 농촌을 떠나면서 최근 합덕읍의 인구는 13,000명, 합덕리의 인구는 약 340명까지 급감하였다. 이는 그동안의 인구유출이 매우 심했음을 말해준다. 그간의 인구유출이 심했던 것은 말할 것도 없이 교육 여건과 취업 여건이 좋지 못해 젊은 층이 합덕을 빠져나가고 있기 때문이다.

그럼에도 불구하고 다른 농촌 마을에 비하면 합덕리 마을에는 아직 40~50대의 연령층이 많은 편이다. 현재 합덕리 근처에는 합덕 중·고등학교[3]와 서야 중·고등학교가 있어 자녀들의 고등교육까지는 마을에서 시킬 수가 있기 때문이다. 하지만 20, 30대의 젊은 층은 대학에 가기 위해, 혹은 일자리를 구하기 위해 마을을 떠나고 있다.

마을 인구가 감소함에 따라 합덕리에서 성업했던 많은 상점들은 점차 자취를 감추었다. 정미하러 온 농민들을 고객으로 운영하던 주점(막걸리 집)은 1980년대 초반에 이미 없어졌고, 50년 이상 운영되었던 약방(소화약방)도 3년 전에 없어졌다. 약국(혜성약국)도 32번 국도가 확장되면서 마을에서 자취를 감추었다. 또, 30년 이상 운영되던 '정육점'은 1970년대 후반에 마을에서 사라졌다. 이발소도 2곳이 있었으나 한 곳은 1970년대 후반에 없어졌고, 다른 한 곳은 1990년대 중반 경에 사라졌다.[4] 50년 이상 운영하던 자전거포집도 15년 전 주인의 교통사고로 문을 닫았다. 1974년부터 운영되던 다방(연호다방)도 6~7년 전에 문을 닫았다.

이렇듯 넓은 경작지와 함께 교통중심지로 한때 번성기를 누렸던 합덕마을은 산업화가 시작되면서 개발의 지평에서 점차 멀어지고 다른 농촌 마을처럼 한적한 마을로 변화했다.

미작 중심의 농업

합덕마을은 다른 지역에 비해 상업이나 공업 발달이 뒤쳐져 있는 논농사 중심지역이라 할 수 있다. 합덕읍 전체로 보아도 밭이 거의 없고 대부분 논이다. 일찍부터 합덕리는 합덕제와 삽교천 등 수리시설이 발달하여 농사짓기에 유리한 환경이었다. 삽교천 · 아산만 방조제를 통하는 하구언 공사가 완공되어 수리안전답이 되면서 이곳의 쌀 생산량은 더욱 증가하였다.

합덕리 전체 120가구 중 논농사를 전업으로 하는 농가가 70호, 약 20호는 겸업농가로 농업과 동시에 영세상업(식당, 슈퍼)이나 임금노동을 겸하고 있다. 따라서 90가구가 미작농가인 셈이고 나머지 가구는 전업적으로 상업을 하거나 임금노동에만 종사하고 있다.

미작농가 중 경작 규모가 가장 큰 농가는 약 25,000평을, 가장 작은 규모의 농가는 약 1,000평을 경작하고 있다. 가구별 평균 규모는 약 3,000평에 달해 다른 농촌 마을에 비하면 비교적 경작 규모가 큰 편이다.

반면 소규모의 텃밭을 소유하고 있으나 논이 없는 가구도 13~14가구에 이른다. 이들은 대개 자녀들에게 생계를 의지하고 있거나 농사가 아닌 다른 생계활동에 의존하고 있다. 그밖에 국민기초생활수급권자는 10명인데 이들 대다수는 혼자 사는 여성 노인이다.

합덕리의 전체 농지는 약 30만 평에 달한다. 마을 인구가 고령화되면서 마을의 전체 토지 중 외지인의 보유비율이 점차적으로 증가해왔다. 10년 전 부동산 바람이 불 때 외지사람들(주로 서울 사람)이 약 2만여 평을 구입했고, 그후 2003~2004년 아산시 인주공단 탕정지구 개발에 따라 보상을 받은 사람들 일부가 합덕마을에 들어와 '대토' 를 하는 과정에서 6,000~7,000평에 이르는 토지를 구입하였다. 따라서 전체적으로 약 3만 평의 농지가 외지인의 것으로 추정된다(전체 농지의 20% 수준)[5] 마을의 지가(地價)는 구역에 따라 평당 4~10만원까지 다양하다. 최근에는 토지거래에 묶여 거래되는 토지는 많지 않다고 한다.

미작생산과 노동

미작농가의 평균 경작 규모는 약 3,000평 수준으로 전형적인 농촌 마을에 비하면 경작 규모가 큰 편이다. 마을 내에는 1만 평 이상을 경작하는 대농도 약 7가구에 달한다.[6] 1만평 이상의 논을 경작하는 가구는 1995년경 농업기반공사에서 전업농지원을 받아 20년 분할상환의 조건으로 농지를 구입하였거나, 자가 소유지 외에 임차지를 경작한다.

임차지를 경작하는 가구도 7가구가 있다. 임차지의 소유주는 대개 외지인, 혹은 마을 내에 거주하는 친인척과 노인들이다. 이 마을의 임차료는 200평당 쌀 120kg 수준으로 다른 마을에 비하면 다소 비싼 편이다. 이는 아마 쌀 소출량이 좋기 때문일 것이다. 임차지의 규모는 16,000평부터 다양하나 평균 4,000~5,000평 수준이다.

마을에서 벼를 경작하는 과정을 살펴보면, 5월에 '모판' 을 준비하여 5월 10일에서 25일 사이에 모내기를 한다. 모내기를 한 후에는 논두렁의 잡초를 제거하고, 농약을 한 다음, 콩을 심는다. 9월 말에서 10월 20일 사이에는 추수를 한다.

대규모 경작을 하는 농가는 '못자리' 를 할 때가 가장 분주한데, 이때는 임금노동자를 고용한다. 노동력 비용은 2005년 현재 남자는 5만원, 여자는 3만원으로 성별에 따라 차이를 보인다. 일부 가구에서는 노동력을 사기도 하지만 대개 대농들은 품앗이를 조직하여 노동력을 조달한다. 가령, '콤바인' 을 소유하지 않은 G씨는 다른 대농들과 품앗이를 하는데, G씨는 트렉터를 이용하여 베어놓은 벼 자락을 나르는 역할을

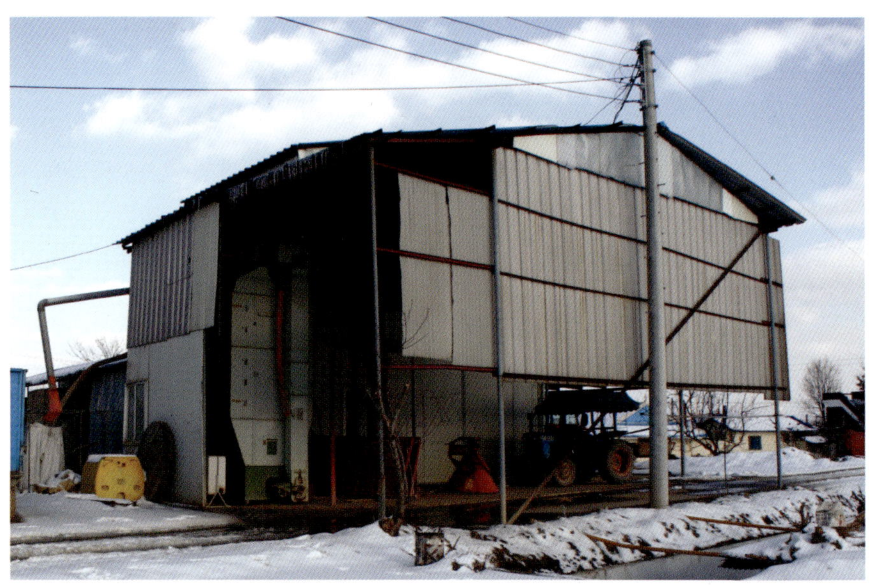

농기계 보관창고

한다. 따라서 18,000평을 경작하는 G씨는 '못자리'를 할 때는 인부들을 사지만 농약을 할 때, 추수할 때 모두 품앗이를 통해 필요한 노동력에 대응한다.

대부분 미작농가들도 품앗이를 조직하여 필요한 노동력을 조달하며, 노동력을 사는 경우는 드물다. 현재 이 마을에는 5~7개의 품앗이가 조직되어 있는데 각각의 품앗이는 약 10~20명 정도의 인원으로 구성되어 있으며 부부가 함께 참여한다. 특징적인 점은 경작 규모가 비슷한 농가끼리 품앗이를 조직한다는 것이다. 품앗이는 대부분 봄철에 못자리(모판)를 하고 농약을 칠 때 활용된다.

대규모 경작을 하는 농가는 대부분 다양한 농기계들을 소유하고 있고, 이들 중 3~4명이 마을에 있는 소규모 농가의 위탁영농을 맡아 하고 있다(신태수, 이창진, 문태희, 고종진 등). 마을의 농기구 소유 현황을 살펴보면, 이앙기 7대, 트랙터 10대, 콤바인 3대, 건조기는 8대가 있다.

이 마을에 농기계의 도입과정을 살펴보면, 경운기의 도입은 1960년대 말에, 트랙터는 1980년대 초에 도입되었다. 이앙기는 1978~1979년 박서균 씨에 의해 처음 도입되었다. 이처럼 합덕마을의 농기계화는 다른 농촌 마을에 비하면 비교적 빠른 편이지만 농업에 기계 활용이 본격적으로 이루어진 것은 1980년대 중반 이후이다.

농기계를 소유한 농가에 위탁을 맡기는 농가는 농번기에도 비교적 한가하다. 위탁을 맡기는 소농가는 연간 30일 정도의 일을 하며 1만 평 수준의 경작을 하는 대농들도 기계화 덕택으로 대략 연간 60일 정도의 일을 한다. 따라서 합덕마을의 주민들은 여가시간이 많다. 그러나 대다수의 농촌 마을이 그렇듯이 여가를 보낼만한 적절한 문화시설이 없고, 마을 내에서는 다양한 농외소득을 창출할 수 있는 기회나 여건도 부족하다. 합덕리 주민들은 대부분 신자이기 때문에 성당에 기도하러 가거나, 일부 노인들은 성당 안에 마련된 게이트볼 게임을 하면서 시간을 보내거나 노인회관에서 시간을 보낸다.

비교적 대농가에서 다양한 농기계를 소유하고 있으며 이들은 개인적인 농기계 보관창고를 가지고 있다(이창진 80평, 신태수 80평, 문태희 40평, 고종진 30평 규모). 이들은 대부분 정부지원으로 농기계를 구입하였다고 한다. 김영삼 정부 시절 농기계

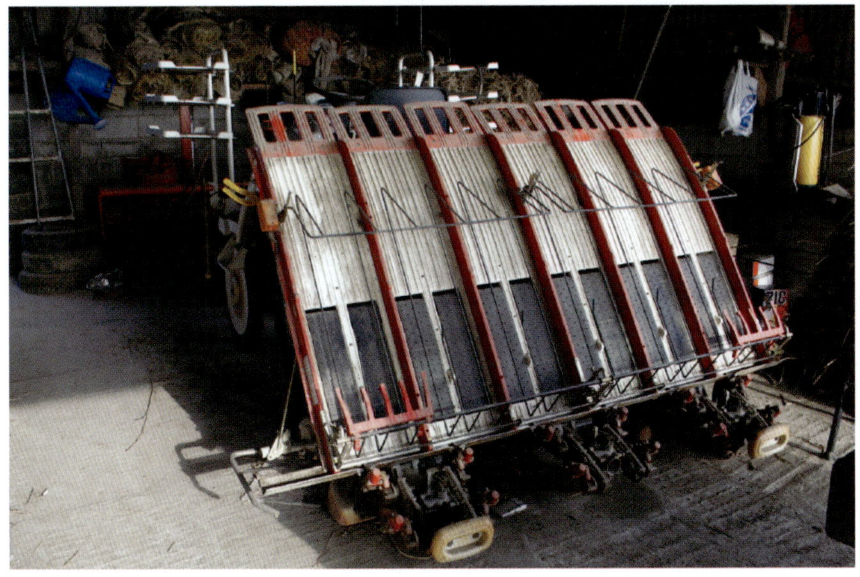

창고에 보관중인 이앙기

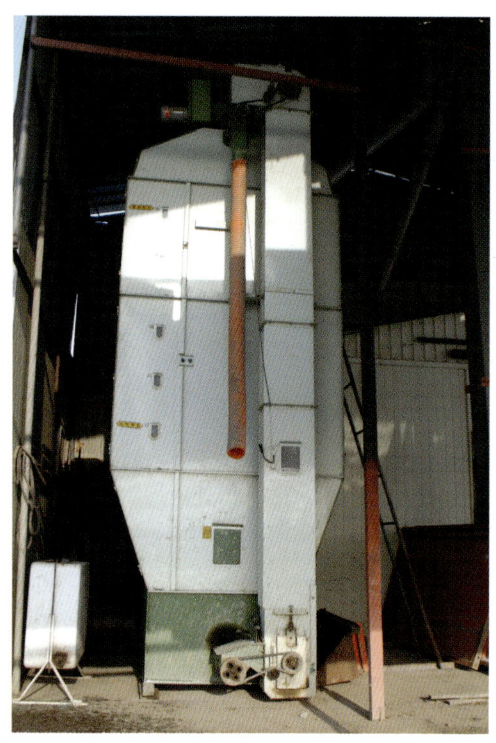

마을 내의 건조기 : 창고 안에 보관되고 있다.

를 사면 정부의 융자지원이 이루어졌다고 한다. 농기계 구입시 정부지원은 김영삼 정부의 공약사항 중의 하나였고 이는 3~4년 동안 실현되었다. 그러나 이러한 정책에 대해 도시 주민들이 불만을 제기함에 따라 농기계를 구매할 때 지원되던 정부보조금이 사라졌다. 농기계에 대한 정부지원이 있을 때는 국고보조가 50% 이루어져 10~20%를 자신이 부담하면 되었지만, 정부보조가 사라진 현재는 40~50%를 자신이 부담해야 하는 상황으로 새로운 농기계를 구입하는데 따르는 부담은 매우 크다.

전업농에게 위탁영농을 하는 소농가의 비용을 살펴보면 200평을 기준으로 기계값만 총 12만 원에 달하고, 그밖에 비료, 농약, 인건비 등이 비용으로 지출된다. 다른 마을과 마찬가지로 위탁영농을 할 경우 1평당 소요비용이 정해져 있다. 가령, 갈고 고르는 것은 200원, 모심기는 100원, 벼 베기 200원, 건조비는 40원이다. 따라서 200평당 총 비용은 평균 20~23만 원에 이른다.

마을에서 생산된 쌀은 정부의 공공 비축제, 농협 RPC(미곡종합처리장)로 약 70%를 판매하고 나머지는 개인 정미소로 가거나 자가 소비한다. 자가 소비량은 총 산출액의 10% 수준이고 개인정미소로 판매하는 양은 약 20%에 달한다. 생산된 쌀을 판매하는 과정은 다음과 같다.

첫째, 정부는 기존의 추곡수매 정책의 대안으로 도입한 '공공 비축제'로 이 마을에서 생산한 전체 쌀의 약 20%를 수매해 간다.[7] 예전의 추곡수매제도는 농민을 보호하는 차원에서 정부에서 높은 가격에 쌀을 사서 소비자에게 팔았지만 현재 시행하는 공공 비축미는 현지 쌀값대로 사서 정부가 이윤을 남겨 파는 제도이다. 이에 따라 정부의 수매가도 하락하였다.[8] 예컨대, 벼 40㎏[9]가 2004년(추곡수매제도)에 53,000원이었으나 2005년에는 47,350원이었다. 그리고 2004년에는 쌀 80㎏이 164,000원이었는데 비해 2005년에는 132,000원으로 하락하였다. 결국 쌀값은 일 년 사이에 17~20% 가량 하락한 셈이다.[10] 이 마을 주민인 G씨는 똑같은 쌀 수확량을 가지고 2004년에 비해 2005년에 약 1,500만 원의 소득이 줄었다고 한다.

둘째, (합덕)농협은 합덕읍 전체 쌀 수확량의 약 50%를 수매한다. 미작농가는 개인정미소보다는 농협 RPC에 쌀을 수매하는 것을 더 선호한다. 이는 농협이 쌀을 팔아 흑자를 보면 조합원에게 1㎏당 20~40원 정도를 되돌려주는 '이용보배당(利用報配當)' 제도를 실시하고 있기 때문이다.

셋째, 개인정미소는 마을 전체 수확량의 20~30% 정도를 수매한다. 합덕마을 사람들이 이용하는 개인정미소는 3곳으로 이 마을에 있는 구합덕정미소, 마을 외곽에 있는 소소리정미소와 대합덕 신리정미소 등이다.

이처럼 쌀의 판로제한과 가격 하락으로 이 마을의 미작농가도 소득이 악화되어 왔다. 마을에서 수확한 쌀의 유통망을 확대해야 하는 것은 다른 미작마을에서와 마찬가지로 향후 중요한 과제가 되고 있다. 이와 관련하여 쌀을 저장할 수 있는 마을 공동창고의 건립이 마을의 현안으로 대두되었다.

그러나 아직 마을 주민들을 중심으로 벼의 대체작목 개발과 영농법을 개선하려는 특별한 움직임은 없는 형편이다. 다만 일부 자치단체를 중심으로 시행되는 친환경농업정책에 따라 친환경농법으로 경작하는 가구가 일부 있다. '명미화단지' 조성은 당진군에서 실시하는 농업정책으로 2005년 현재 당진군의 3~4개 읍면에서 실시하고 있으며 2년마다 다른 읍으로 교체한다.

"……2005년 내가 경작하는 총 6,500평 중 '명미화단지'에 포함된 3,000평에서 수확한 쌀은 농협에 전량 수매했다. 명미화단지 내에서 키우도록 지정된 품종이라면 농협에서 전량

수매해 주고 있다 그리고 '명미화단지'에서 수확한 쌀의 수매가는 벼 1kg에 1,260원으로 정부수매가(1kg당 1,110원)에 비해 가격이 높다."

'명미화단지'에서는 친환경농법으로 쌀을 생산하는데[11], 합덕읍 전체 규모는 약 30만 평에 이른다. 합덕리의 경지도 2004년에 '명미화단지'로 지정되어 농협과 이곳에서 수확한 전량에 대한 수매계약을 체결하였다. 2005년까지 합덕리 주민들은 명미화단지 내 총 43,250평을 19가구가 나누어 경작하였다. 그러나 2006년에는 이것이 다른 읍으로 교체됨에 따라 2006년 현재 친환경 농법으로 미작을 하는 가구는 없다. 이에 따라 올해부터는 마을에서 수확한 쌀의 판로문제가 한층 심각해질 전망이다. 전체 수확량의 1/3만 수매를 할 수 있기 때문이다.

앞서 말한 것처럼 미곡가격의 하락과 함께 미작농가의 소득향상을 위한 노력이 군차원에서 부분적으로 이루어지고 있다. 친환경 농법으로 생산을 차별화하여 미곡의 가격하락에 대응하겠다는 것이다. 일부의 주민들은 이러한 농법으로 미작을 하여 소득을 보전하고 수확한 쌀의 판로문제도 해결하고자 하나 바람만으로는 넘을 수 없는 제도적 벽이 존재한다. 또 주민들 사이에서도 친환경 농업정책을 둘러싸고 상당한 이견이 있다. 친환경농업이 점차 침체되는 한국의 농업과 농촌을 활성화시켜 줄 수 있는 대안이 될 수 있을 지는 합덕리에서도 아직 논란거리이다.

밭농사

마을 사람들 대다수는 보통 50~100평 규모의 텃밭을 가지고 있으나 대부분은 자급자족하기 위해 채소(배추, 무, 잡곡)를 재배하는 수준에 머물러 있다. 마늘이나 고추 등 재배한 작물을 일부 파는 가구들이 있지만 밭농사를 주 소득원으로 하는 농가는 거의 없다.

1960년대 후반 당진군 면천면에서 온 형제가 비닐하우스 2동에 오이 재배를 시도했으나 실패했다고 한다. 현재는 마을에서 1가구(전용석 씨)만 논농사 외에 시설에서(3동) 느타리버섯을 재배한다. 전씨는 최근 논농사만으로 자녀들의 교육비를 감당하기 어려워 부업으로 버섯재배를 시도하였다고 한다. 그가 버섯재배로 벌어들이는 순

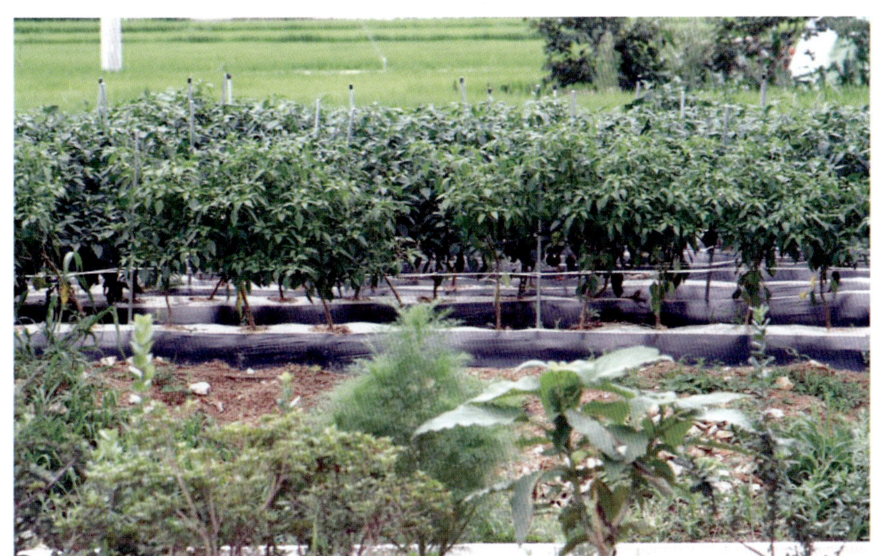

합덕리 텃밭 : 고추와 마늘 등이 재배되고 있다.

소득은 연간 800만 원 수준이다.

축산농가

농촌에 경운기와 트랙터가 도입되기 전, 합덕리에는 '농우' 혹은 '겨리소'로 불리는 소를 이용해 남의 일을 해주는 주민들이 있었다.[12] 이 당시는 소가 상당히 귀했는데, 해방 전부터 1970년대 중반까지 '겨리소'가 있었으나 경운기가 보급되면서 이 겨리소는 자취를 감추었다.

다른 농촌 마을과 마찬가지로 이 마을에도 미작과 더불어 축산을 겸업하는 농가가 많았으나 최근에는 축산농가가 급격히 감소하고 있다. 신정식 씨는 11마리 육우를 기르다 2006년 1월에 정리하였다. 심명현 씨는 50년 전부터 농우를 기르다 1995년부터는 한우 30마리를 길렀다. 그러나 주위에서 오염을 이유로 불만을 제기하고 환경정화법이 강화됨에 따라 시설을 확대할 형편이 못 되어 5년 전에 소를 처분하였다. 조병호 씨도 1991년부터 2001년까지 한우 5~6마리를 길렀으나 지금은 처분한 상태다.

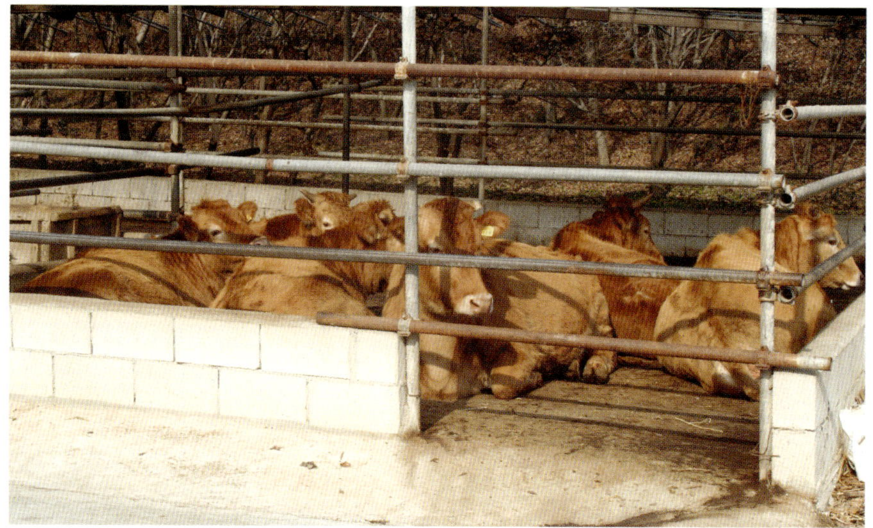

농가의 축사

1970년대부터 1990년대 초반 무렵까지만 해도 집집마다 돼지 한두 마리를 기르는 것이 일반적이었다. 1980년대 중반에는 100두가 넘는 돼지사육 농가가 있었고, 1990년대 초반에는 40~50두의 돼지를 사육하는 농가가 있었다.[13] 1990년대 초까지도 합덕읍의 오일장에는 새끼돼지를 파는 '돼지전'이 있었고 이곳에서 돼지의 거래가 활발하게 이루어졌다고 한다. 그러나 그후에 환경법이 생기면서 사육하던 돼지는 모두 처분되었다.

1988년경에는 소, 돼지뿐 아니라 사슴을 기르는 축산가구가 등장하였다. 전용석 씨를 필두로 하여 김헌태, 신태수, 신정식 씨가 사슴을 길렀으며 전용석 씨를 제외한 이들은 지금도 사슴을 기르고 있다.[14] 이들이 사육하는 사슴 종은 레드, 엘크가 1~2두 있으나 대개가 꽃사슴이다. 하지만 사슴사육 농가도 중국산 녹용들이 들어오면서 사슴 가격이 감소하여 점차 어려움이 가중되면서 사육을 중지하거나 규모를 줄이는 추세이다.

상업과 임금노동

합덕마을로부터 약 4㎞ 떨어져 있는 도곡리에는 농공산업단지가 있고, 마을 내에는 2005년 10월에 문을 연 수리박물관, 서야 중 · 고등학교, 농업기반공사, 합덕성당 등이 위치해 있다. 이러한 다양한 기반시설들이 이 마을에 있는 것은 합덕리의 지리적 중요성을 말해준다.

현재도 합덕리에 있는 상점들은 다른 농촌 마을과 비교하면 많은 편이다. 합덕리는 대로에 위치해 있어서 상점들이 원래 많았다고 한다. 그러나 마을에 위치해 있는 상가들을 살펴보면 대다수가 영세한 점포이다. 마을 내에 총 27개의 점포가 있으나 문을 닫은 점포가 6개나 된다. 현재 합덕리에 있는 점포들은 대개 1990년대 초 중반 이후에 생겨난 것이다.

현재 영업을 하는 점포의 종류를 살펴보면 식당이 6곳으로 가장 많고(서야식당, 성미진, 부여식당, 신림막국수, 보령식당, 수덕식당 등) 그밖에 잡화점(3), 의상실(1), 주유소(2), 공업사와 카센터(2), 방앗간 등이 있다. 이 마을의 식당에서는 계절에 따라 다양한 음식을 팔고 있으며, 고객층은 마을 주민뿐 아니라 합덕읍과 이웃해 있는 마을의 사람들이다. 특히, 여름철에는 '영양탕'의 매출이 주변지역에 비해 뚜렷하게 높은 편이다.[15)]

요즘 농촌에서는 봄이 되면 식당도 바빠진다. 농번기에 매식이 증가하기 때문이다. 모내기철에는 식당에서 음식을 배달하여 인부들에게 제공하는 경우가 많고 여름철에는 주민들이 보양식을 선호한다. 상업에 종사하는 주민들 대다수는 벼농사를 하면서 겸업의 형태로 점포를 운영하고 있으나 전업적으로 상업에만 종사하는 가구도 소수 있다.

전업적인 임금취업자도 소수 있다. 이들은 보험회사, 간호조무사, 농공단지, 국도포장 등의 건설노동에 종사한다. 합덕읍 도곡리에 소재해 있는 도곡리 농공산업단지는 지금으로부터 약 15년 전쯤 조성되었다고 한다. 이 단지에는 한성식품을 비롯하

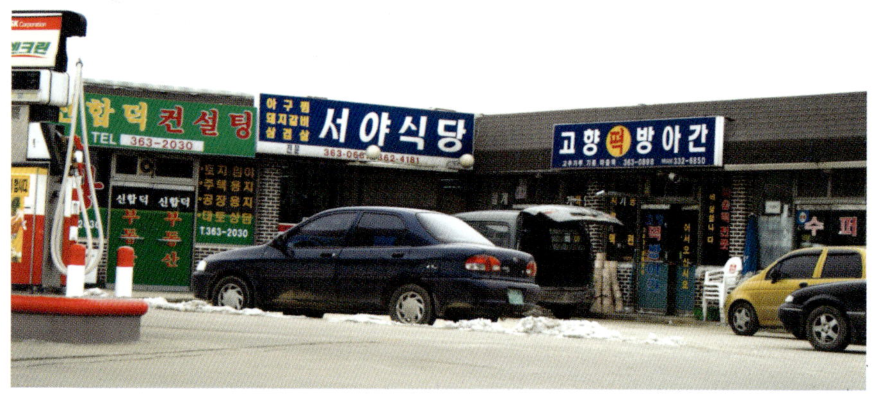

마을 외곽의 상점들 : 규모가 작고 수도 많지 않다.

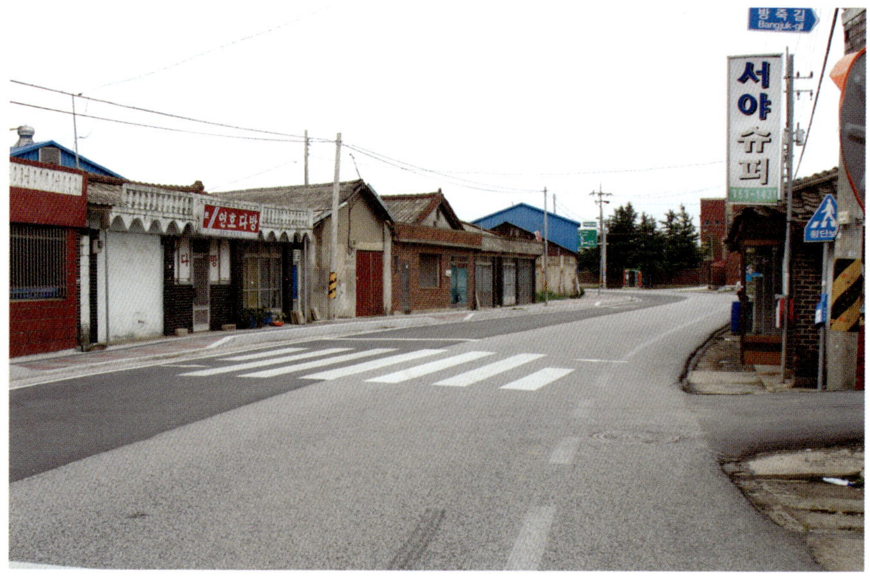

마을 내에 위치한 영세점포들 : 대로에 위치해 있다.

여 김치공장 등 식품가공 공장과 기계공장들이 입주해 있다. 한성식품에는 합덕마을 여성들이 지속적으로 취업했었으나 현재는 2명만이 취업해 있다. 그밖에 신평 농공단지와 대전—당진 고속도로 건설 사업에서 임금노동을 하는 주민이 있다.

상당수 주민들은 농업을 하면서 틈나는 대로 임금노동에 종사한다. 수년 전까지만 해도 합덕읍 교동에 소재해 차량 라디오를 제조하던 '지원산업' 에 마을 주민 상당수가 노동력을 제공하였다. 마을의 젊은 여성들 상당수는 10년 남짓한 기간 동안 이곳에서 노동력을 팔았다. 그러나 3~4년 전에 '지원산업' 이 문을 닫게 됨에 따라 젊은 여성들 일부는 마을 내에 있는 식당에 취업하거나 다른 지역의 농가에서 노동력을 판다. 최근에는 농협가공공장(ATC)에서 일하는 마을 여성이 서너 명 있다. 합덕농협에서 운영하는 농협가공공장은 3년 전에 설립되었는데, 여성인부들을 활용하여 농협에서 팔 상품들을 가공한다.

그밖에 인근에 있는 농촌 마을에서 노동력을 팔아 농외소득을 얻는 여성들이 상당수 있다. 이들 대다수는 50대 후반에서 60대 초반의 여성들로, 대개 영세한 농가의 여성들인데, 생계비를 보충하기 위해 시간이 주어지는 대로 노동을 한다. 수년 전 금산 출신의 외지인이 마을에 들어와 10여 년 동안 인삼을 경작하였다. 그 덕분에 마을 여성들 상당수가 인삼밭에서 임금노동을 할 수 있었다. 인삼경작이 끝나면서 일부 여성들은 마을 인근에 위치한 '신평' 마을 인삼 밭에서 노동력을 판다.

또 일부의 여성들은 쪽파 수확기인 겨울철(1월 중순~2월 말)에 '대합덕' 이나 '덕곡', '신례원' 농가에서 쪽파를 수확하고 다듬고 선별하는 일을 한다. 봄에는 '대합덕', '순성' 과 '신중' 의 사과농가에서 일을 한다. 대개 농가의 주인이 차량을 운영해서 인부들을 마을로 데리러 오기 때문에 거리에 관계없이 비교적 다양한 지역으로 가서 노동력을 팔 수 있는 것이다.

이들의 임금은 계절에 따라 다른데 2006년 겨울, 쪽파 농가에서 일하는 인부의 임금은 하루 15,000원 수준이었다. 농한기에는 노동력의 공급이 많기 때문에 임금이 낮은 편이다. 반면, 농번기에는 일당이 25,000~30,000원 수준으로 오른다.

앞서 말했듯이 공장에 다니거나 다른 농가에서 품을 팔아 농외소득을 얻을 기회는 과거에 비해 크게 줄어들고 있다. 예전에는 마을이나 마을 인근에 있는 합덕읍내 공장과 점포에 다니는 마을 주민들이 상당수 있었지만 현재는 동네 주변에서 취업할 기회가 그리 많지 않다. 예를 들어 합덕 읍내에 있던 막걸리 양조장에서 상당수의 주민들이 고용되어 일을 하였으나 7~8년 전 양조장이 문을 닫게 됨에 따라 일자리가 없어졌다. 이처럼 산업화와 도시화로 인해 농촌지역인 합덕읍의 인구는 급감하고, 이에 따라 합덕읍의 상권이 급격하게 위축되고 있으며, 농공단지의 공장들도 점차 문을 닫고 있어 읍내 전체에서 임금노동을 할 기회는 점차 감소하고 있다.

아울러, 대부분 농촌 마을에서 나타나는 현상이지만 일부 업종을 제외하고는 남성에 비해 임금이 싼 여성을 선호하여 그나마 농외소득을 벌 수 있는 기회는 여성에게 제한되는 경향이 나타나고 있다.

합덕리의 미래

다른 농촌에서도 사정이 비슷하지만 2005년 정부의 미작농가 지원제도의 축소로 쌀값이 떨어지면서 미작에 전적으로 생계를 의존하는 마을은 어려움을 겪고 있다. 나아가 향후 미작에 비전을 갖기가 매우 어려워짐에 따라 주민들은 적극적으로 농외 소득원을 모색하거나 대안적인 농업을 개발하고자 한다. 그러나 이러한 노력도 마을이 처해 있는 주변 환경, 주민들의 연령과 재력, 마을조직 등 여러 변수에 따라 차이를 보일 수밖에 없다. 특히 합덕리는 전형적인 미곡 생산마을이다. 인근에 위치한 예산이나 타면의 경우처럼 꽈리고추를 비롯한 특수작물을 재배하면서 활력을 되찾는 마을도 있지만 합덕리는 미곡단작 마을에 머물고 있다. 따라서 무엇이든지 마을이 누렸던 과거의 활력을 되찾을 수 있는 계기를 마련하는 것이 마을 주민들의 염원이다.

합덕리 마을은 정부의 추곡수매 제도의 폐지 이후 마을에서 생산한 상당한 정도의 쌀을 보관할 수 있는 마을 창고의 건축을 서두르고 있다. 아울러 생산한 쌀의 안정적인 판로를 구축하는 일도 현안으로 떠오르고 있지만 대안적 농업과 지속적인 농외 소득원의 개발을 위한 주민 공동의 노력은 아직 뚜렷하게 나타나고 있지 않다.

이러한 가운데 최근 충청남도의 충남내포문화권 특정지역 개발계획이 확정되면서 합덕제의 개발과 함께 합덕성당을 거점으로 한 성지관광벨트의 개발 가능성이 제기되었다. 이 관광벨트는 합덕방죽과 솔뫼성지, 합덕성당, 신리공소를 연결하는 것이며, 이들의 역사적 의미를 개발하여 테마형 관광지로 개발한다는 것이다. 이를 추진하기 위하여 당진군 차원의 합덕제(연호방죽) 정비사업 추진위원회가 조직되어 개발 여건에 대한 조사와 타당성 분석을 마쳤고, 개발구역에 편입되는 토지 보상협의를 마치고 본격적인 개발 사업을 추진 중에 있다. 성지관광벨트 사업 구상은 그간 마을 주민들과 합덕성당의 고민과 노력이 반영된 것으로 합덕리로서는 환영할만한 일이다. 하지만 그러한 구상이 과연 어떻게 현실화될지는 아직 미지수로 남아 있다.

(유 보 경)

주(註)

1) 한국전쟁 이후 마을 성당에는 가장 많은 성도들이 있었다고 한다. 이때 성당의 신도들이 많았던 이유는 그 당시 이 지역에 성당이 하나뿐이었기 때문이다. 성당이 수적으로 많아지는 신도들을 수용하기 어려워짐에 따라 '신합덕성당'과 '신평성당'으로 분당을 하였고 이에 따라 합덕성당의 신자 수도 줄어들게 되었다.

2) 합덕방죽의 논은 수로 위쪽을 제외한 성당 뒤쪽으로 1997년도에 재 경지정리사업을 실시하였다.

3) 현재는 합덕산업고등학교로 개명됨.

4)현재는 마을에 오는 출장 이발사가 있다.

5) 2003~2004년 아산 인주공단 탕정지구 보상을 받은 사람들이 대토를 한 곳은 합덕리 마을보다는 마을 인근에 위치해 있는 신리, 대합덕, 상궁원 지역에 많다고 한다.

6) 이창진 : 3만 평, 신태수 : 2만 7천 평, 김연수 : 2만 4천 평, 고종진 : 1만 8천 평, 문태희 : 1만 6천 평, 전용석 : 1만 평 등.

7) 공공비축미는 농가에서 생산한 쌀 수확량의 약 20% 이상을 수매하지 못하도록 제한한다.

8) 추곡수매제는 수매가격과 물량을 국회에서 정하고 수매가격도 시장가격보다 비싸게 책정해왔으나 공공비축제는 국회 동의절차 없이 시장가격으로 정부가 쌀을 사서 필요할 때 파는 제도이다.

9) 벼 40킬로들이 *3가마=알곡 90킬로=약 쌀 한 가마

10) 대합덕리에 사는 송창호씨는 6,000평 논을 경작했는데, 2005년에는 총 1,780만 원을 벌었다. 그 중 기계값, 비료, 농약, 인건비 등 투자비 670만 원을 제외하면 순수익으로 1,110만 원이 남았다고 한다.

11) 화학비료를 덜 쓰고 게르마늄을 많이 줌. 보통 1,500여 평 규모의 토지에 게르마늄 1리터가 소요되고 연간 3~4회 정도 게르마늄을 공급함.

12) 농우(農牛)로 논을 갈아주고 써레질하는 일을 겨리라고 한다.

13) 당시 돼지가격은 두당 12~13만 원이었으나 현재는 30~40만 원이다.

14) 전용석 씨는 1988년에 사슴을 구입하여(1쌍에 300만 원) 1998년까지 사슴을 길렀으나 사슴 가격이 점차 하락하여 살 때는 1쌍에 300만 원에 사들였는데 팔 때는 마리당 100만 원에 팔았다. 중국산 녹용들이 들어오면서 판로(녹용은 시골에서 소비시키기가 어려움, 한약방에서도 값싼 중국제 녹용들을 사용)가 막혀서 애를 먹다가 결국 사슴을 정리하게 되었다고 한다.

15) 이 마을 인근에 위치해 있는 상흑, 하흑, 우강에서도 이 마을의 식당으로 식사를 하러 오는 사람들이 상당수이다.

사회생활과 문화

인구 구성의 변화

합덕리는 마을 앞에 넓게 펼쳐진 합덕평야와 이를 소유했던 합덕성당 그리고 평야의 용수를 제공했던 합덕제를 기반으로 형성된 마을이다. 이러한 합덕리의 입지조건은 오랜 세월 동안 그대로 유지되어 오면서 마을 사람들의 삶의 근거를 이루고 사람들을 유인해왔다.

『여지도서(輿地圖書)』를 살펴보면, 합덕리는 1760년대에 이미 860여 명이 모여 사는 마을을 이루었는데 현재 합덕리를 형성하는 창리, 범천리, 신리, 신촌의 인구가 각각 277명, 100명, 332명, 131명이며, 편호는 105호, 13호, 83호, 60호 라고 기록되어 있어 합덕리는 상당히 큰 마을을 원형으로 하고 있음을 알 수 있다.

아래 그래프에서 보듯이 합덕리가 부자마을로 명성을 떨치던 1970년대에도 마을의 인구는 약 860여 명으로 『여지도서』가 편찬된 시기와 크게 다르지 않다. 통계자료를 통해서 살펴볼 때 1975년에 합덕리의 인구는 850여 명이고 가구 수는 144호로 가구 당 평균 인구는 5.9명에 이르렀다. 이러한 합덕리의 인구는 70년대 말부터 80년대에 들어서면서 급격히 감소한다. 인구 감소의 원인은 일차적으로 1974년부터 1979년에 걸쳐 이루어진 삽교천 공사 이후에 보다 편리해진 이동 루트를 따라 많은 주민들이 합덕리를 떠났기 때문이며 아울러 상급학교로의 진학을 위해 도회지로 삶의 근거를 옮긴 것도 중요한 요인으로 지적된다. 그 결과 합덕리에 거주하는 주민 인구는 2005년 현재 127가구 322명에 이르고 있다. 이 인구는 과거에 비해 상당히 감소한

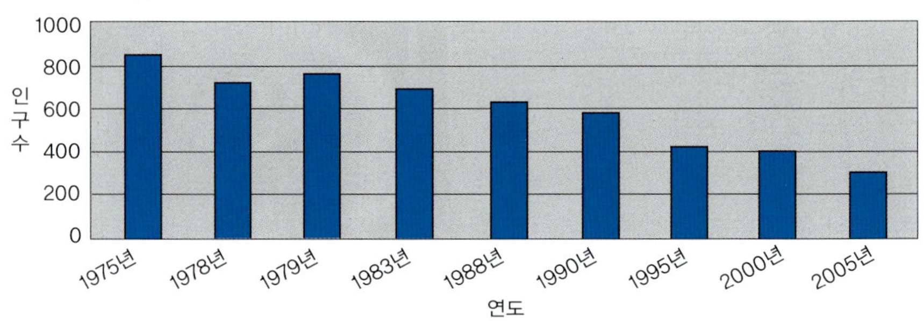

인구 수치인데, 마을 사람들의 귀띔에 따르면, 이 수치는 주민등록상의 수치로서, 주민등록만 합덕리에 두고 마을을 떠난 사람들이 적지 않아 이들이 통계에서 제외될 때 실제 인구는 더 감소할 것이라고 한다.

한편, 인구의 감소폭에 비해 가구 수의 변화는 비교적 완만하다. 통계상으로 나타나는 수치의 변화를 살펴볼 때 1975의 144가구에서 2005년의 127가구로 17가구만이 감소하였다. 이러한 현상은 자녀들이 도회지로 떠나면서 그 부모 세대가 그대로 합덕리에 남아 거주하기 때문인데 합덕리의 세대구성을 살펴보면 용이하게 확인된다. 합덕리에는 부부만 거주하는 세대가 57가구이며, 부부 중 1인만 거주하는 경우도 26가구로 이 두 타입을 합하면 80%를 상회한다. 특히 독거노인으로 편성된 가구가 증가하고 있는 실정이다.

마을 주민들은 1970년대까지만 해도 추수기에 벼의 도정을 위해서 많은 사람들이 몰려들었고, 이들을 위한 주막집도 있었다고 회고한다. 하지만 지금은 한때 번성했던 합덕리의 모습은 간 데 없다. 그저 국도를 따라 달리는 자동차의 소음뿐이다. 서야 중·고등학교의 옆 모퉁이에 개점했던 분식집이 문을 걸어 잠근 채 비를 맞고 있는 모습, 간판이 걸려 있는 채로 뽀얗게 먼지를 이고 있고 있는 다방의 모습들은 합덕리의 쇠락한 오늘을 잘 보여주고 있다.

고 : 우리 집터에서 장이 섰어. 남자들은 말쌀을 지고 와서 팔고 여자들은 됫박으로 쌀을

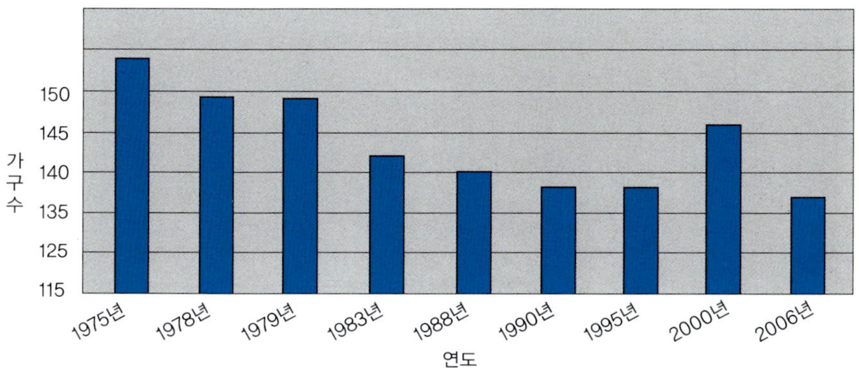

팔아서 생선을 사가지고 집으로 돌아가곤 했지.

이 : 정미소는 일종의 은행이었어요. 벼를 맡기고 쌀로 찾아다 돈을 만들어 쓰는 거니까. 술집들도 서너 군데가 있었지요. 저녁에는 사람들로 북적대고 걸리적거렸으니까. 쌀이 아녀봐. 돈이 어디서 나요. 우리 집에서 선생들이 7~8명이 하숙을 했어요.

주민들의 성별 구성에서도 변화를 찾을 수 있다. 지난 1970년대 후반까지 남녀성비에서 남성이 우위를 차지하던 비율은 1983년에 이르면 남녀 동률을 이루고 1988년 통계에서부터 296 : 328로 역전현상을 나타내며 이러한 경향은 2000년대까지 지속된다.

한편, 연령별 인구 구성에 있어서도 주민들 중 60세 이상 인구가 전체의 약 31.4%를 차지하고 중간층을 구성하는 31~44세의 인구가 전체의 12.9%에 지나지 않는다. 다시 말하면 합덕리는 60세 이상 인구 비율이 높은 고령화 마을에 접근하고 있다는 것으로 성별인구 구성과 종합해 볼 때 합덕리도 머지않아 다른 농촌 마을들과 마찬가지로 노동력 수급, 노인 복지 문제 등이 마을의 중요한 현안으로 등장할 것으로 추측된다. 비록 15~30세를 형성하는 인구가 전체의 21.2%를 차지하고 있어 인구 구성의 균형을 유지하고 있는 것처럼 보이지만, 사실은 이들의 대다수가 학생층으로 타 지역

〈표1〉 합덕리의 인구구성(2006년 7월 현재)

연령 / 성별	남자	여자	합 계
15세 미만	16명	22명	38명(11.3%)
15~30세	49	22	71(21.2%)
31~44세	24	19	43(12.9%)
45~60세	38	39	77(23%)
60세 이상	44	61	105 (31.4%)
합 계	171	163	334(100.0%)

자료 : 합덕리의 주민등록 대장(2006. 7월 현재)

으로 이미 진학했거나 진학할 예정임을 감안하면 합덕리 마을을 지키고 있는 이들은 대부분 60대를 넘은 노인들이라고 해도 과언은 아니다. 특히 노인 중심의 가구 구성이라는 특성으로 인해 합덕리 마을 주민들은 경제적 어려움에 따른 생활고, 가족 간 커뮤니케이션의 부재에 따른 정신적 외로움, 농사를 위한 노동력의 부족 등 여러 어려움을 겪을 것으로 보인다.

합덕리의 노인 부부, 1인 노인 중심의 가구 구성이 현저한데 마을 주민들에 따르면, 합덕리가 주로 미작에 의존하고 있고, 미작농업을 대체할 환금작물의 재배가 전혀 이루어지지 않고 있으며, 특별한 소득원이 없기 때문에 젊은이들이 합덕리에 남아 있지 않고 타 지역으로 떠나 버렸다고 하며 이러한 현상이 지속될 것을 염려하고 있다.

성씨별 세대 구성을 살펴보면 합덕리는 각성마을로 우리나라의 전형적인 집성촌의 성격이 나타나지 않는다. 우리나라 농촌 마을 가운데에는 하나의 성씨, 그리고 이와 관련된 사람들이 한 데 모여 하나의 공동체를 이루어 살아온 동족마을이 상당한 비중을 차지한다. 동족마을 구성원들은 한 마을에 모여 살면서 서로 협력하여 생활을 유지하고, 선조의 묘지관리와 제사를 함께 시행하며, 이웃의 다른 성씨들과 협조 내지 경쟁하는 모습을 보여 왔는데, 합덕리의 성씨별 구성을 보면 이러한 현상이 잘 나타나지 않는다.

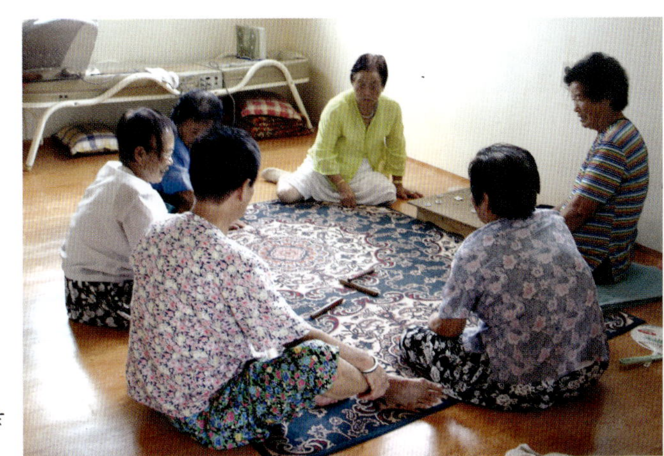

마을회관에 모여 윷놀이를 하는 노인들

마을회관에서 만난 노인들은 합덕리에는 이 지역 출신들뿐만 아니라, 서산 순성, 예산, 아산 신창, 온양 등지에서 이주해온 사람들이 많다고 한다. 성씨별로는 김해 김씨가 열 가구로 가장 많지만 이들도 서로 친인척 관계를 유지하고 있지는 않다. 그래도 가까운 친족관계를 유지하는 것은 파평 윤씨와 고령 신씨 정도인데, 파평 윤씨는 여섯 가구로 가까운 사촌, 육촌들인데 이들은 기제사 때나 합덕읍에서 개최되는 종친회 때 만나서 이야기하는 정도라고 한다. 고령 신씨는 성당 초입의 신관수 씨 댁과, 산림막국수 집을 운영하는 신운호 씨 댁을 포함하여 5가구가 가까운 친척관계를 유지하고 있으며 명절 때 한데 모여 기제사를 모시거나 제삿날 연미사를 드리고 기도하며 음식을 나눈다.

성당 중심의 생활과 성당 조직들

성당 중심의 생활

합덕리를 주민들의 생활을 다루고자 할 때에는 합덕성당과의 관계를 빼 놓을 수 없다. 합덕성당이 건립되면서 마을이 본격적으로 형성되었고, 또 대표적인 천주교 교우촌으로 합덕성당의 입지는 마을 주민들의 가치체계나 행위규범을 결정하는 데 중요한 역할을 해왔다. 합덕리 주민들의 종교성향을 살펴보면 <표 2>와 같다.

〈표2〉 합덕리 주민의 종교 성향

종교	천주교	개신교	불교	기타(무교)
가구수	100	1	−(1)	3
가구수	(96.1%)	(0.96%)	−	(2.9%)

위의 표에서 보듯이 합덕리 주민의 약 96%가 천주교 신자이다. 따라서 합덕리 사람들은 마을 내의 어떤 조직의 구성원보다도 성당 조직의 구성원으로서 정체성이 더 강하며, 성당을 중심으로 일상생활 · 사회생활을 유지해왔다. 합덕리 주민들의 생활 터전을 이루어 온 농토 역시 근대 이후 합덕성당이 이주해오면서 사들인 농지를 토대로 한 것이다. 합덕성당은 합덕리를 중심으로 인근의 농토를 사들이고 이를 마을 사람들에게 소작을 주면서 마을 주민들의 영적, 물적인 의지처로서의 역할을 담당해온 것이다. 마을 사람들은 이에 대해 이렇게 말한다.

> 1970년대까지는 성당에서 하루 세 번 종을 쳤어요. 하지만 지금은 미사 때만 종을 칩니다. 당시의 성당 종은 들에서 일하는 사람들에게 시간을 알려주는 역할을 했는데, 성당의 종소리가 울리면 들에서 일하던 사람들도 일을 멈추고 기도를 드리는 광경을 얼마든지 볼 수 있었지요. 종은 새벽 5시 30분, 낮 12시, 저녁 6시에 쳤지요.

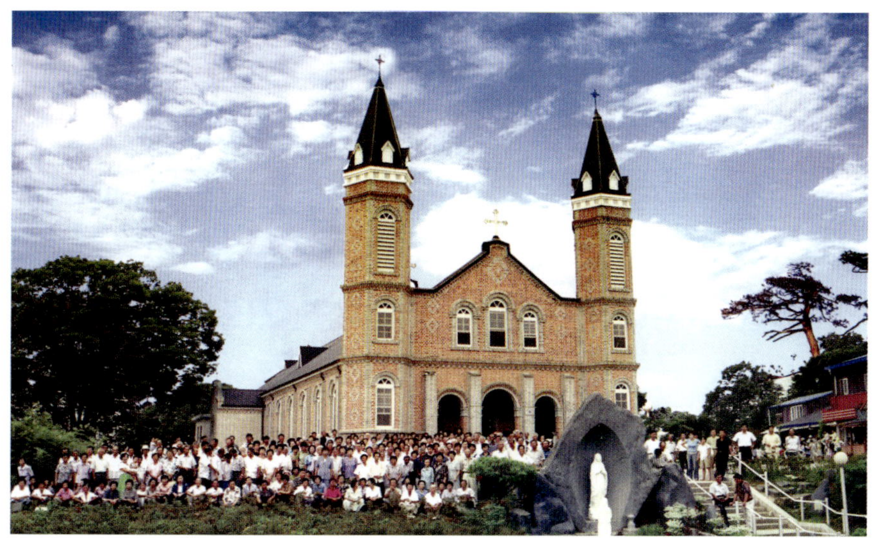

합덕성당의 전경과 신자들

대부분의 주민들의 증언에 의하면 마을의 행사들은 성당과 성당 조직의 협조를 얻지 않으면 어려웠으며, 성당의 여러 조직은 마을의 어떤 조직보다 더 구속력이 강했고 마을 주민들의 성당 조직에 대한 충성도도 높았다고 회고한다.

김 : 성당의 프로그램을 중심으로 마을의 행사 일정이 결정되고 가급적 마을 행사나 공동작업은 일요일을 피합니다. 처음 이곳으로 이주한 사람들은 이 지역의 관행을 몰라서 일요일에 작업을 추진하거나 큰일을 하려고 하는데 마을 사람들을 동원할 수가 없어요. 주민의 96% 이상이 성당 신자들이니까 일요일은 쉬지요. 얼마 지나지 않으면 천주교 신자가 되지 않고는 이 동네에서 살기 어렵다는 것을 깨닫지요.

신 : 옛날 이야기가 되겠지요. 우리가 초등학교 시절이니까. 8월 15일이면 성체거동일(성모님 피축일)로 성당 앞에 장이 서는데 참외, 수박, 음식장사, 풀빵장수들이 진을 칩니다. 서산, 당진일대의 천주교 신자들이 다 모이지요. 성당 앞에 장이 서는 겁니다. 그때 과일

을 사먹었던 기억들이 있습니다. 그만큼 합덕성당이 마을에 대해 행사하는 영향력은 막강했습니다.

고 : 합덕초등학교에 대한 신부님의 파워는 대단했지요. 부활절 미사 때 신부님이 학교로 전화를 해서 성당에 아이들이 없어 행사를 치르지 못한다고 하면, 학교 선생님들이 합덕 사는 사람 손 들어! 하시고 얼른 교회로 가 봐. 할 정도였으니까요.

김 : 아무튼 옛날에는 성당에서 죽으라고 하면 죽는 시늉까지 했으니까. 성당의 힘이 얼마나 센지 알 수 있지요.

마을 주민들에 따르면 특히 백문필 신부(페랭 신부)가 성당 주임신부일 때 성당의 신자 수는 4천여 명에 달했다고 한다. 또 주민들은 백 신부와 관련된 기억을 더듬을 때면 백 신부가 합덕성당과 마을 주민들에게 미친 영향력을 침이 마르도록 칭찬한다. 안약과 고약의 제조로부터 말의 상찬 일색이다.

신 : 백 신부가 제조하는 안약은 샘물을 길러서 사용하는 것이 아니고 빗물을 받아서 다양한 약품을 첨가하여 제조했어. 그 약의 치료 효과는 100%였으니까 그 약을 구하러 근방에서 많은 사람들이 찾아왔었지.

신 : 성당을 중심으로 합덕리의 단결심은 대단했어. 합덕초등학교도 합덕리 아이들이 노는 곳과 다른 마을 아이들이 노는 곳이 분리되었어. 그리고 옛날에 마을에는 문둥병 환자나 상이군인들의 횡포가 아주 심했어. 그래도 합덕리에는 범접을 못했어. 사실 부끄러운 기억도 있지만 마을 사람들이 얼마나 단결력이 좋았던지.

종합해보면 성당은 마을 주민들의 신앙은 물론, 생업 · 의례 · 체육 · 휴식 등 생활 전반에 걸쳐 지대한 역할을 수행해왔다고 할 수 있다. 성당 없는 합덕리는 생각할 수 없는 것이다. 성당과 합덕리는 일종의 운명공동체로서 결합되어 있었다고 할 수 있다.

각종 성당 조직들

이처럼 합덕리 마을 주민들은 합덕성당에 거의 모든 것을 의지하면서 살아왔다. 따라서 마을 주민들의 사회생활도 합덕성당에 크게 의지해왔다고 할 수 있는데, 성당에서의 사회생활은 성당의 각종 조직을 중심으로 이루어져왔다. 성당에는 사목 상 편제, 마을의 반체제와 유사하게 조직된 구역 모임, 성서연구나 기도, 봉사활동을 위한 조직 등이 있다.

성당의 사목편제는 주임신부를 정점으로 그 휘하에 수녀회와 자문위원이 있고 총회장과 부회장(3명), 총무(3명) 그리고 사무장이 있으며 그 아래 17개 분과가 있다. 17개 분과는 재정, 전례, 교육, 청소년, 성소, 선교, 여성, 성지, 농촌, 환경, 연령, 기획, 사회복지, 시설, 구역, 행사, 부인분과로 나누어지며 성당 내의 사업이나 선교활동의 원활한 추진을 도모하고 있다. 각 분과는 분과의 특성에 맞는 사업을 계획하고 추진하며 분과마다 수명의 분과원이 할당되어 사업에 협력하는데, 이들 분과원은 거의가 합덕리 주민들로 자신의 관심분야에 따라 분과에 선별적으로 합류하게 된다.

성당은 마을을 제한된 공간을 중심으로 다섯 개 구역을 구분하여 성당의 가장 기초적인 조직단위를 구축한다. 합덕성당의 기초조직인 구역은 반 편제와 유사한 공간구성을 나타내고 있다. 그러나 반의 업무를 관장하는 반장과 구역의 업무를 담당하는 구역장은 명확히 구별되어 있다.

구역의 모임은 매달 1회 이루어지는데 구역 회비는 월 2,000원이며 이렇게 모인 구역회비는 성당의 보조와 더불어 관광여비로 활용되기도 한다. 구역장과 총무는 구역의 구성원들의 추천에 의해 선출되며 이들이 구역회의를 준비하고 진행한다. 구역회의는 구역 내의 가정들을 순회하면서 개최되는데 여름철에는 저녁 8시, 겨울철에는 저녁 6시에 모인다. 같이 저녁식사를 하기도 하고 담소를 나누며 구역원간의 친목을 돈독히 하는 역할을 하기도 한다. 그 외의 개별조직으로는 대건회, 안나회, 마리아회, 울뜨레아회, 청년회 등이 있다.

대건회는 대전 교구청에 가서 교육을 받은 성도들끼리 모여서 만든 조직으로 성당 내의 젊은 층으로 분류되는데, 권태웅 신부가 재임할 때 조직되어 성당의 봉사활동을 비롯한 다양한 행사를 주관하는 일을 담당한다. 특히 성당의 궂은일은 대건회가 주로 맡고 있다.

안나회는 60세 이상의 할머니들로 조직되어 회원이 50여 명에 이르고 매월 첫 주일에 성당에서 모여 기도하는 모임이다. 백문필 신부가 재임하던 시기에 조직되었다고 하지만 정확한 연도는 확인되지 않고 단지 1940년경에 만들어진 것으로 추측할 뿐이다. 주민들에 따르면 이 조직은 외부행사를 추진하는 일은 없고, 신앙성회에 주력하면서 회원들간에 돈을 추렴하여 성당행사에 기여할 뿐 마을 발전에는 별로 기여한 바가 없다고 한다. 현재 안나회는 마을 노인회 성격을 띠고 있었으며 합덕리 노인회의 원형을 이룬다고 한다. 안나회가 여성들을 중심으로 조직되어 있는 반면, 성가회는 남성 노인들 중심으로 조직되어 있는데 양조직은 성당에 봉사하며 구성원들간의 신앙심 진작을 위하여 협력하고 있다.

성모회는 60~70대의 여성모임으로 그 구성원 대다수는 합덕리 주민들이다. 예전에는 봉사활동을 목적으로 조직되었는데 최근 들어 구성원들 간의 친목을 도모하는 조직으로 변하였다. 성모회는 본래 마을의 부녀회 역할도 겸했지만 초기의 회원들이 연로해지면서 부녀회 역할은 마리아회로 넘어 갔다. 마리아회는 50~60세의 여성 신도들로 구성되는 모임으로 성당 및 마을의 대소사에서 주로 봉사를 담당한다.

울뜨레아회는 특별히 대전교구에서 3박 4일간 교육을 받은 사람들만 회원으로 가

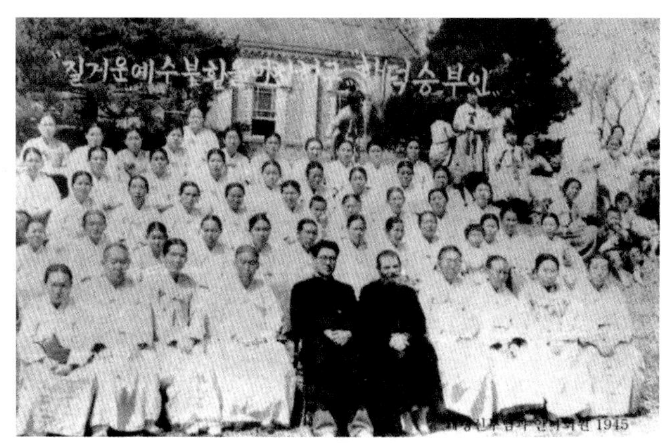

1945년도 초창기의 안나회 회원들

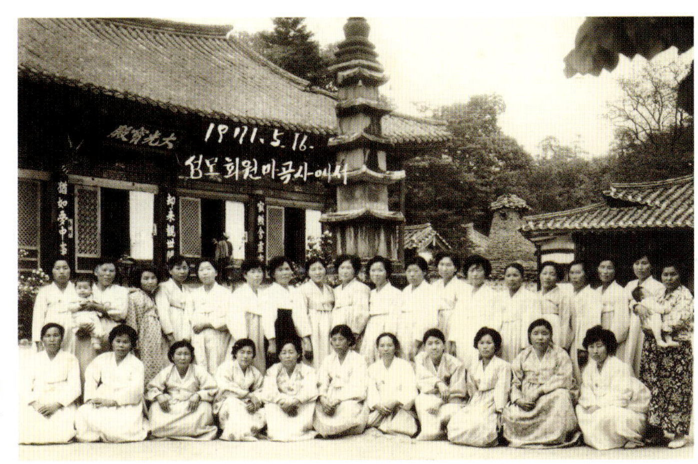

1971년도 성당의 성모회원들 관광 기념

입할 수 있는 모임이다. 울뜨레아 교육을 받지 않은 사람들은 이 모임에 가입할 수 없으며 신앙에 대한 연구와 토론을 모임의 주요 목적으로 한다. 합덕성당 내에 울뜨레아 교육을 받은 사람은 총 75명이고, 모임에 정기적으로 참석하는 사람은 40여 명, 그 가운데 합덕리 거주자가 30여 명이 된다.

그 외에 중요한 성당조직으로 연령회가 있는데 연령회(회장 김규환, 68세)는 성당 내의 상사를 담당하는 조직으로 현재 구성원은 30여 명이다. 이들은 신자가 돌아가셨다는 연락이 오면 회원들을 소집하여 상주와의 논의를 거쳐 장례 준비를 한다. 망자의 집에서 상을 치를 경우라면 염습을 하고 연도를 드리는 일을 맡아서 하지만, 장례식장으로 가는 경우에는 그 과정과 절차를 담당하고 출상 시 성당미사에 참여한다. 개인의 선산이 마련되어 있으면 운구는 선산으로 정해지고 그렇지 않으면 성당의 공동묘지로 정하는데 성당의 공동묘지는 1950년 한국전쟁이 발발하기 이전에 당시 주임신부였던 백문필 신부가 조성한 것으로, 합덕성당에서 좌측으로 500여m 떨어진 곳에 자리하고 있다. 현재 약 3,000여 평의 묘지에 수백여 기의 묘가 조성되었으며 그 가운데 약 400기의 애장도 있다고 하며, 한국전쟁 때 학살된 사람들도 이곳에 묻혀 있다고 전한다. 묘지는 좌우를 축으로 가나다순으로 조성되며 대부분 비석을 세우고 본명과 세례명, 사망일시를 기록하여 망자를 확인할 수 있도록 해 놓았다.

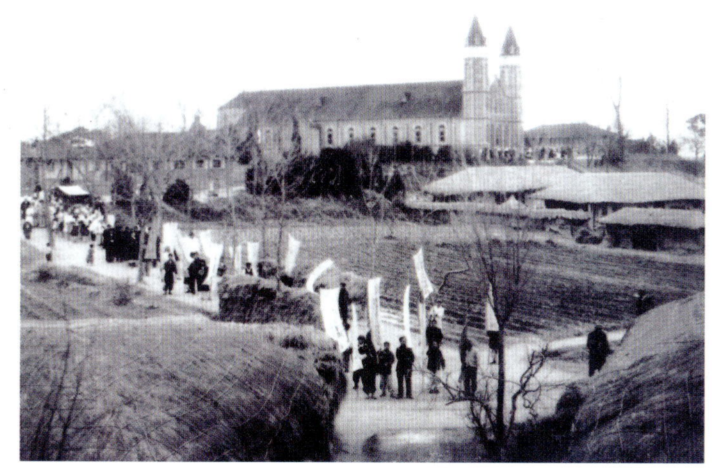

성당의 장례 전경

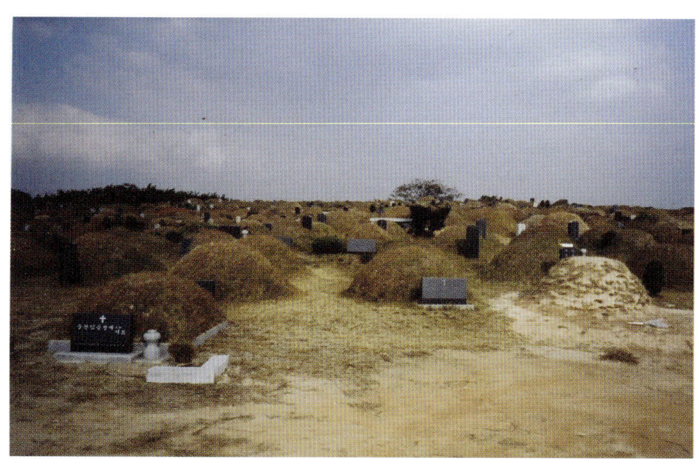

성당에서 조성한 공동묘지

마을 주민들의 96% 이상이 성당 신자라는 점을 감안하면 합덕리 주민들은 거의 대부분 성당 내의 조직에 참여하고 있다고 볼 수 있다. 성당의 조직은 마을 주민들의 사회생활의 기초로서 이를 벗어난 생활은 아직도 상상하기 어렵다.

새마을운동과 성당청년회

1970년대 초, 당시 박정희 대통령의 주도로 시작된 새마을운동의 열풍은 합덕리에도 불어닥쳤다. 근면·자조·협동을 슬로건으로 내걸고 생활환경을 개선하고 소득증대를 목표로 하는 범국민적 새마을운동이 합덕리에서도 추진되었던 것이다. 새마을운동 초기에 대부분의 마을은 개발위원회를 결성하고 각 마을의 환경개선사업을 주민 협동으로 추진하는데 역점을 두었다. 주로 지붕 개량, 담장 쌓기, 농로 확장 및 보수 등이 주요 사업이었으며 마을 지도자를 선출하여 원활한 사업의 추진을 도모하였다.

새마을운동은 대통령의 지시로 강제성을 띠고 진행된 운동이었기 때문에 대부분의 마을 주민들은 자발적이라기보다는 비자발적으로 이에 참여했다. 그러나 합덕리의 새마을운동은 그 성격을 약간 달리했다. 합덕리 마을의 새마을운동의 정점에는 성당 청년회와 김병재 신부가 있었다. 성당 청년회(가톨릭 청년회)는 마을의 청년조직으로 윤여홍 신부(1968~1971)가 조직하였는데, 나이에 관계없이 회원으로 가입하여 회원수가 40여 명을 상회했다. 1969년 합덕방죽에 홍수가 발생했을 때에는 이 청년

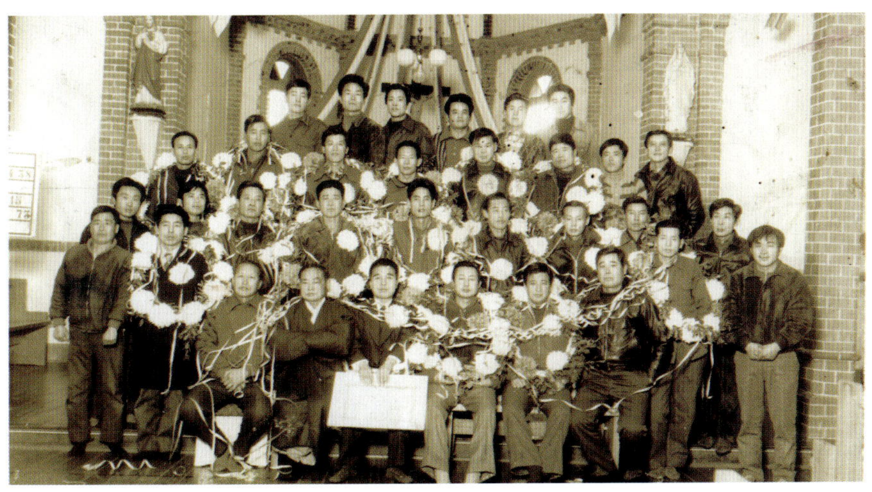

새마을운동을 주도한 합덕성당 청년회

회가 주축이 되어 벼가 떠내려가지 않도록 수문을 막고, 쓰러진 벼를 일으켜 세우는 역할을 했다고 한다.

1970년대 초 새마을운동이 시작되자 합덕리의 김정환 이장과 심의택 지도자 그리고 김병재 신부가 중심이 되고, 성당 청년회가 중심 동력이 되어 합덕리의 새마을운동을 추진한 것이다. 김병재 신부는 새마을 사업을 추진하기 위하여 기획실을 만들었는데, 김신부가 위원장이 되고 김종수, 심의택, 김희곤, 김정환, 고일산 씨가 기획위원을 맡았다고 한다. 당진군은 합덕리를 취락사업지정지역 1호로 지정하고 농로개량, 지붕개량, 화장실 개조를 우선 사업으로 실시하도록 하였다. 하지만 이들 사업을 추진하기 위한 비용은 군비만으로는 부족하여 구 성모병원을 헐어낸 자재들을 가져다가 새마을 사업을 추진했다. 성당청년회는 또 소득사업의 일환으로 양돈조합을 운영하였다. 그러나 양돈조합은 커다란 소득은 거두지 못했다고 마을 사람들은 술회한다. 다만 김 신부의 지도력과 성당 청년회의 힘으로 합덕리는 1년 만에 지붕개량을 완성할 수 있었다고 한다.

마을의 공적 조직

마을총회와 마을회관

합덕리 마을공동체에서 가장 중요한 모임은 마을총회이다. 정기적인 마을총회는 매년 1월 초에 열린다. 그밖에 특별한 지역행사가 있거나 논의사항이 발생한 경우에도 이장은 마을총회를 소집하는데 마을총회는 예산, 결산을 심의하고 마을의 중요 사안에 대해 총회의 성원에게 찬반을 물어 의사결정을 내린다.

마을총회는 마을회관에서 개최되는데 합덕리 마을회관은 일제강점기의 '공회당'으로부터 출발한다. 그러나 구체적으로 공회당의 역사를 정확히 기억하는 사람은 없다. 단지 마을에 공회당이 존재했는데 두꺼운 양철에 타마유를 입힌 지붕의 건물이었으며 방을 하나 만들어 타지에서 이사 온 사람이 살게 했다고 한다. 당시에는 마을의 대소사에 대한 논의가 주로 성당에서 이루어져 공회당은 그 역할을 하지 못하고,

단지 마을의 상여를 보관하는 창고 역할에 지나지 않았다고 한다.

> 50년대 경에는 김OO 씨가 공회당에서 살았었지. 타 지역에서 들어 온 사람이었어. 공회당에 방을 하나 들이고 임대료도 없이 살게 했지. 상여지기였지 뭐. 공회당은 상여를 보관하는 곳이었어.

공회당 건물은 새마을운동이 시작된 후 1976년에 헐리고 그 자리에 마을회관을 신축하였다. 그리고 최근에 다시 이 회관을 매각하여 받은 대금의 일부와 군청의 지원을 받아 현재의 마을회관을 건립하였다고 한다. 현재의 마을회관(합덕리 243-10번지)은 1992년 12월 31일에 노인복지시설 설치 신고를 마친 철근 콘크리트 건물로, 건립에만 1억 9천여만 원의 비용이 소요되었다. 마을회관의 유지비용은 합덕읍의 보조금 일부와 하수종말처리장의 보조금으로 충당된다. 마을회관 1층에는 경로당과 부엌이 있으며 체력단련장으로 이용되고, 마을총회나 긴급 사안이 발생했을 때 2층의 회의실이 주로 이용된다. 1층의 부엌은 크고 작은 그릇들과 가스시설을 갖추고 있어 주민들은 여기서 간편한 음식을 만들어 서로 나누면서 이웃의 정을 쌓아간다.

마을총회는 마을 이장의 회의성사와 개회선언이 끝나면 전년도 감사보고를 한다. 감사보고는 주로 해당 연도의 수입과 지출내역, 잔액보고로 이루어진다. 그리고 금년도 마을사업에 대한 안건제시가 이루어지고 안건에 대한 이장의 설명에 이어 토론의 장이 마련된다. 단순히 읍이나 군의 행정업무가 전달되기도 하고 마을의 인구동태나 복지수혜자를 선정하기도 하지만 주로 마을에서 공동으로 처리해야 할 일들이 마을총회를 거쳐 토의·의결된다.

마을총회의 중요한 소임은 마을에서 운영되는 마을 공동재산을 관리하는 것이다. 합덕리의 공동재산은 광장과 콘테이너의 임대에서 들어오는 임대료와 주민들이나 출향인들의 마을 찬조금, 해당 연도의 농협자산공개에 따른 이익금, 예금이자와 과거 마을회관의 매각대금의 잔액들로 구성된다. 광장 임대료는 연간 151만 원이 마을의 수입으로 계산되고 있다. 구 회관을 매각하여 현재의 마을회관을 건립하고 남은 1천만 원이 합덕리의 중요한 재산을 형성하는데, 2006년도 합덕리의 총 자산은 5,989만

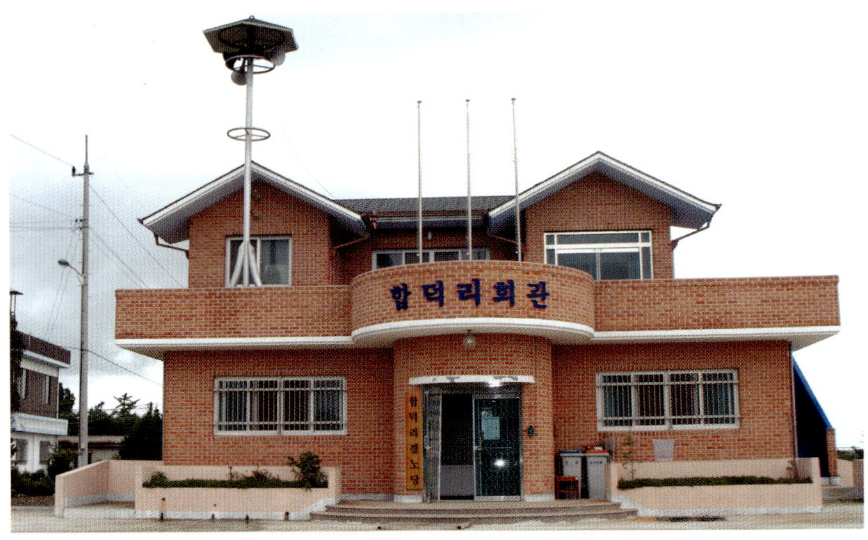

1992년에 신축한 합덕리 마을회관

원으로 농협에 예치하고 있다.

마을의 공동 행사는 마을대청소와 마을체육대회, 노인회 관광, 읍체육대회가 대표적이다. 특이한 것은 성당의 성모의 밤 행사와 성당제초작업, 신부님 영명축일에 적지 않은 금액을 지원하고 있다는 것이다. 이것은 성당과 합덕리의 밀접한 관계를 증명하는 것으로 감사에서도 전혀 이의제기가 이루어지지 않는다. 그리고 합덕리의 마을 기금으로는 주로 마을회관의 운영경비, 노인정 TV시청료와 회관 전화료 등을 지출한다.

이장과 임원들

합덕리 이장은 한편에서는 행정의 보완기능을 하고, 다른 한편에서는 주민들의 협력을 바탕으로 마을의 공동 작업을 실시하거나 대소사를 주관하는 역할을 한다. 대부분의 마을 일이 성당을 중심으로 이루어지는 만큼 이장은 마을과 성당을 연계하는 매개 역할을 한다.

1990년대 말부터는 마을 성원들이 직접선거를 통해 2년 임기의 이장을 선출하고 있다. 최근에는 지역사회에서도 축제와 같은 다양한 행사가 치러지고 있고, 공적 사업의 집행도 확대되고 있다. 이에 따라 이장은 단순히 마을의 이익을 대변하는 위치에 머무는 것이 아니라, 상위조직의 회합이나 교류에 참석하는 빈도수도 많아졌다. 공무를 수행할 목적으로 관공서를 드나드는 일도 많아졌고, 읍 이장단 협의회나 군 이장단 협의회, 기타 인근 마을의 인사들과의 교류를 통한 인적 네트워크를 형성할 기회가 보다 많아졌다. 이장직은 이제 다양한 사회경험의 축적을 가능케 하고, 여러 정보에도 쉽게 접근할 수 있는 통로로 부각되고 있다. 이러한 배경 위에서 이장을 하려는 이들이 늘어나 이장 선출에도 경쟁이 시작되었고, 이에 선거를 통해 이장을 뽑게 된 것이다.

이장조, 혹은 모조라고 하는 이장 수당은 지역에 따라 다소의 차이가 있다. 합덕리의 경우, 합덕읍에서 매월 21만 원, 농협에서 13만 원을 지급하여 총 34만 원이 이장의 수당이 된다. 과거에는 마을에서 이장조라는 명목으로 1가구 당 여름에는 보리 한 말, 가을에는 쌀 한 말을 모아 주거나, 혹은 이것을 돈으로 환산하여 호당 3만 원을 추렴하여 지급하였다. 1970년대만 해도 합덕리의 총 가구 수가 800세대를 웃도는 대촌으로 이장이 받는 수곡은 상당한 금액에 해당하였다. 그러나 김희곤 씨가 이장으로 재임하면서 이장조가 사라지고 정부에서 이장 수당을 책정하여 지급하기 시작했다가 얼마 전 현행체제로 바꾸었다고 한다. 하지만 34만 원의 이장 수당도 많은 것은 아니다. 이장 협의회 회비로 지출하고 이러저러한 용도로 사용하고 나면 별 반 남는 것이 없다고 한다. <표4>는 합덕리의 역대 이장 명단이다.

한편 이장은 마을회관의 개량이나 정비, 수도의 정비, 마을 청소 뿐만 아니라 마을에 화재가 발생하여 이에 대처하거나, 장례 혹은 혼례가 있을 때에도 역시 중심적인 역할을 해야 한다.

이장의 휘하에는 반장이 있어 이장을 보조하는데 합덕리에는 모두 일곱 개의 반이 있으며, 반 조직은 대개 소로를 따라 나누어진다. 1996년까지 합덕리는 창말, 중궁말, 삼밭재(삼밧재)를 중심으로 4개 반으로 구성되었으나, 그 후 중궁말 · 삼거리 · 구억뜸 · 삼밭재 · 창말의 자연 마을을 중심으로 7개 반으로 재편되었다. 반장은 반원들의 추천이나 이장의 지명 혹은 권유를 통해 선출되는데, 주로 이장을 도와 마을의 업

〈표4〉 합덕리의 역대 이장 명단

역대 이장 명	재임기간	현재 연령	현 업
이영의		작고	
김창수	~1990	62세	용역회사 근무
신운호	1991~1994	66세	슈퍼운영
고종진	1995~1998	53세	농업
신운호	1999~2000	66세	슈퍼운영
김희곤	2001~2002	67세	농업
유한종	2003~2004	44세	농업
김경태	2005~현 재	60세	농업

자료 : 김경태 이장과의 인터뷰에 의해 작성

무를 시행하기도 하고 상급기관의 업무 내용을 주민들에게 전달하기도 한다. 반장의 임기는 2년으로 1회에 한하여 연임할 수 있다고 규정하고 있지만 최근 반장직을 맡으려는 사람이 별로 없어 임기는 무시되기도 한다. 반장의 수당은 추석 때 읍에서 지급하는 50,000원이 전부다. 15년 전만 해도 반 회비를 갹출하여 특별한 행사를 치르거나 천렵을 갈 때 사용하였으나 8~9년 전 부터는 반 회비를 걷지 않고 있으며 그만큼 반장의 역할도 감소하였다. 반장들의 반수 이상이 지역의 공장 등에서 근무하고 있어 마을 회합에 참석하는 경우가 드물고, 최근에는 별도의 반상회도 개최하지 않는다고 한다. 다만 못자리를 하는 시기가 되면 반별로 품앗이 형태를 유지하며 상부상조하는 일은 계속되고 있다고 한다. 그리고 반마다 반의 재산으로 그릇을 구비하여 반장 댁에 보관하고 대소사에 활용하고 있다.

이장, 반장과 더불어 마을의 일을 운영하는 핵심적인 임원으로는 개발위원회 위원과 새마을 지도자가 있다. 이들은 모두 마을총회에서 선출되며 임기는 2년이고 연임이 가능하다. 개발위원회는 각 반에 1인의 개발위원을 두는데, 마을의 행사나 사업을 실시할 경우 반장들과 더불어 회의를 통하여 사업 내용을 결정하고 있다. 이장이 활용할 수 있는 마을기금도 10만 원을 초과할 경우 반장과 개발위원회에서 그 사용을 결정하고 있다.

새마을 지도자는 잘 알려진 것처럼 1970년대 정부의 새마을 사업을 실시하면서 사업의 원활한 추진을 위하여 신설된 마을의 임원이다. 그러나 새마을 사업이 막을 내리면서 지도자의 위상이나 역할이 모호해졌고 지금은 거의 유명무실한 상태이다.

노인회

합덕리의 노인회는 정회원과 준회원으로 구성된다. 정회원은 만 65세 이상의 노인들이고 준회원은 61세에서 64세까지의 노인들이다. 현재는 준회원을 포함하여 할아버지 회원이 28명이고 할머니 회원이 38명으로 모두 66명이 회원으로 있다. 이 가운데 준회원은 3분의 1 가량이다. 노인회는 마을에 따라 자발적 결의에 의해 구성되기도 하지만 대체로 1980년대 이후 행정기관의 장려에 의해 리별로 조직되었다. 합덕리 노인회 역시 행정기관의 요구에 의해 공식적으로 조직된 것은 최근의 일이다. 노인들의 지위 향상과 복지증진에 기여하며 회원 상호간 친목도모와 건강증진 등 안정된 노후 생활의 도모를 목적으로 한다. 이러한 노인회의 사업은 노인회칙 제4조에 잘 나타나 있다.

① 노인복지 및 전통문화의 유지발전

② 회원 상호간 친목도모 및 경로 효친사상 보급

③ 노인 건강 유지 노인회 육성 발전 및 청소년 선도

④ 동리 발전을 위한 봉사활동

⑤ 기타 본회 목적 달성 및 권익 산장에 필요 사업의 실시

도의상권(道義相勸) 등 전통문화의 유지 · 발전, 친목도모, 경로효친사상의 보급, 청소년 계도 활동 등이 노인회의 주요 활동인 것이다.

노인회의 회장은 일반적으로 마을의 덕망 있는 원로이자 봉사할 여력을 가진 자를 추대하며 노인회를 대표하고 회무를 총괄하도록 한다. 회장 밑으로는 6인의 이사를 두고 수석 이사를 부회장과 겸직케 하며 총무 1인, 감사 2인을 임원으로 한다. 임원의 임기는 감사를 제외하고는 모두 3년을 원칙으로 하며 총회의 의결에 따라 1차에

한하여 연임이 가능하다.

노인들은 농한기에는 주로 마을회관에 나와 화투나 윷놀이를 하면서 시간을 보내지만, 농번기인 3월과 4월, 9월과 10월에는 경로당을 개방하지 않는다. 마을회관은 아침 9시경부터 개방하여 오후 5시가 되면 각자 집으로 돌아가지만 늦게까지 남아서 이야기를 나누는 경우도 자주 눈에 띈다. 점심은 동네사람들이 기증한 쌀로 밥을 짓고 때로는 돈을 걷어 반찬을 준비하여 나누기도 한다.

노인회의 운영비는 자체 조달하는 회비(월1,000원)와 마을 주민 혹은 독지가의 찬조금, 신입회원이 성의껏 내는 회비와 노인회 기금으로 충당한다. 노인회의 기금이란 노인회에서 개인 경작지에 다양한 작물을 재배하여 판매하고 남은 이익으로 현재 약 400만 원 정도가 적립되어 있다. 물론 노인회의 운영비로 군청에서 지급되는 월 6만 원과 난방비로 지급되는 연 80만 원도 중요한 재원이 된다.

찬조금은 주로 마을의 경로잔치 때 전달되는데, 합덕리는 해마다 1회 경로잔치를 베풀고 이날 출향인사들이나 마을 주민들이 성의껏 찬조금이나 찬조물품을 낸다. 경로당의 벽면에 붙은 종이에는 찬조금과 찬조물품을 지원한 사람의 명단과 그 내역이 빼곡히 적혀 있다. 찬조 물품을 살펴보면, 현금을 비롯하여 맥주, 탕수육, 백미, 소주, 음료수, 감귤, 라면, 버섯, 떡, 김, 들기름, 생채, 커피, 돼지고기 등의 식품류로 즉석에서 먹을 수 있는 것들이 대부분이다.

노인회가 주최하는 주요 행사는 관광인데 노인회가 관광을 갈 때에는 회원간 특별회비를 추렴하고 이장, 반장, 부녀회원들이 음식과 다과를 마련해 준다. 이때 마을총회 기금에서 관광을 지원하기도 한다.

경로당의 풍경을 잠시 살펴보자. 깨끗하게 단장된 마을회관 안으로 들어서면 오른쪽 방에서 할머니, 할아버지들의 목소리가 간간히 들려오는데, 방안을 들여다보면 노인들이 방바닥에 담요를 깔고 화투놀이를 하고 있다. 그리고 오른쪽 방에는 몇 가지 운동기구와 노래방 기기가 마련되어 있다.

뭐 혀. 헐 일 없는디. 이렇게 늙은이들끼리 모여서 재미삼아 화투나 치지. 그냥 심심풀이로 하능겨.

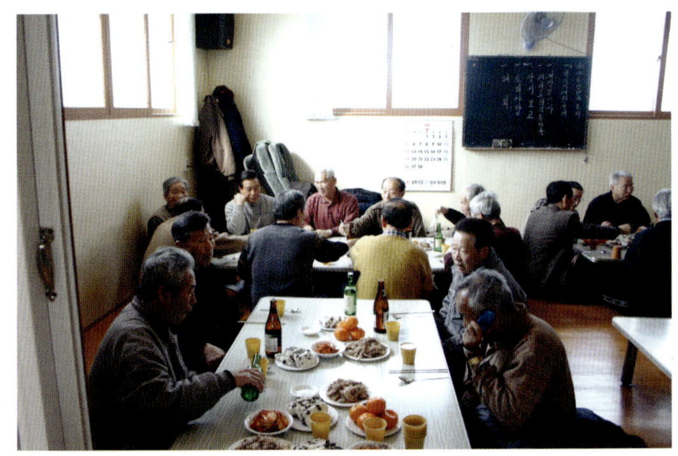

노인회 총회가 끝난 후 회식

노인회 총회는 양력 2월에 개최한다. 노인회의 정기총회는 회장의 개회사에 이어 국민의례, 회장인사와 감사보고 그리고 회계보고, 감사패전달, 임원선출의 순서로 진행된다. 또 노인회의 건전한 발전을 위하여 지대한 공로가 있는 회원에 대하여 상급회에 표창을 상신하고 또한 경로효친 실천에 투철한 공이 있는 사람에 대하여 추천을 받아 본회 이사회의 의결로 표창하며 노인회의 명예를 훼손하였을 때에는 총회의결을 거쳐 제명한다는 상벌규정을 정하여 실천하고 있다.

부녀회

부녀회는 1970년대 새마을 사업을 추진하면서 공식적으로 조직되었지만, 합덕리의 부녀회는 성당조직의 하나인 성모회가 그 모태라고 할 수 있다. 성모회는 성당의 부녀회로 마을 부녀회가 조직되기 이전부터 성당과 마을의 잡다한 일을 도맡아 왔기 때문이다. 새마을 사업이 퇴조하고 젊은 층의 이농현상이 두드러지면서 부녀회의 역할이 모호해졌다. 성당의 젊은 부녀들의 활동이 둔화되고 마을 부녀조직의 필요성에 공감대가 형성되면서 2005년 뒤늦게 부녀회가 조직된 것이다.

합덕리의 부녀회는 57~58세부터 입회자격이 주어지고 70세 미만까지 회원으로

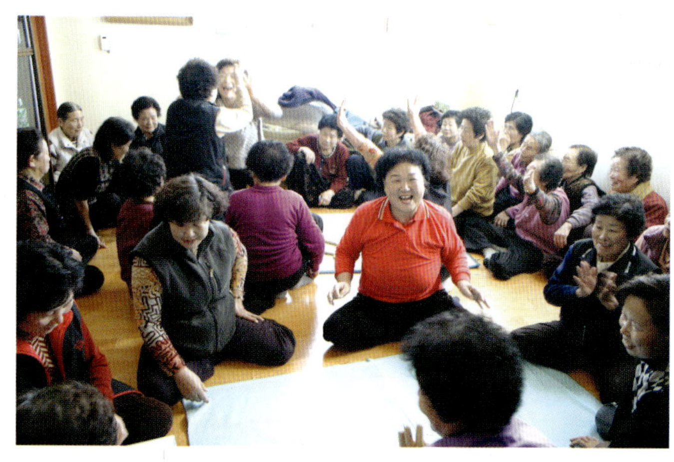

마을회관의 부녀회원들

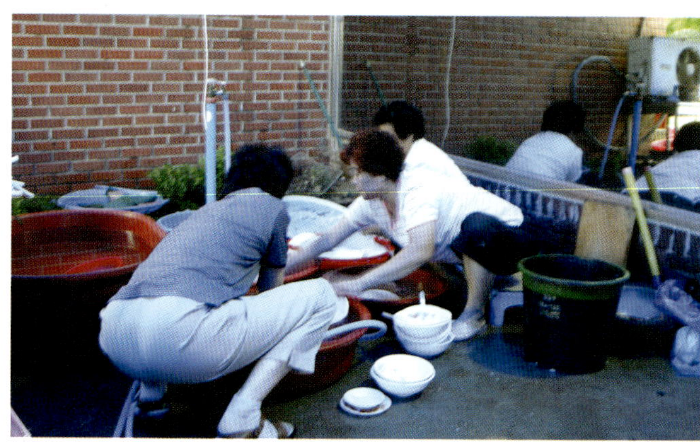

마을의 궂은일을 도맡아 하는 부녀회원들

가입할 수 있다. 노인회에 가입하게 되면 부녀회원의 자격은 자동적으로 소멸된다. 현재 약 30명의 부녀회원이 활동하고 있다. 부녀회의 회비로는 월 2,000원을 추렴하고 있다. 마을의 가구 수에 비해 회원 수는 적은 편이며 젊은이들의 참여가 상당히 저조한 편이다.

부녀회의 임원은 회장과 총무로 구성되며 부녀회장은 마을 이장과 더불어 여성들을 대표하여 대내외 행사에 참여하고 총무는 부녀회의 기금관리 및 연락을 맡는다.

부녀회의 주요한 소임은 마을의 청소나 풀밭매기, 동네의 애경사를 치르는 일, 마을 총회 시의 음식준비 등이다. 뿐만 아니라 마을의 경로잔치 때에는 자발적으로 음식을 준비하고 심부름을 도맡는다. 겨울철에 경로당 노인들에게 점심식사를 제공하는 일도 부녀회의 몫이다. 이때 사용되는 그릇은 부녀회의 기금으로 마련하고 평상시에는 회관에 보관하고 있다.

마을의 비공식조직

상례를 주관하는 연반계

연반계는 합덕리 사회조직의 대표적인 것으로 마을에 상사가 발생했을 때 상여를 운반하거나 장지를 조성하기 위한 노동력을 제공하는 조직이다. 이러한 조직에 대한 명칭은 마을에 따라 상여계, 상계, 위친계, 역장계, 상포계 등으로 불리는데 합덕리의 경우 연반계라고 칭한다.

합덕리 연반계가 조직된 시기에 대해서는 명확히 확인되지 않지만 마을 주민들은 상당히 오래되었다고 말한다. 합덕리에 거주하는 주민과 합덕리에 이사 오는 사람은 누구나 의무적으로 연반계에 가입해야 하며, 신입자는 가입금으로 5만 원을 내야 한다. 이와 같이 연반계의 의무가입조항을 설정한 것은 장례의식에 대한 동참을 통하여 마을 공동체의 결속을 다지고 상호 협력하는 미풍양속의 관행을 유지하고자 하는 의도 때문일 것이다. 한 주민은 이렇게 말한다.

> 합덕리 연반계가 지속되어오는 동안 계원 상호간 우의와 협동심으로 상가를 위로하고 망인을 평안하게 잠들도록 노력하여 왔습니다. 그러나 시대는 너무나도 변화되어 누구든 이기적으로 환경의 지배를 받다 보니 청장년들은 도시로 떠나고 상여로 상을 치르기는 여러 가지 불편함이 있습니다.

상사가 발생하면 계원들은 산소역과 상여역으로 역할을 나누어 맡는다. 산소역은 상가가 속한 행정반이 담당하며, 나머지는 상여역이나 기타 상을 치를 때에 노력 봉사를 담당한다. 물론 합덕리의 경우 상사의 절차에는 연반계에서 주도하는 절차와 성당의 절차가 공존한다. 먼저 운구과정을 보면, 성당에는 운구를 하는 도구(네 개의 바퀴가 달린 검은색 나무수레)가 있어 경제적으로 어려운 사람들은 성당의 운구도구를 이용하여 시신을 운반한다. 하지만 경제력이 있는 가정에서는 연반계의 상여를 주로 이용한다. 상여는 공식적으로 12명의 상여꾼들이 메지만 성당의 운구도구는 네 명이 운반하도록 되어 있어 상여와는 달리 간소한 면이 있다. 하지만 길이 좋지 않을 경우 수레를 통한 운구는 어렵게 된다.

연반계의 상여를 이용하더라도 성당을 경유하는 경우는 상여가 성당에 도착하면 성당의 안치장소에 시신을 안치하고 성당의 예식에 맞추어 미사를 집전한 후 다시 시신을 상여에 옮겨 싣고 장지로 향하는 절차를 밟는다.

연반계의 조직은 회장(계장), 총무, 이사, 감사로 구성되며 이들의 임기는 2년이다. 회장은 계의 구성원을 대표하여 상사가 발생한 가정을 방문하여 상주를 위로하고 호상 · 상주와 더불어 장례 절차에 관한 제반사항을 협의한다. 또 총무는 회장을 보좌하거나 회장의 유고 시에는 회장을 대신하는데, 상사 발생 시 발인 담당자를 순번에 의해 선정하고 이를 공고하여 상사의 원활한 집행을 도모한다. 이사는 계에서 필요하거나 요구되는 제반 안건을 협의 의결한다. 감사는 연반계의 금전출납에 관한 감사를 하며, 총회 5일 전까지 이사회에 그 결과를 통보하며 총회 시 계원에게 보고한다고 규정되어 있다.

연반계는 매년 음력 정월 대보름(1월 15일)에 총회를 개최하며 임시총회는 필요에 따라 이사회를 통하여 의결을 수행한다. 의결 정족수는 재적회원 과반수를 원칙으로 하지만 과반수에 미달할 경우 의장은 출석회원의 동의를 얻어 의사를 진행한다.

마을의 인구 감소와 노령화가 급격히 진행되면서 65세 이상 노인과 여성 가장의 경우는 발인에서 제외시키고 있지만, 대신 계에서 정한 2만 원을 거출하여 계의 운영과 상사의 원활한 집행에 협력한다고 규정하고 있다. 과거에는 65세 이상도 발인에 참여하였지만 최근에는 이 조항을 삭제하여 65세 이상에 대해서는 발인에서 제외하고 있다.

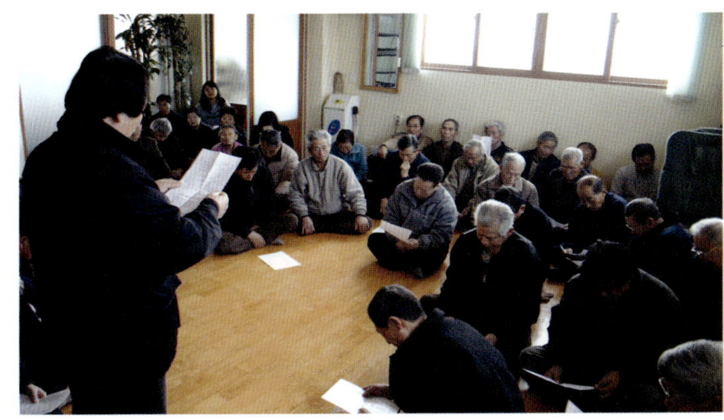
연반계 회의 장면

연반계의 구성원이 이용할 수 있는 공동의 자원은 장례의 집행을 위하여 필요한 각종 도구와 기물로 구성된다. 대형 선풍기나 가스버너, 난로, 탁자 및 의자, 텐트 등이 그것이다.

상여는 중요한 공동의 자원으로 마을회관 옆 창고에 보관되고 연반계에서 관리한다. 공동자원 이외에 반별 기물은 묘지의 조성이나 정비를 담당한 반에게 제공하는 상주의 사례비로 구입되며 가스밥솥, 그릇 등이 이에 해당한다. 이들 공동자원이나 반별 기물은 마을의 대소사 시에 공동으로 활용된다. 그 외에 계에서 필요한 물품의 구입이나 계의 운영상 재정은 수납계비의 잉여금, 찬조금, 상가성금 및 기타 수입으로 충당한다. 연반계첩은 상사가 발생한 경우, 상사를 처리하는 과정에서 사용된 물품대금이나 물품의 내역 등을 기록하고 있다. 또 돈이 필요한 사람들에게 계금을 제공하고 이자를 받은 내용도 기록하고 있다. 이는 연반계가 식리의 기능도 담당하고 있음을 말해준다.

그 외의 마을 조직들

합심회는 1988년에 결성된 마을 조직으로 회원은 모두 13명이다. 3개월에 한 번 모이며 회비는 한 달에 1만 원이다. 정기총회는 12월이나 1월이지만 다소 유동적이다. 회원들의 애경사에 서로 협력하거나 경로당의 운영을 보조하기도 한다. 회원은

60대가 주를 이룬다. 합덕리를 이끌어 나가는 또 다른 중요한 조직으로 이삭회가 있는데 현재 회원은 15명이다. 이삭회는 2000년에 결성되었으며 마을 내의 봉사활동과 회원간의 친목을 도모하는 조직이다. 회비는 2개월에 5만 원이며, 두 달에 한 번 꼴로 모임을 갖고 정기총회는 연말에 개최하며 회원 중 애경사가 발생할 경우 10만 원 상당의 화환이나 조화를 보내는 등 마을과 회원들을 위한 활동을 하고 있다.

그밖에 약 15년 전에 결성된 합덕리의 미작 작목반이 있다. 회원은 20명으로 대부분이 미작 작목을 하는 사람들이다. 논 300여 평을 공동으로 경작하여 그 수익금으로 기금을 만들어 노인회의 관광여행 시 찬조금을 낸다. 그 외에도 합덕리에는 향친회, 다모회, 다모아, 도모회, 영우회 등의 소규모 모임이 있고, 회원 간의 친목을 도모하고 마을의 대소사에 협력하는 것을 목적으로 하고 있는 사철회와 하나회 등의 여성을 중심으로 하는 조직이 있다.

사라진 두레 · 품앗이

한편 합덕리는 농사를 주 경제원으로 살아가는 농촌 마을로 마을 주민들의 대다수가 논농사에 의존하고 있다. 합덕리 일대의 중동들과 재삼동들만을 보아도 합덕리 주민들의 삶이 거의 전적으로 논농사에 의존하고 있음을 쉽게 알 수 있다. 따라서 합덕리 주민들은 이러한 논농사를 중심으로 서로 합심 협력해왔다.

농사와 관련하여 마을의 관행으로써 주민들의 협력을 유인했던 '두레'는 1960년대까지도 존속했지만 현재는 사라지고 없다. 원래 합덕리가 넓은 합덕평야를 중심으로 농사를 지어온 마을이다 보니 오래 전부터 두레가 있었던 것은 사실이지만 그 유래나 역사를 기억하는 사람은 없다. 다만 60년대까지 두레를 구성하여 모내기나 김매기를 하였다고 한다.

옛날에는 대단했지 두레패 앞에서는 풍물꾼들이 흥을 돋우고 높게 '농자천하지대본'이란 깃발을 앞세우고 두레패가 행진을 했어. 다른 마을에서 두레패가 결성되면 기 싸움이란 것이 있었지. 그런데 합덕리가 워낙 세니까 다른 마을들은 게임이 안 되었어. 기 싸움에서는 두레기가 넘어지는 쪽이 지는 겨.

당시의 두레패에 대한 자세한 자료는 남아 있지 않다. 다만 주민들의 증언에 의하면 두레가 시작되면 약 한 달 정도 두레패가 운영되었는데 인근 마을의 두레패와 기싸움 행사도 성황리에 이루어졌다고 한다. 60년대 중반까지 존속했던 두레는 60년대 말이 되면서 사라지고 이후로는 반별로 조직된 '둥굴레'가 마을의 협동 작업을 주도했다고 한다. 둥굴레는 서해안 지역에서 주로 발견되며 협동노동을 목적으로 하는 동원조직인데 합덕리에서도 이러한 관행이 있었던 것이다.

합덕리 둥굴레는 삼밧재 둥굴레, 창말 둥굴레, 구억뜸 둥굴레, 중궁말 둥굴레로 조직되었는데 1개 반을 15~16가구로 상정할 때 1가구당 가용 노동인구 약 2~3명의 출력을 고려하면 1개 둥굴레 당 약 30명에서 많게는 40명이 성원이 된다. 이 둥굴레는 주로 논농사에 활용되었는데 사람 동원을 담당하고 못줄을 잡는 둥굴레의 반장은 각 반에서 권위가 있는 사람이 맡았다. 반장은 아침 일찍 서둘러 집을 나와 사람들을 동원하여 모판에 모아 모를 같이 찌도록 품을 분배한다. 반장은 주로 반원들에 의하여 선출되는데 한번 선출된 반장은 잘 바뀌지 않고 오랫동안 그 역할을 수행하였다. 반장 밑으로 총무가 있어 당일의 출력을 균형 있게 분배하고 임금 지급을 결정한다.

둥굴레는 사실상 품앗이의 성격을 띠지만 품을 요구하지 않는 사람에 대해서는 일정액의 품삯을 지불한다. 품삯은 하루 쌀 세 되 분량으로 3일을 둥굴레에 동원되어야 쌀 한 말을 살 수 있었다고 하는데 협동노동의 관행을 유지해 온 둥굴레도 현재는 사라져버리고 단지 마을 사람들의 기억에만 남아있다. 한편 품앗이는 1 : 1의 교환 방식으로 노동력을 제공하는 농사관행으로 주로 여성들 사이에 성행했는데 최근 이 관행은 못자리를 만들거나 밭농사에서 이용되고 있어 전통적인 협력노동 · 협력생산의 미덕이 그 명맥만을 유지하고 있을 뿐이다.

합덕리의 교육

합덕리는 매우 특이하게도 일찍부터 신교육이 들어온 곳이고, 또 아직까지도 중·고등학교가 있는 곳이다. 즉 합덕리는 교육의 힘을 크게 입어 온 마을이라고 할 수 있다. 합덕리의 교육을 말하려면 매괴학교와 합덕초등학교, 서야중·고등학교를 중심으로 이야기를 풀어야 한다.

매괴학교

매괴학교는 한말 애국계몽운동 시기 천주교가 교육계몽과 전교활동의 일환으로 세운 당진 최초의 신교육기관이다. 『합덕읍지』(1997)에 따르면 매괴학교는 나라가 기울어져 가던 한말, 교육계몽운동의 일환으로 1907년 합덕성당이 합덕리에 세운 학교였다. 매괴학교는 1908년 성대한 개교 기념식을 가졌는데 『구합덕본당100년사자료집』은 다음과 같이 개교 기념식장면을 묘사하고 있다.

> 1908년 6월 14일(음력 5월 16일) 오전 10시에 100여 명의 학생에 수천 명의 사람들이 참여하여 성대한 개교기념식을 거행하였다. 10시에 영빈체조를 하고 11시에 격악오종연회, 하오 1시에 연설을 하였고 이어서 애국가와 운동가가 울려 퍼졌다. 그후 하오 3시에 연사가 강연을 하고 4시에 파회를 하였다.

이날 기념식에는 인근의 아산과 덕산지역의 학생들까지 참석하여 3개 학교가 연합으로 운동회를 개최하고 인근에서 모여든 수천 명의 인파가 산과 바다를 이루었다고 한다. 초대 교장은 박지양으로 학생들에게 학문을 권장하고, 옥천 천주당 신부 홍성철이 애국사상과 학문에 대해 연설하였다고 한다. 1909년 2월 3일에 크램프 신부가 주교 앞으로 보낸 서한에서 다음과 같은 사실이 기록되고 있어 당시 천주교 측의 매괴학교에 대한 관심을 짐작할 수 있다.

매괴학교 제1회 졸업 전경

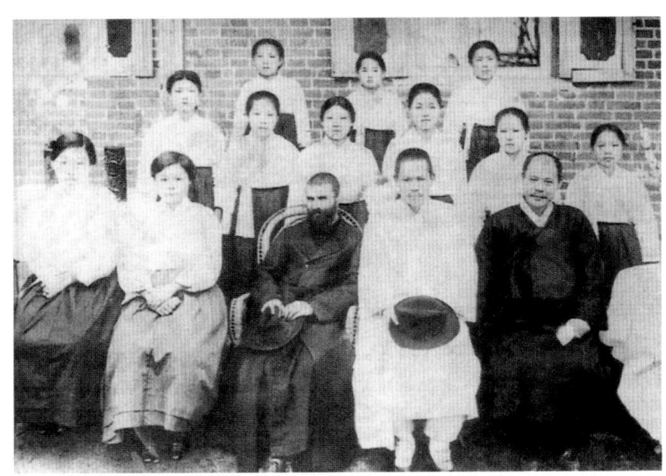

▲ 매괴학교 여자부 제1회 졸업(1922)　　합덕성당은 1907년부터 매괴학교가 있었다.

일상적인 걱정의 가장 큰 원인은 매괴학교입니다. 현재 학생은 73명이고 조금씩 계속 신입생들이 들어오고 있습니다. 외교인(비천주교인) 학생은 여전히 다수이고 개중에 결혼한 젊은 어른도 있습니다. 일 년 동안 다녔으나 그들은 여전히 외교인으로 남아 있습니다. 저는 올해부터는 도덕과 종교에 대한 강의를 할까 하는데, 시간이 없고 더욱이 언어의 실력이 모자라 문제입니다. 그래서 저도 지겨워하는 학생들의 모습만 대하게 됩니다. 그런데 제가 다른 세속 과목을 가르칠 때에는 아주 경청을 합니다. 그것은 그들에게 흥미가 있기 때문이고, 종교적 진리에 대해서는 흥미가 없기 때문입니다.(『구합덕본당 100년사 자료집』, 1990, 262쪽).

즉 성당측은 종교 위주의 교육을 하고 싶어 했지만, 비교도가 많았던 학생들은 이를 싫어했던 것이다. 매괴학교는 1907년에 크램프 신부에 의해서 남자부가 설립되었고 1921년에 여자부가 설립되었다. 1920년경 학교는 4년제였으며, 정규 보통학교가 아닌 각종학교로 되어 있었다. 매괴학교의 여자부는 2회까지 졸업하고 학교 문을 닫게 되는데, 이경란(84세) 할머니의 증언에 따르면 성당의 고아들도 이 학교에서 함께 배웠다고 한다.

우리 친정아버지(이장용)가 매괴학교 선생이셨어. 지금 성당자리에 단층으로 매괴학교가 있었는데 나는 한 학기 동안 매괴학교에서 공부를 했지. 그런데 그때 보면 고아들이 성당에서 살면서 학교에 다녔거든. 아마 국어였을 거여. 국어랑 음악을 가르쳤어. 우리는 여기가 고향이 아니고 성동리였어.

『구합덕본당 100년사 자료집』을 살펴보면 이장용의 세례명은 시몬이고 인근의 성동리 출신으로 서울의 중동학교를 졸업하였고 매괴학교에서 국어와 음악을 가르쳤다고 기록되어 있다. 특히 이장용은 소년소녀회를 조직하고 소년소녀회가를 작사하여 지도하였다고 한다.

매괴학교는 학교방침에 14세 이하의 어린이만을 교육수혜의 대상으로 하고 있었지만 나이가 들어 학교에 가지 못한 학생들이 와서 사정을 할라치면 어쩔 수 없이 그들을 받아들이곤 했는데 그들 중에는 더러 월사금도 못 내고 학교에 다니는 경우도 있었다고 한다.

매괴학교는 1924년 학생들의 동맹휴학으로 위기에 처했다. 학생들은 주임교사인 최모 교사의 교육 태만에 대해 불만을 제기했다(동아일보, 1924년 3월 20일). 성당측의 백문필 신부는 학생들의 동맹휴학이 사회주의자인 교사의 선동에 의한 것이라 생각했다. 그는 학생들이 굽히지 않자 결국 남학생부의 폐교를 선택했고 여학생부만으로 학교를 꾸리려 하였다. 그러나 여학생부만으로는 재정을 감당할 수 없어 이듬해에 매괴학교 여자부도 결국 더 이상 유지하지 못하고 문을 닫고 말았다.

합덕초등학교

합덕초등학교는 일제 강점기인 1921년 3월 31일에 보통학교 설치령에 의하여 인가를 받아 1922년 4월 1일에 합덕읍 운산리에서 합덕공립보통학교로 개교하였다. 그리고 4년 후인 1926년에 처음으로 합덕공립보통학교의 제1회 졸업식을 거행하면서 최초의 졸업생을 배출하였다. 합덕리에서 이 학교에 다녔던 학생들 가운데에는 18회 졸업생이신 현 노인회장 조제흥 씨가 제일 선배에 속한다. 그후 합덕공립보통학교는 공립심상소학교 설치령에 의하여 1938년에 합덕연호 공립심상소학교로 교명을 개칭하고, 1941년에 공립국민학교 설치령에 따라 합덕연호공립국민학교로 교명을

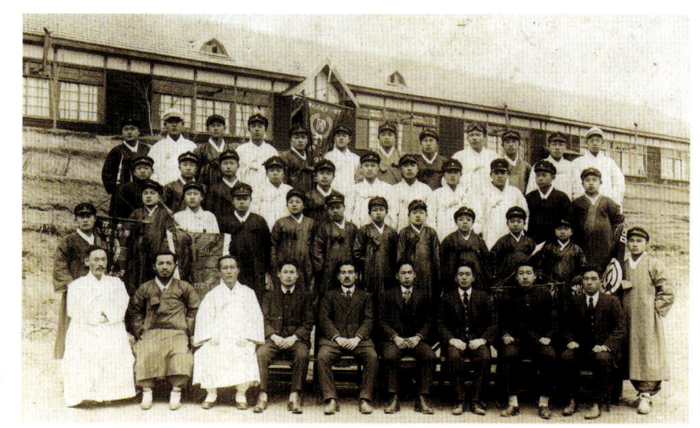

합덕초등학교 제1, 2회 졸업사진

변경하게 된다. 그리고 해방 이듬해인 1946년 3월 1일에 합덕공립국민학교로 교명을 변경했다가 다시 1950년 4월 1일에 합덕국민학교로 바꾸었다. 1959년 5월에는 옥금리에 옥금분교장을 설치하고 1961년에 옥금분교장을 승격하여 흥덕국민학교로 교명을 변경하였다.

현재는 김택일 교장 이하 19학급 621명의 학생들이 재학 중이며 보건교사와 양호교사를 포함하여 26명의 선생님들이 재직하면서 합덕읍의 초등교육을 담당하는 요람으로 자리하고 있다.

서야중 · 고등학교

합덕리 마을의 초입에는 현재 서야중 · 고등학교가 자리 잡고 있다. 서야(西野)는 서쪽 들이라는 의미로 소들강문을 지칭한다. 서야중 · 고등학교는 전 이사장 유재하 선생이 1958년 고향인 당진군 합덕읍 옥금리 88번지에 들어와 부모의 유산을 투자하여 삼민 고등공민학교를 설립하면서 출발하였다.

유재하 선생(당시 23세, 세례명: 요한)은 당시 성균관대학교 3학년에 재학 중이었지만 학교를 휴학하고 불우한 청소년들을 교육해야만 이 나라에 꿈이 있다는 철학으로 종형제들을 설득하였고, 교장, 교사, 사환, 회계라는 일인 4역, 5역의 고난을 감내하면서 교육에 몰두하였다. 몇 달이 지나자 인근 동네로부터 학생들이 입학하였고,

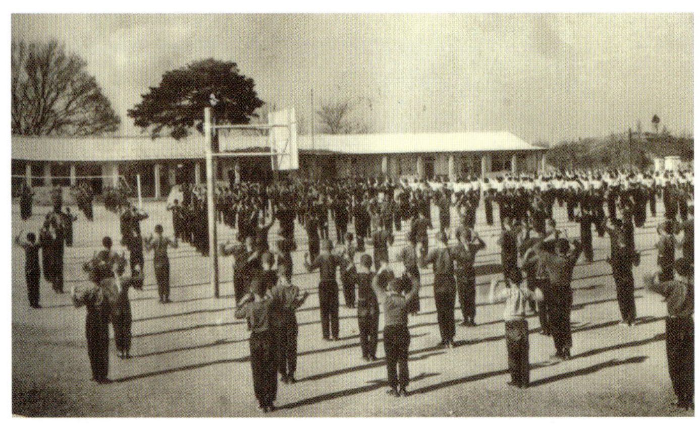

1960년대 삼민고등공민학교의 재건체조

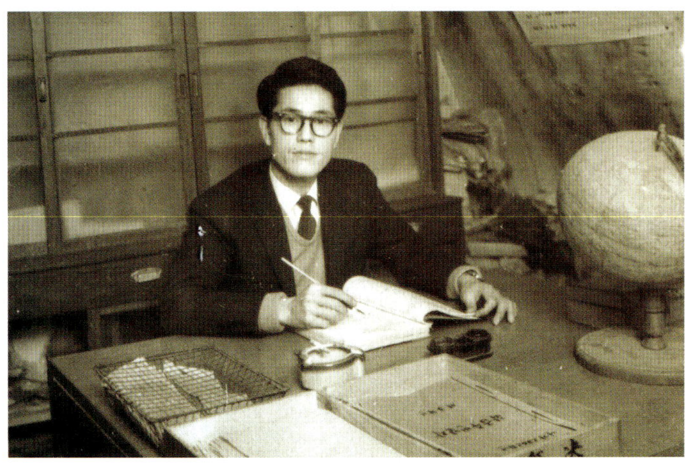

1960년대 삼민고등공민학교의 유재하 교장

보수도 없이 삼민고등공민학교와 함께 하겠다는 젊은이, 유재하 선생의 깊은 철학에 감명하여 일을 도우려는 젊은이들이 모여들었다. 당시 교실은 미군부대에서 쓰다버린 양철들을 모아 지은 건물이었다.

삼민고등공민학교는 어려운 여건에서도 1961년에 1회 졸업생을 배출하였으며, 1960년대 중반 이후 학교의 규모가 더욱 확대되었다. 이 학교를 옥금리에서 합덕리로 이전한 것은 1965년의 일이었다. 그러나 정식 인가가 없는 학교라는 인식이 확대

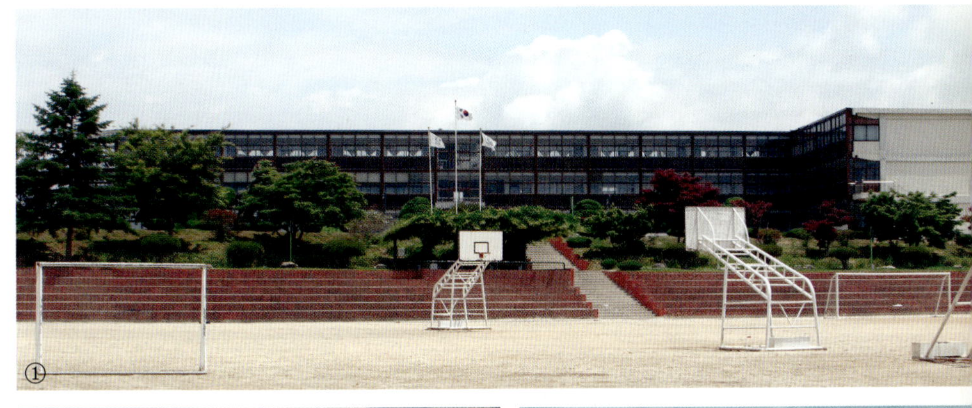

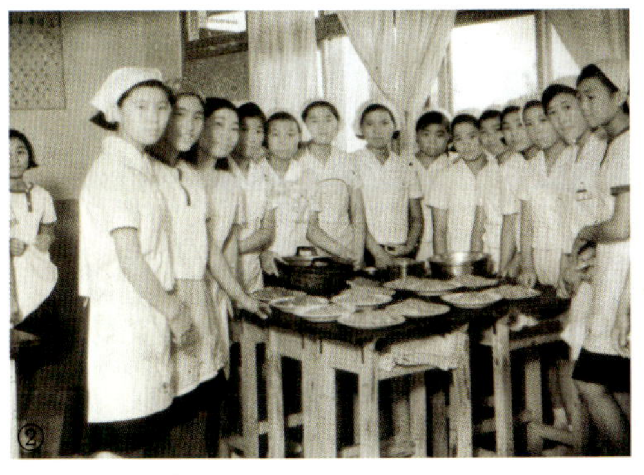

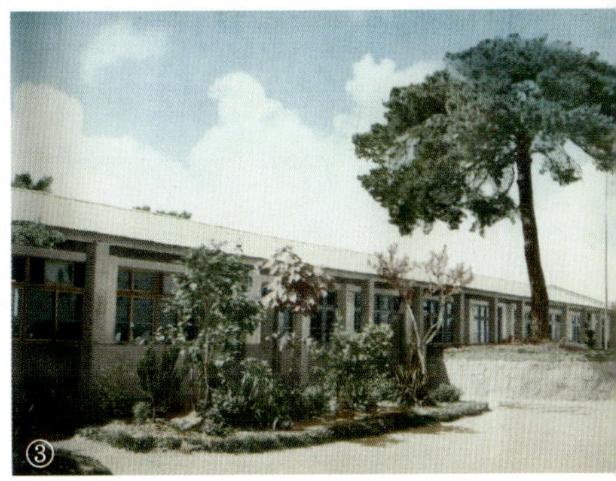

① 서야중고등학교의 전경
② 1970년대 학생들의 실습
③ 1970년대 서야학교의 전경

되면서 학생 숫자가 감소하였고 정식학교 인가를 받는 일도 만만치 않았다.

우여곡절 끝에 1965년 중학교 인가가 나왔고 1966년 2월 16일에 학교법인 정민학원의 설립인가를 받아 1966년 4월 5일 서야 중학교 개교 및 입학식을 거행하였다.

1975년 3월에는 서야고등학교 개교식 및 입학식을 거행하였다. 삼민고등공민학교로 출발하여 실로 27년 만에 정상적인 교육기관으로 안정적인 면모를 구축하게 된 것이며 모든 교직원과 학생들은 꿈을 이루게 된 것이다.

서야중 · 고등학교의 창학 이념은 박애 · 협동 · 창조를 교훈으로 대한민국의 새 역사창조에 기여하는 중견 공민으로서 실제생활을 개선해 나가는 모범적인 생활인을 육성한다는 것이었다. 서야중 · 고등학교는 2006년 2월에 중학교 제38회 98명이 졸업하면서 총 졸업인원 7,640명, 고등학교 29회 124명이 졸업하면서 총 5,500명의 졸업생을 각각 배출하였다.

서야중 · 고등학교의 설립자인 유재하 선생은 평생을 다 바친 교육사업의 꿈을 이루었는지 2006년 7월 10일 갑자기 세상을 떴다. 고등공민학교를 설립한 지 48년만의 일이었다. 그의 장례식은 서야중 · 고등학교 강당에서 지역 주민들과 많은 졸업생들이 참석한 가운데 치러졌다. 아래의 글은 유재하 선생이 학교를 처음 만들 때 쓴 글이다.

> 하나의 작은 씨앗을 심으니
> 온누리 밝히는 환한 꽃으로 자라나
> 자유와 평화, 사랑이 넘치는 곳으로
> 하늘의 뜻을 펼치게 하소서
> 더욱 밝은 내일을 위하여
> 여기에 배움의 집을 세우고
> 나의 모든 것을 바치렵니다.
> (1958년 4월 20일 유재하)

합덕리의 전망

합덕리는 전형적인 미곡생산 마을에서 벗어나지 못하고 있다. 인근의 예산이나 타면의 경우처럼 꽈리고추를 비롯한 특수작물을 재배하면서 활력을 되찾고 있는 마을이 있지만, 합덕리는 미곡단작 마을에 머물고 있다. 마을이 누렸던 과거의 활력을 되찾을 수 있는 계기를 마련하는 것이 마을 주민들의 염원이다. 이러한 가운데 국가 차원의 충남내포문화권 특정지역 개발계획이 확정되고 합덕제의 개발과 더불어 합덕성당을 거점으로 한 성지관광벨트의 개발 필요성이 제기되기에 이르렀다. 대상 지역의 문화재 현황으로는 합덕방죽과 솔뫼성지, 합덕성당, 신리공소가 있으며 이들의 역사적 의미를 개발하여 테마형 개발을 목적으로 하는 것이다. 이를 추진하기 위하여 당진군 차원의 합덕제(연호방죽) 정비사업 추진위원회가 조직되어 개발여건에 대한 조사와 타당성분석을 실시하고 사업대상지에 편입되는 토지 보상협의를 마치고 본격적인 개발사업을 앞에 두고 있다. 복원사업 해당 지역은 약 56,000여 평에 달하며 사업에 소요되는 예산은 당진군비와 충남도비로 충당될 전망이다.

합덕방죽에는 물망대나 연이 있었고 방죽 안에 섬이 하나 있었어. 연은 백연(白蓮)은 없었고 홍연(紅蓮)이 있었지. 물이 다 빠지면 삽을 들고 들어가 연을 캐곤했지. 그리고 겨울에는 철새가 도래하여 고리, 기러기, 청둥오리들이 몰려왔어. 방죽에서 겨울을 보내고 봄에 떠났어.

사업 대상 지역은 문화적 가치로서의 성격과 역사성을 고려하였고, 사라져가는 지역문화의 전승에 기여할 것으로 판단되는 자원을 설정하였다. 따라서 단순히 관광, 문화재 조성사업이 아니라, 당진군 및 합덕리의 역사 문화적 의미를 바탕으로 역사에 대한 바른 이해의 지평을 확장시키는 사업이 전제되고 있다. 이러한 사업구상은 그간의 마을 주민들을 비롯한 성당의 고민이 실현가능한 계기로 합덕리로서는 매우 환영받을 일이다. 김홍식 신부의 말을 다음과 같이 인용해본다.

마을 주민들의 생활도 어려워지고 있습니다. 이곳에 노래방도 있었고 다방도 있었어요. 성당의 입장에서는 별로 바람직한 일이 아니라고 생각했습니다만, 경제가 어렵다보니 저절로 다방도 사라집디다. 성당과 어떻게 공생하느냐가 문제입니다. 성당 중심의 종교행사가 아니라 문화행사, 즉 성당을 중심으로 하는 지역축제를 정비하여 성당 문화행사 같은 것을 계획하여 다시 합덕이 부흥하는 것을 도모해야 합니다.

추진위원회는 1명의 위원장을 중심으로 5명의 자문위원, 총무, 부위원장, 4개분과의 추진위원을 두고 시업의 원활한 진행을 도모하고 있다.

최근 합덕방죽복원 추진위원회는 합덕방죽 복원에 따른 편입 토지 보상평가에 따른 설명회를 개최하고 1차 보상액 46억 원으로 선신청자에 대한 보상을 완료하고 2

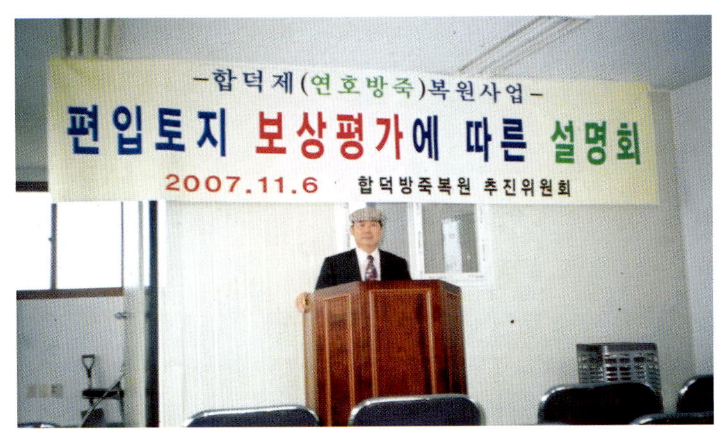

합덕방죽 토지 보상 설명회

차 보상을 준비하면서 마을의 부활을 도모하고 있다. 추진위원장은 마을에 대한 애착을 가지고 그간 마을발전을 위하여 헌신적으로 봉사한 사람을 선정하였고 기타 추진위원들 역시 마을의 발전에 기여할 것으로 판단되는 사람들이 사업에 합류하였다.

본 사업의 추진위원장은 신관수, 부위원장은 고일성, 총무는 현재 합덕리 이장인 김경태, 그리고 합덕성당의 주임신부와 김명선 당진군의회의장, 이종현 도의회의원, 박장화 당진군의회의원, 류대현 서야중고교 이사장을 자문위원으로 선출하였다. 추진위원장인 신관수 씨는 이 사업에 대한 관심이 지대할 뿐만 아니라, 이미 성당에 온풍기나 전등을 기증하였고, 성당 입구의 복개공사를 하는 등 마을에 많은 도움을 준 지역주민이며 또 당진군 합덕읍 명예읍장으로서 정부기관의 다양한 지원을 유도할 것으로 기대된다. 추진위원장은 사업계획부터 기본구상 그리고 사업의 전 과정을 총괄하는 역할을 수행하며, 부회장은 위원장을 도와 사업의 원활한 진행을 보조한다.

합덕방죽 복원사업이 어떻게 진행될지 아직은 미지수다. 그러나 합덕리 주민들은 방죽의 복원을 통해 다시 옛날에 누렸던 합덕리의 영광을 재현하려고 한다. 성당과 더불어 잊혀져가는 우리 것을 보호하고 계승하는 문화 사업을 통해 합덕리의 부활을 기대하는 것이다.

(권 병 욱)

일상생활의 변화

– 신앙과 미작의 이중주 –

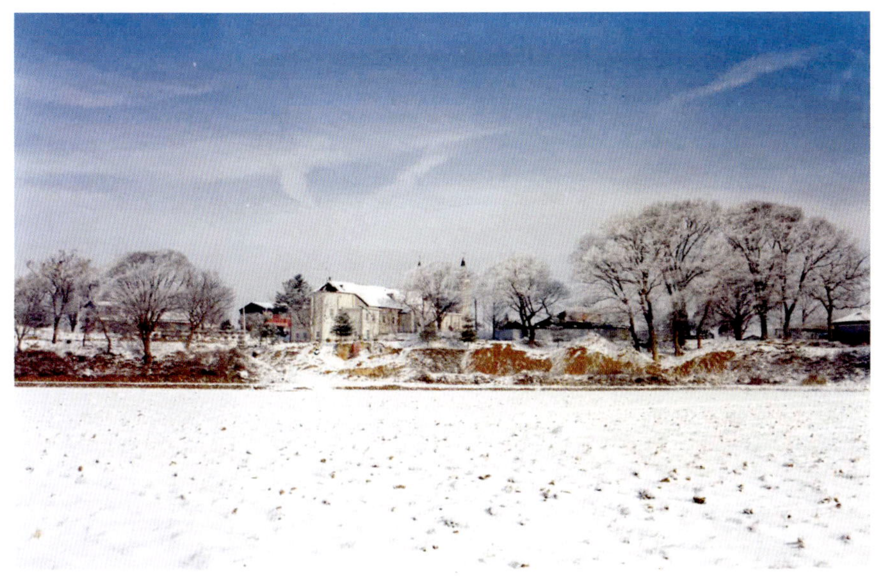

합덕제에서 바라본 합덕성당의 아름다운 겨울 전경

삽교천 유역을 끼고 푸르게 펼쳐진 신흥평야, 구양도들, 고래원들, 검은들 사이에 약간 언덕진 곳, 수백 년 된 느티나무의 짙은 녹음 속에 은은한 성당의 종소리가 마을을 감돌고 있는 곳, 여기가 바로 충남 당진군 합덕마을이다. 합덕리는 예로부터 수백

만 석의 쌀을 생산하는 평야지대 마을이자, 김수환 추기경 및 정진석 추기경의 할아버지와 큰아버지의 마을로, 20세기 초반부터 천주교 교우촌으로 자기 정체성을 갖기 시작했다. 현재 주민 95%가 천주교 신자이자 농부로 독특한 문화를 간직하고 있다.

교통체계의 변화와 시장권

암두포와 구양도를 거쳐 서울로

조선시대 합덕리는 수륙교통의 요지로 한양과 교류가 빈번한 곳이었다. 이 마을은 덕산현 비방곶면과 홍주목의 합남면 월경지였으며, 바로 덕산현의 해창(정부 창고)이 설치되었던 '창말'(창마을)이었다. 월경지란 실질적으로 그 지역에 위치해 있지만 행정상 다른 군현에 소속된 토지를 뜻한다. 현재 합덕리 마을회관 옆에 위치한 「현감 서득순 영세불망비」와 「군수 이장렬 영세불망비」가 합덕리의 역사를 말해주는 중요한 사적이다. 이와 같이 합덕리는 평범한 농촌 마을이 아니라 경창(京倉)으로 수송되는 조세미, 공물, 진상품과 군현의 생활필수품의 집결지이자, 창고를 관리하는 관리들과 관련 사람들이 거주하는 마을이었다. 또한 합덕리에는 암두포라는 포구가 있어 조운선과 지토선이 많이 드나들었다. 주민들은 해상 교통로를 통해 인천, 서울 등 전국과 연결되었고, 중앙의 문물과 상품의 유입은 물론 서울의 부재지주들도 이 통로를 통해 마을로 왕래하였다.

식민지시대 미곡의 상품화 진전과 급증하는 대일수출로 인해 삽교천변에 있던 포구들은 소들강문평야에서 생산된 미곡들을 수송하기 위한 화물 수송 거점 포구로 번성하였다. 그 중 부리포(일명 사발포)는 식민지시대에 소들강문의 곡물을 수송하는 당진군 최대의 포구이자 불과 7시간 정도면 인천까지 당도할 수 있는 곳이었다. 합덕리 50만 평의 소작지에서 거두어들인 소작료도 이곳 부리포를 통해 인천과 서울에 거주하는 부재지주들의 창고 및 명동 천주교 교구나 용산 신학교 등지로 수송되었다. 이 포구는 합덕 주민 외에도 예산, 면천 주민들이 즐겨 애용한 포구로, 미곡 800여 석을 실을 수 있는 큰 배인 영창호를 비롯하여 공동환, 이근호, 해평호가 왕래하

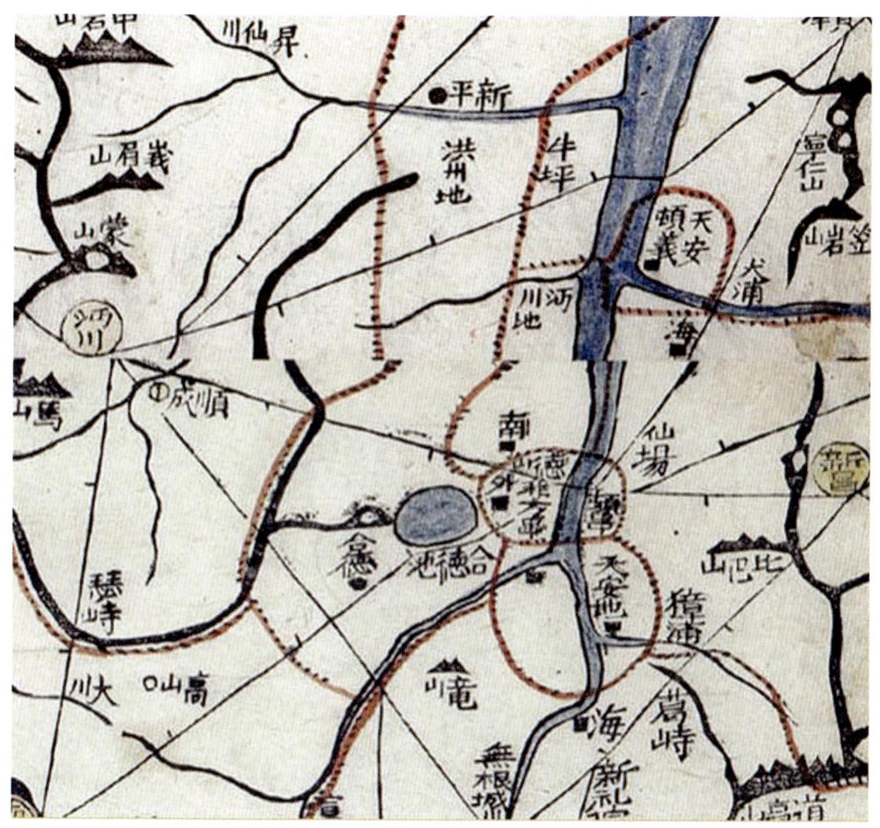

『대동여지도 : 홍주목 월경지』
이 지도는 홍주목의 지도이나 삽교천 인근의 붉은 점선 안에 천안지, 덕산지, 면천지 등으로 표시된 지역이 바로 월경지이다. 중앙의 합덕제 옆 비방곶이라 쓰인 곳이 바로 합덕리이다. 그 옆을 흐는 강이 삽교천이다.

였다. 식민지시대 운임료는 쌀 한 말에 80전, 승객료는 인천까지 1원 20전이었다 한다. 30~40여 명의 승객과 함께 이곳에서 생산된 쌀, 계란, 잡곡이 인천으로 실려 가고, 되돌아 올 때에는 그릇, 광목, 공산품, 제과, 생필품 등이 실려 왔다. 여객선 외에도 수십 척의 서해안 장배들과 보부상들이 새우젓, 옹기, 조기, 소금 등을 판매하기 위해 몰려들어 성시를 이루었고, 헌병주재소가 설치되어 이들을 감시 · 감독하고 있

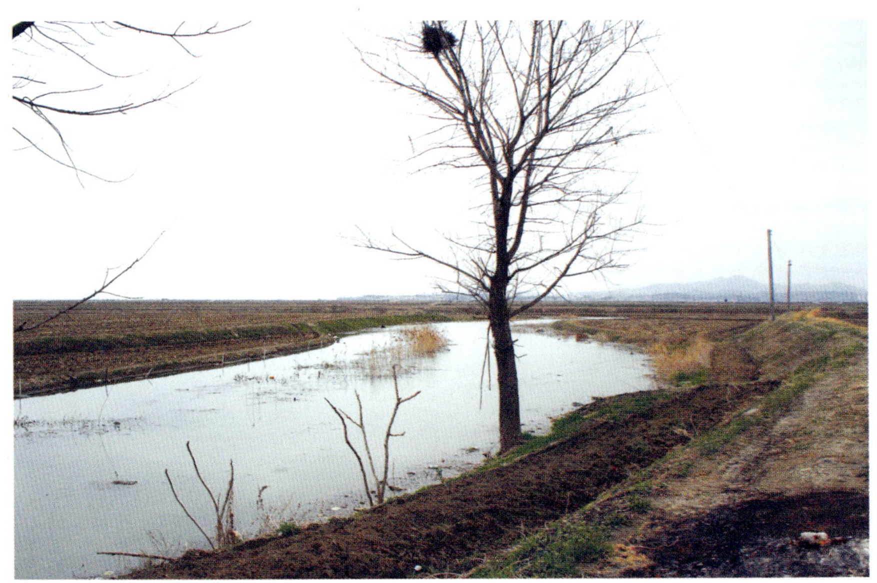

일제강점기 때 번성했던 포구 부리포

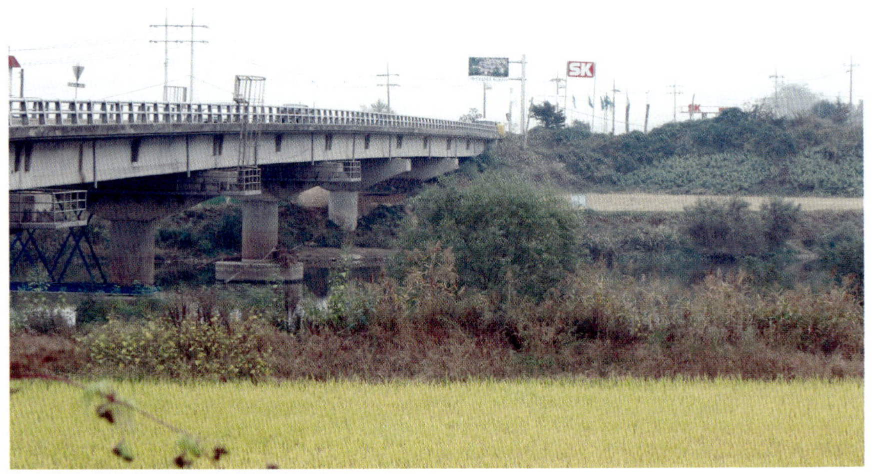

구양교. 여객선이 정박했던 옛 포구 구양도는 다리 아래에 위치해 있었다.

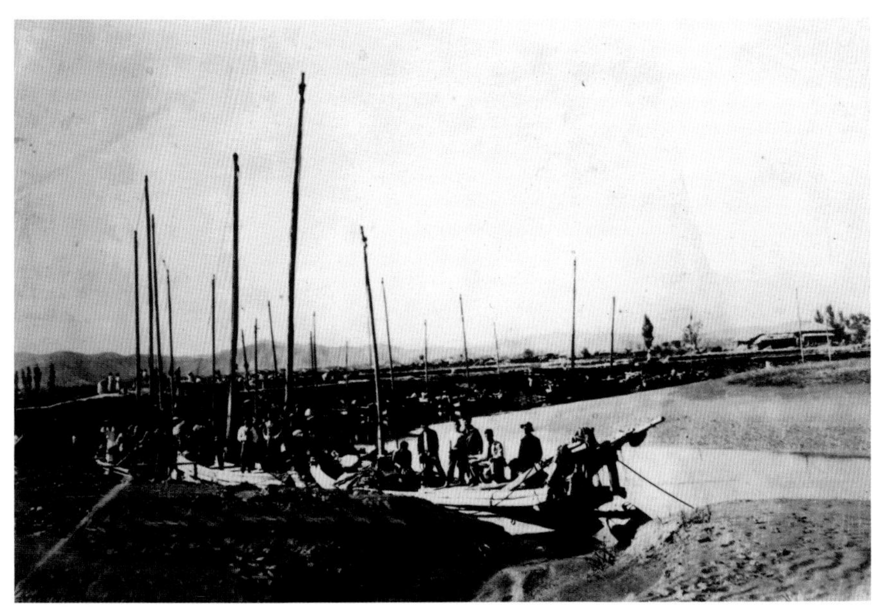

장배들이 정박하고 있는 구만리포의 전경. 구만리포는 합덕리에서 약 4km 정도 떨어진 포구로 삽교천가에 위치했던 여러 포구 중 하나이다.

었다. 이와 같이 식민지 수송로를 통해 합덕 주민들은 식민지 경제관계망에 속에 편입되었다.

장항선이 개통되기 이전 서울에서 합덕을 방문하는 뮈텔 주교나 부재지주들, 그리고 합덕리 주민들은 구양도라는 포구를 이용했는데, 이곳은 현 합덕읍 옥금리 삽교천변 구양도 다리 옆에 있는 여객선 기항지였다. 인천에서 조수의 물때를 이용하여 들어와 하루를 정박하고 그 다음날 출발하는 여객선의 종착지였다. 일제강점 말기까지 이 배는 미곡 등 화물들과 장사치들이 주로 애용했다. 당시 이 '똑딱선'들은 미곡 100여 가마 정도를 싣고 다녔다 한다. 합덕 주민들도 지게로 쌀을 지고 약 5㎞ 정도 걸어 구양도로 나가 미곡 판매상들에게 넘겼는데, 공출을 강요하는 식민 권력 몰래 쌀을 판매하기 위해서였다.

1931년 장항선이 개통되고, 1933년 구양교가 준공되고, 곧이어 장항선의 기착지

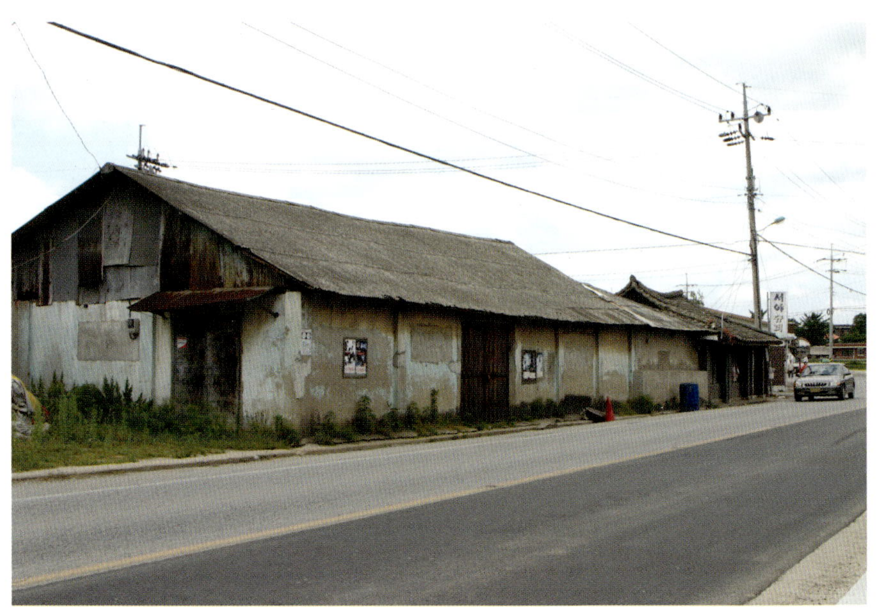

1933년도 개통된 마을 앞 32번 국도.

였던 신례원에서 구양도 다리를 거쳐 합덕, 당진, 서산으로 뚫려 있는 현재의 32번 국도가 완공되자 합덕리와 인근 지역에 일대 교통 혁명이 일어났다. 합덕 주민들은 수상교통 외에도 철도와 도로라는 육상교통을 통해 외부 세계와 연결되었다. 방학을 맞은 신학생들은 신례원까지 기차를 타고 귀향하였고, 주민들은 버스를 타고 인근 합덕면의 소재지인 운산리 시장과 당진군청, 그리고 신례원 등의 상설 점포와 시장들을 쉽게 이용할 수 있게 되었다. 식민지인들과 생산물의 이동통로가 근대적 육로교통체계에 의해 재편되고 있음을 보여주고 있다.

마을 중앙을 관통하는 32번 국도는 자갈도로로 삽교천 주변 주민들의 부역을 통해 건설되었다. 합덕리에도 도로 보수를 위해 700m가 할당되었다. 매해 봄, 가을로 주민들은 각 호당 2~3m씩 할당을 받아 자갈 깔기, 하수구 수리, 제초작업 등 도로 부역을 나가게 되었다. 당시 신문에 의하면 나무를 팔아 생계를 유지했던 이 지역 빈민들은 춘궁기 과중한 도로 부역 때문에, 나무를 팔 수 없으므로, 부역하다가 "노상에 쓰러져 밥 좀, 밥 좀 하고 부르짖는 현상은 목석이라도 눈물을 금치 못 한다"라고 전하고 있다.

이 자갈 국도 위를 덜덜거리며 달리던 버스가 있었는데, 바로 목탄차였다. 이 차는 나무를 태워 그 증기로 움직이는데, 서산군 군청 마당에서 출발하여 합덕리를 거쳐 신례원까지 왕복하였다. 하루 한 번 왕복하는 이 버스는 한 번에 약 30~40명을 태우고 갔는데, 높지도 않은 도암고개(당진군 신평면 거산리)를 넘으려면 힘에 부쳐 승객들이 모두 내려 걸어가야만 하는 그런 버스였다. 그래도 일제강점기 때부터 버스가 통행했던 덕분으로 합덕리 주민들은 육로로 신례원을 거쳐 기차를 타고 서울과 대전, 천안, 장항 등지로 다닐 수 있었다. 1950년대 이후 교통체계가 더욱 좋아지자, 합덕리 주민들은 마을에서 버스를 타면 논스톱으로 서울 용산 버스터미널까지 편안히 갈 수 있었다. 이 버스는 서산—당진—운산리—합덕리—신례원—온양—평택—오산—서정리—수원—안양—영등포—용산으로 이어지는 국도의 정류장에는 다 정차하면서 쉬엄쉬엄 달리는 완행버스였다. 그래서 합덕에서 서울까지의 승차시간은 7시간에서 8시간이나 걸리는 장거리 여행길이었다. 마을 주민들의 주요 이동통로로 애용되었던 32번 국도는 1979년 삽교천 방조제가 완공되어 삽교천—평택—수원—서울로 이어지는 새 교통로가 개통될 때까지 주민들의 희망과 꿈을 실어 날랐다. 최근 들어 서해안 고속도로가 개통되었고 622번, 626번, 615번 지방도들이 건설되면서 교통이 매우 편리해졌다.

합덕리 '반짝 시장'

합덕리는 수상 및 육로교통이 발달된 지역에 위치해 있었던 관계로 일찍이 일제강점기부터 간이 점포들이 32번 국도를 왕래하는 통행인들과 정미소 이용 고객 및 성당 교우들을 상대로 영업을 하고 있었다. 합덕리 최초의 가게는 1920년대 윤정태 씨 조부가 운영하던 잡화점으로 추정된다. 이 잡화점은 현재 서야슈퍼 자리에 있었는데, 이후 정미소와 아이스케키 공장으로 업종을 확장하여 한때 '갑부'라는 소리까지 들었다 한다. 조재흥 씨 할머니도 합덕 삼거리에서 국밥장사를 하였는데 소고기 국밥이

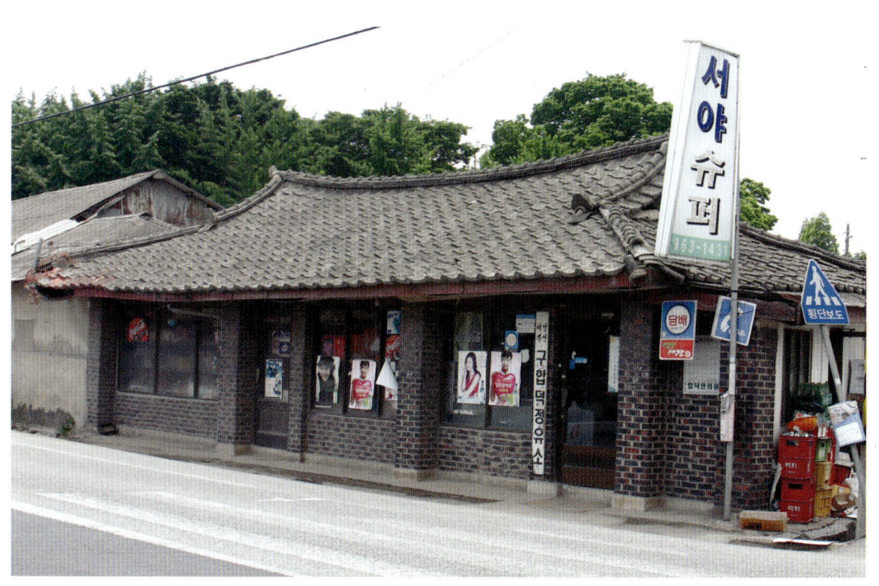

합덕리 최초의 가게가 있었던 서야 슈퍼

일품이어서 길가는 나그네들의 호평을 받았다. 이후, 할머니는 광목, 마포, 견직물, 인조견 등을 파는 옷장사도 하였다 한다. 그밖에도 마을 주민 중에는 서산과 운산리 등지를 다니며 옹기를 파는 사람도 있었다.

이 마을의 초대 이발사는 문석환 씨이다. 그는 이른바 '모조', 즉 솜씨 좋은 사람으로, 일 년 내내 마을 주민들의 머리를 깎아주고 추수 때 벼 몇 되를 받는 것으로 삯을 챙겼다. 해방이 되자 이발소 주인은 편이엽 씨로 바뀌었는데, 최초로 이발의자와 거울을 갖추고 영업을 하였고, 서비스로 면도까지 해주었다고 한다. 해방 이후 마을의 송방(구멍가게)는 안금동 씨 아버지가 운영하였는데, 합덕시장에 있는 양조장에서 막걸리와 소주를 배달시켜 판매하였다 한다. 배달 총각들이 나무통에 넣은 막걸리와 옹기그릇에 들어 있는 소주를 자전거로 신속히 배달하였는데, 이 술은 합덕 남정네들에게 가장 인기 있었던 품목이었다. 1950년대에 접어들자, 길가는 행인과 정미소 손님들을 상대로 하는 술집이 생겼다. 이 술집은 이른바 아가씨가 접대하는 술집

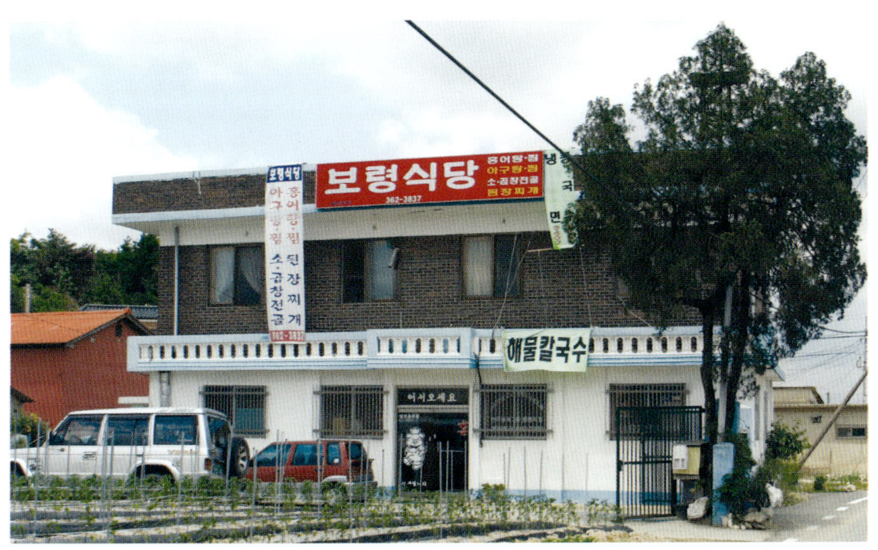

최근 마을 안에 개점한 보령식당. 옛 마을회관이 있었던 곳이다.

이어서 하루 막걸리 40~50통씩 팔았고, 중화요리까지 곁들였지만, 술 외상이 많았고, 성당과 마을 아낙네들의 미움을 받아, 불과 몇 년 안에 폐점되었다. 1960년대에 들어서면서 서서히 의상실, 약국, 정육점, 구판장, 다방, 미용실, 이발소 그리고 막걸리 집들이 마을 안 경관에 새롭게 등장하였다.

이러한 상설 점포 외에도 합덕리는 일 년에 네 번 대첨례 때, 즉, 성모승천일, 부활절, 성령강림일, 그리고 성탄일 등에 민박촌으로 변하였다. 이 지역 본당이었던 합덕성당에서는 일 년에 네 차례 큰 전례 행사를 거행하였는데, 합덕성당이 서산 당진 등지까지 관할하였던 당시, 대첨례 미사에 참석하기 위해 2~3천여 명의 교우들이 각지에서 구름처럼 몰려들었다. 그러나 합덕리에 변변한 식당이나 여관이 없었기 때문에 70호 가량의 합덕 주민들의 집들은 교우들을 위한 무료 민박촌으로 개업하게 되었다.

그 중 상대적으로 넉넉하고 방이 4개나 되었던 허수산나(윤주병 신부 모친) 씨의 집은 합덕리의 유명한 '밥집' 이었다. 이 집에는 한번에 20~30명가량의 식객이 묵었

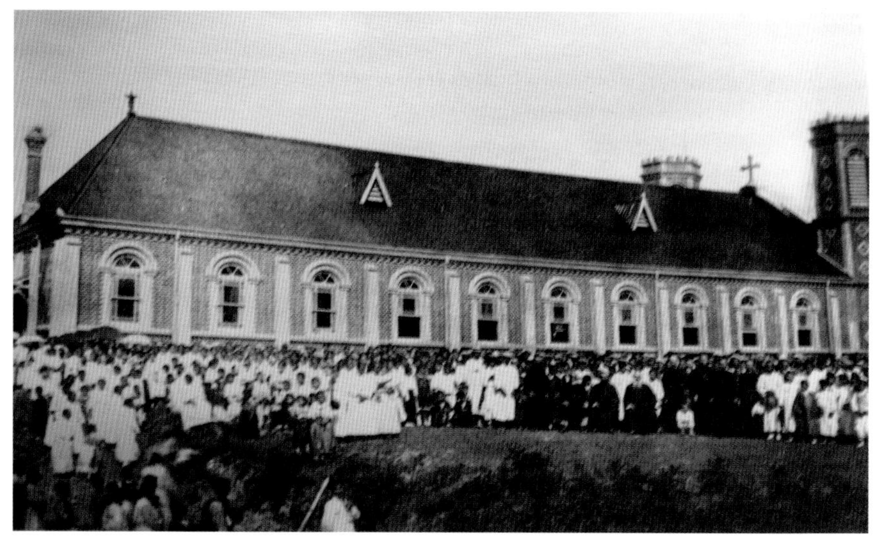

대첨례일에 몰려든 인파. 대첨례일에는 평균 삼천명 가량의 교우들이 운집하였다고 한다.

고, 특히 공소회장들의 피정이 열릴 때면 모두 이집에서 신세를 지곤 했다. 끼니때만 되면 교우들은 총무님 밥집으로 쌀이나 보리쌀을 한 됫박 들고 북적북적 모여들곤 하였다. 보리쌀 한 됫박만 삐쭉 내밀면 환한 미소와 함께 집에서 정성껏 담근 김치, 숙주나물, 콩나물과 된장찌개를 찬으로 올린 따뜻한 식사를 할 수 있었다. 겨울 성탄 때는 밤 미사 후 언 몸을 녹이기 위해 따뜻한 감주와 엿 등을 서비스로 내놓기도 하였는데, 식객들도 집에서 싸가지고 온 인절미와 시루떡을 나눠 먹으며 신앙공동체의 끈끈한 정과 유대관계를 돈독히 하였다. 항상 웃는 낯으로 하루 수십 명의 식사를 제공했던 어머니의 헌신적인 봉사는 결국 두 아들과 딸이 성직자가 되는 것으로 결실을 맺었고, 교우들의 아름다운 추억으로 남게 되었다.

한편, 성모승천일인 8월 15일이 되면 성당 계단 밑에서부터 새신작로(32번 국도) 삼거리까지 합덕장의 상인들과 인근 지역의 보부상들이 몰려들고, 참외, 복숭아, 인절미, 시루떡, 과일, 밀국수, 엿, 장국밥, 막걸리를 파는 이른바 '반짝 시장'이 개설되어 대 축제일을 더욱 흥겹게 만들었다. 그때 신부님을 졸라 얻어먹은 참외와 복숭아

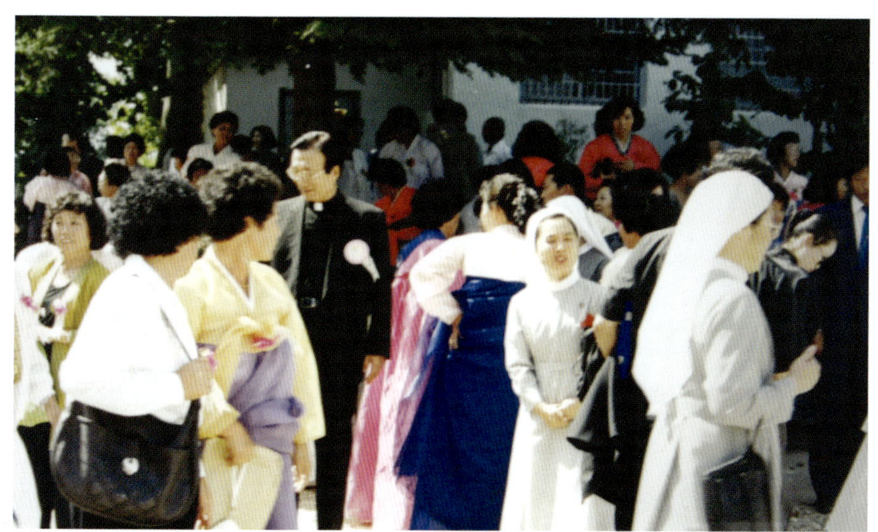

1980년대 성당 바자회

맛은 대축일의 기억과 함께 아이들의 뇌리에 각인되어 있다.

합덕 주민들은 필요한 생필품을 구입하기 위해 5리(2㎞) 정도 떨어져 있는 인근 운산리의 버그내장을 이용하였는데, 운산리는 1917년 면소재지가 된 곳이었다. 원래 합덕리가 면소재지로 유력한 물망에 올랐는데, 시장통이 되어 술집과 노름지대로 변해버릴까 우려한 프랑스 신부님의 반대로 운산리가 최종 낙점되었다고 전해진다. 운산리의 버그내장은 1930년대 이르면서 5일장으로 기본적인 시장 규모를 갖추게 되었는데, 일본인들이 경영하는 학용품 가게와 생필품, 농기구 가게 등 20여개 상설 점포가 개점하였고, 금융조합, 신문사 지국, 병원, 초등학교, 소들공원에 세워진 신사 등이 옹기종기 모여 식민지 면소재지의 경관이 완성되었다. 합덕리 주민들은 조기, 동태, 미역, 신발, 옷감, 농기구, 그릇 등의 일상 물품 구매 및 생산물 판매를 위해 버그내장을 이용하였다. 장나들이를 할 때 남정네들은 인근 마을에 사는 친구들을 만나 술로 회포를 풀고, 농사정보도 교환하였고, 여성들은 '장에서 사먹어야 자식들에게 효도받는다' 라는 풍문을 빌어 빵이나 떡도 사먹는 합법적인 군것질도 할 수 있었다.

근대 문물의 유입과 의복 · 음식의 변화

소들강문평야에 전파된 근대 문물

합덕리는 한말 이후 천주교도들이 이주하여 새롭게 형성된 교우촌으로, 전통적인 양반동족마을 혹은 평민동족마을과는 달리 덜 보수적이고 서구문화에 대한 거부감도 거의 없었다. 따라서 합덕리는 합덕성당의 프랑스 신부들을 통해 서양문물과 문화를 다른 어느 마을보다 빨리 수용할 수 있었다.

먼저 서양인 신부를 통해 자본주의적인 시간개념과 시계가 주민들에게 전파되었다. 19세기 말 퀴를리에 신부는 마을 주민들이 시간관념이 부족하다는 것을 통렬히 비판하면서, 성당의 시계와 종소리를 통해 주민들의 일상을 구획짓기 시작하였다.

동네 꼬마들로부터 '용강 땡강' 이라는 별명을 얻은 이용강 식부가 치는 종소리로 주민들은 각기 기도시간과 미사시간을 알 수 있었다. 새벽 다섯 시 반 성당으로 발걸

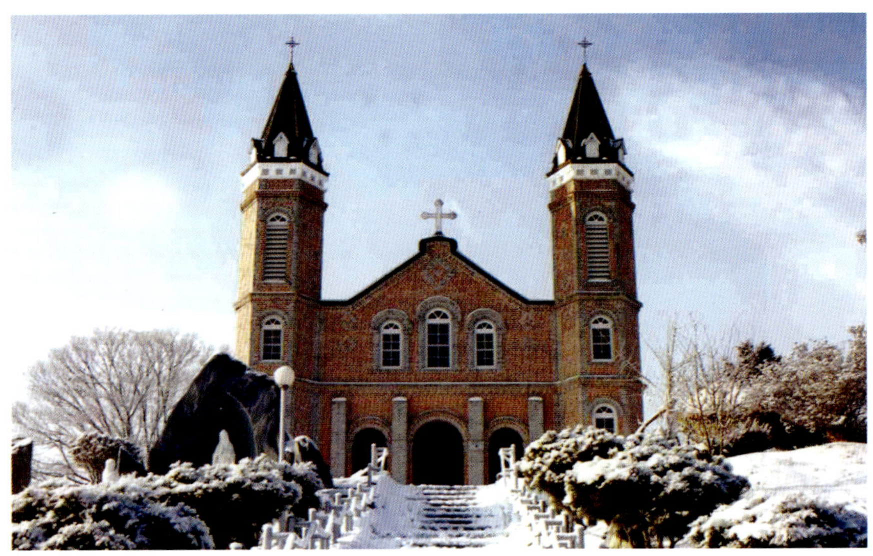

식민지 말기에 완성된 현재의 성당

음을 재촉하라는 종은 '딩댕동'의 삼종을 세 번치는 것이었고, 6시 미사 시작시간을 알리는 종소리는 삼종 세 번과 함께 예수님 나이를 상징하는 33번의 종소리였다. 점심 12시 삼종기도 시간을 알려주는 종은 다시 '딩댕동'의 삼종이었고, 저녁 6시 기도 시간도 삼종이었다. 이처럼 새벽 닭 울음소리, 북두칠성의 움직임을 기준으로 삼는 다른 마을 아낙네들과는 달리 합덕의 부인네들은 성당의 종소리를 들으며 아침밥으로 지으러 부엌으로 향했고, 점심 종소리를 들으며 일터에서 삼종기도를 올렸고, 성당의 저녁 종소리를 들으며 남정네들은 일터에서 손을 놓고 귀가하였다. 참고로 식민지시대에 괘종시계를 가지고 있었던 집은 전재익 복사, 이장용, 윤복수, 김정국 신부 집이었다 한다.

프랑스 신부들은 내포지역 30~50여 개의 공소를 직접 관할하기 위해 19세기 말에는 사린교 혹은 말을 타고 다니다가, 1920년대 후임 페랭(백문필)신부 대에 가서는 자전거를 애용하였다. 프랑스에서 직수입한 이 세발자전거는 앞바퀴와 2개의 작은 뒷바퀴가 있는 근대 서구문명의 총아였다. 동네 꼬마들의 부러움과 호기심을 자극한 이 자전거는, 잠깐 손만 대도 신부님 신발짝으로 등허리를 호되게 얻어맞게 되는 그런 높으신 분이었다. 검은 모자, 검은 신부복을 휘날리며, 번쩍번쩍 빛나는 자전거를 타고 관할 공소인 당진 구룡리와 신평 및 성당 소유의 대규모 농지를 둘러보러 다니는 신부님의 위엄 있는 모습은 서양종교와 과학기술의 발달이라는 등식을 암암리에 유포시킨 홍보물이었다. 그 이후 동네의 부자들이 하나 둘씩 일제 자전거를 구입하였다.

신록이 우거진 언덕 위에 우뚝 솟은 서양식 고딕 건물의 성당은 M자형 종탑과 함께 마을 사람들의 자랑거리였다. 크램프 신부가 1899년도에 완공한 기존의 한옥 성당 건물은 교우가 증가함에 따라 매우 협소하게 되었다. 이에 페랭 신부는 중국인 기술자들을 특별 초빙하여 종탑이 두개 달린 건평 200평의 붉은 벽돌집을 1929년도에 완공시켰는데 당시 쌀 1,800가마에 해당하는 18,000원의 공사비가 들었다 한다. 이 비용은 교구의 보조 없이 본당 신자들과 페랭 신부가 물과 빵만 먹으면서 저축한 돈, 개인 후원금, 그리고 익명의 기부자들에 의해 충당되었다 한다.

본당 건물의 축성식은 1929년 9월에 대대적으로 거행되었다. 서울 교구에서 뮈텔

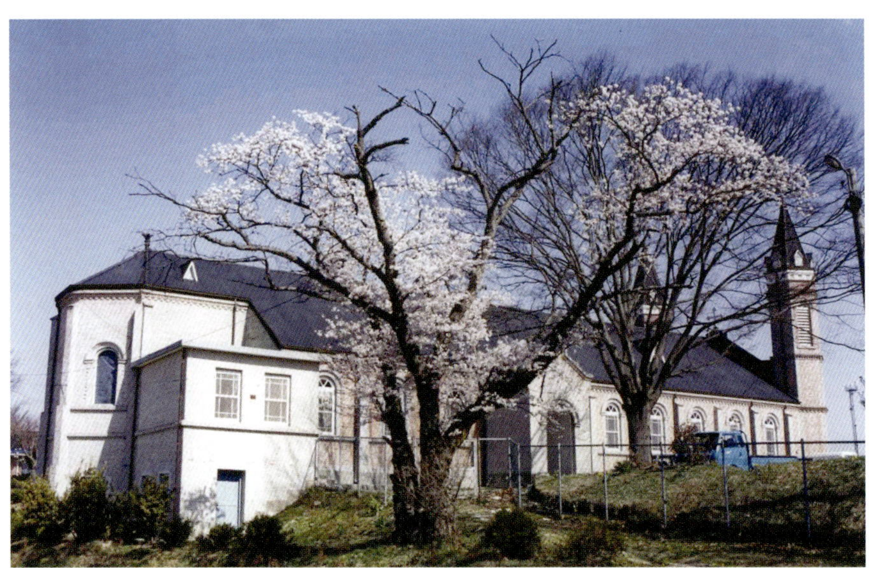

성당의 봄

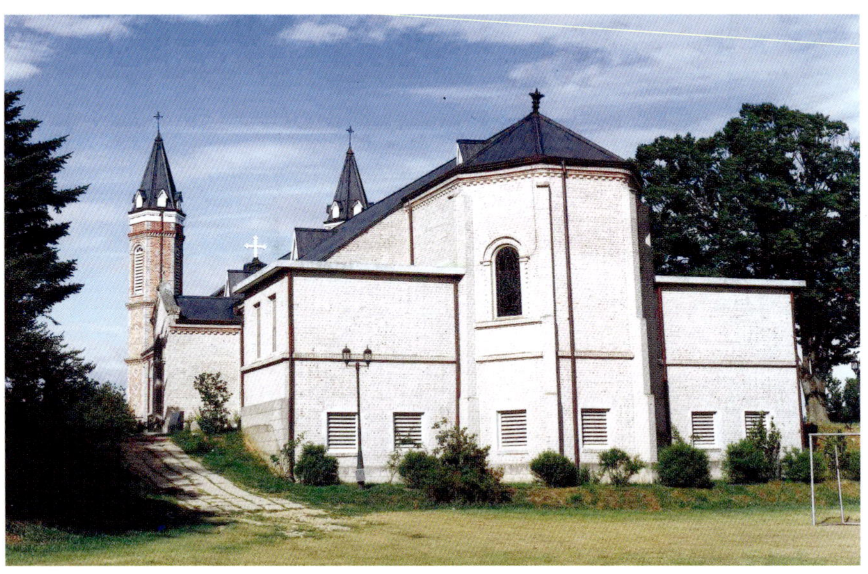

성당의 여름

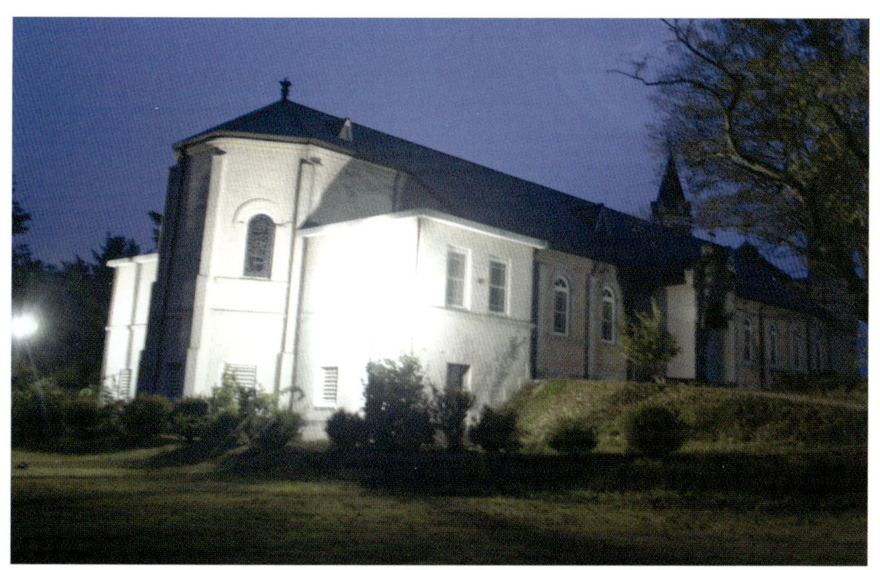

성당의 가을 밤

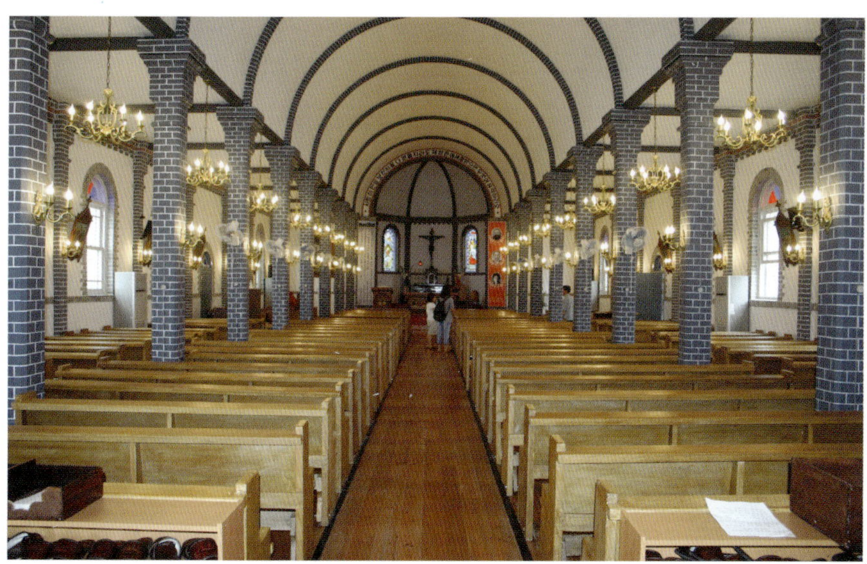

성당 내부의 모습

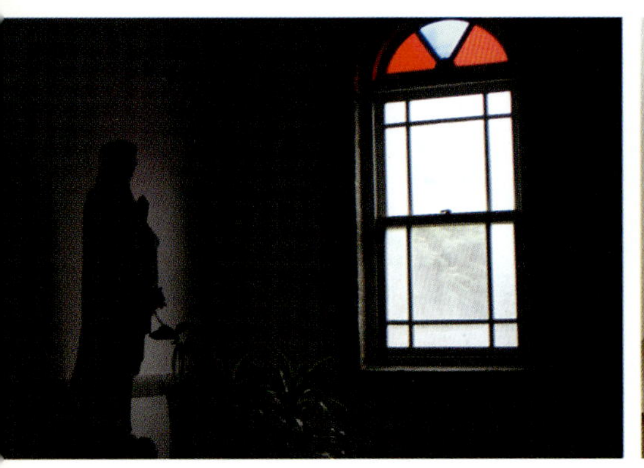

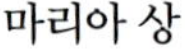

마리아 상

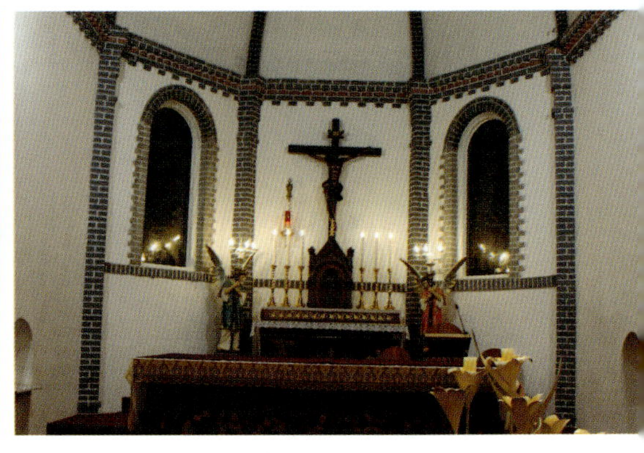

중앙의 제대는 식민지 시기에 일본에서 제작하여 들여온 것이며, 촛대 등 성물은 프랑스로부터 온 것이다.

주교가 주민들이 처음 보는 자가용을 타고 내려오고, 당진군의 관공서 직원들과 지방 유지들도 다수 참석하였다. 또한 합덕, 예산, 당진 등의 수천 명의 교우가 모두 참석하였고, 그밖에 구경꾼들까지 몰려들어 합덕리는 8~9일 동안 사람바다를 이루었고, 합덕 70여 호의 교우집은 모두 민박집이 되었다 한다.

이 성당 건물은 벽돌과 목재를 주로 사용한 연와조 구조로 한국에서 보기 드문 건축양식이며 현재 충청남도기념물 제 145호로 지정되어 있다. 성당 안의 프랑스 풍의 스테인드 그라스로 장식된 창문은 유럽 문화의 아름다움을 엿보게 하였고, 성당 앞에 서 있는 우아한 마리아 상도 부처님 상만 보아 왔던 우리네에게 색다른 미의 세계로 인도하였다. 제대 위에 놓인 화려한 금장식의 촛대, 꽃병, 향로, 제구, 성합 등은 아름다운 프랑스 문화의 진가를 보여주었다. 아울러 라틴어로 바치는 미사의 '성모송' 과 '주의 기도' 같은 기도문은 새로운 서구의 음율과 언어의 세계로 인도하여 무의식적으로 아름다움과 경건함에 빠져들게 하였지만, 역으로 문화를 통해 들어오는 서구의 오리엔탈리즘에 무방비로 노출되어 서양인에 대한 열등의식과 주변 외교도들에 대한 상대적 우월감으로 표출되기도 하였다.

합덕리에는 권세가 있는 양대인(洋大人), 즉 신부가 영향력을 행사한 덕분으로 해방 이전에 전기가 들어왔다. 합덕면 소재지인 운산리에 전기가 들어오면서 성당에 전등불이 환하게 밤하늘을 수놓은 것은 1938년이다. 이는 1972년경 전기가 들어온 인근 지역보다 약 30년 먼저 문명의 이기를 누리게 된 것이다. 전기불은 성당과 주민들 가정을 환하게 밝히게 되었고, 그후 라디오, 텔레비전을 비롯한 각종 가전제품도의 구입도 다른 마을에 비해 빨리 일반화되었다. 라디오는 1950년 이후 일반화되기 시작하였고, 텔레비전은 1970년대 이후 본격적으로 구입하게 되었는데, 초기에는 한 반에 한 집 정도 안방극장을 설치하여 각 반원들에게 공짜로 시청하게끔 하였다.

성당과 미작지대의 먹거리는?

식민지시대 합덕 주민들의 식탁은 미작 평야지대라는 자연적 환경에 영향을 받았다. 마을 사람들은 합덕방죽에서 나는 갖가지 민물고기나 논두렁에서 나는 독새풀, 쑥, 냉이 등을 뜯어 먹었다. 합덕은 평야지대였고, 산까지는 먼 길을 가야 했으므로 산나물을 그리 많이 먹지 못했으나, 쌀이 많이 생산되는 관계로 쌀과 보리를 반반 섞은 밥을 먹을 수 있었다 한다.

극심한 가뭄에도 마르지 않는다는 합덕방죽에는 각종 민물고기가 '득실' 거렸는데, 동네 주민들은 투망을 들고 잉어, 붕어, 메기, 참게, 말똥구리(게 종류), 민첩(조개 종류) 등을 잡아 찌개와 게장 등을 담가 먹었다. 또한 봄이면 방죽을 화려하게 수놓는 연꽃은 마을 사람들에게 보는 즐거움과 동시에 연근조림, 연근튀김, 연밥을 먹는 즐거움을 제공하였다. 또한 방죽에는 물고기가 많아 오리, 철새들이 몰려와 방죽 가운데 있었던 인공 섬에 알을 낳았다. 자연산 오리알은 요통에 효험이 있다하여 특히 인기가 많았다 한다. 그밖에 주민들은 텃밭에서 가꾼 채소를 먹거나, 2㎞ 정도 떨어진 인근 운산리의 버그내장에서 갈치나 동태, 미역 등 필요한 식재료를 구입하였다.

합덕은 미작지대로 여름에서 가을까지 논 옆 수로에서 미꾸리가 서식했기 때문에 미꾸리튀김과 추어탕 요리가 발달하였다. 뱀장어도 바닷물이 역류해 들어오는 구양도 하천에서 많이 서식하였는데, 일 년에 수차례 합덕 청년들은 망태기를 들고 뱀장어, 메기, 황발 게 등을 잡으러 가기도 하였다. 숯불에 구워 먹는 뱀장어 구이와 뱀장어 탕은 맛과 보신에도 그만이어서 동네 어르신들의 환영을 받았다.

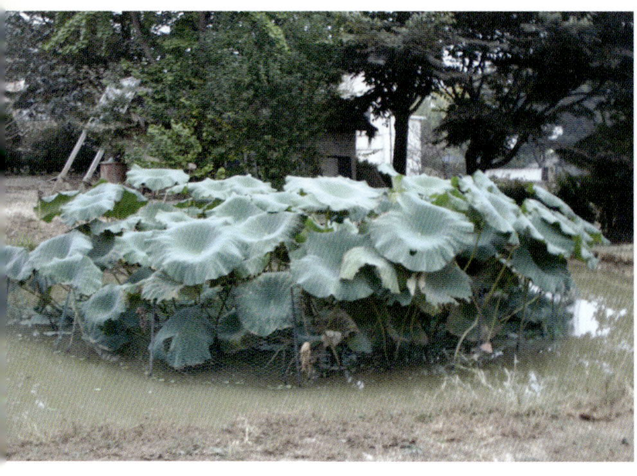
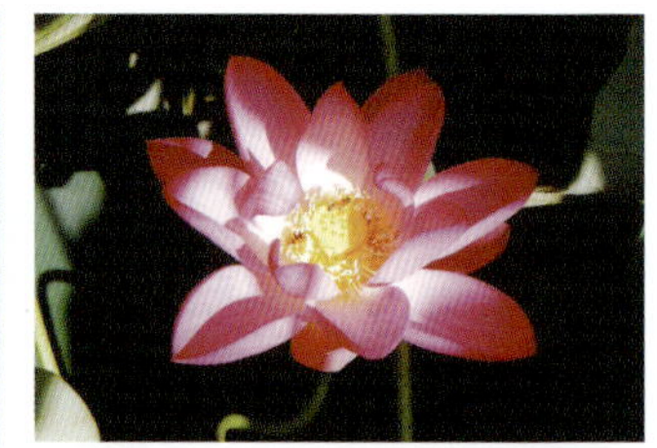
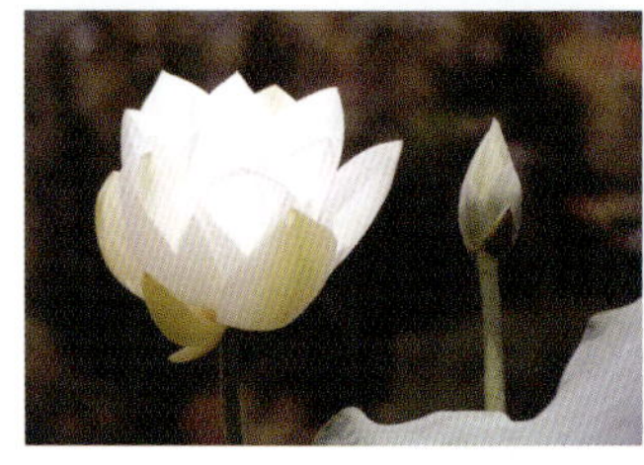

성당에서 키우는 연꽃
합덕 주민들은 합덕제를 복원하고, 연꽃단지를 조성하기를 원하고 있다.

아울러 이 마을은 쌀 생산량이 많아 술을 직접 빚는 집이 많았는데, 주로 탁주나 가용주를 담았다 한다. 식민지 시기에는 밀주와 연초의 밀경 단속반이 가끔 마을에 나타나곤 했었는데, 어찌나 단속을 심하게 하였는지 인근 신석리에서는 부락민 17명이 매복하였다가, 귀가하는 단속반 네 명에게 몽둥이질을 하는 일까지 벌어졌다. 밀주는 내부 약탈자의 표적이 되기도 하였다. 각 집에서는 밀주 단속을 피해 밖에 단지를 묻거나 풀 속에 숨겨 놓았는데, 술이 익을 때 쯤 되면 미리 정보를 입수한 동네 건달들의 보물찾기 대상이 되었다.

한편 프랑스 신부님의 식탁은 어떻게 차려졌을까? 한국인 식부가 사제관 오븐에서 갓 구워내는 면토(프랑스빵의 일종인 바게트)에 잼을 바르고, 볶은 하지 감자와 계란 프라이, 초고추장에 버무린 민들레 잎사귀, 천장에 대롱대롱 매달려 있는 훈제 새끼 돼지를 조금씩 떼어 먹는 정도였다. 그러나 신부님이 성사를 주러 공소에 방문할 때의 공소회장 집에서는 소고기국, 묵, 김, 전, 두부, 돼지고기 볶음, 녹두나물, 콩나물 등 그야말로 진수성찬의 '임금님 밥상'을 받을 수 있었다. 그러나 대체로 평상시 신부님 식탁은 면토와 물만 먹는 매우 소박한 메뉴뿐이었다고 한다.

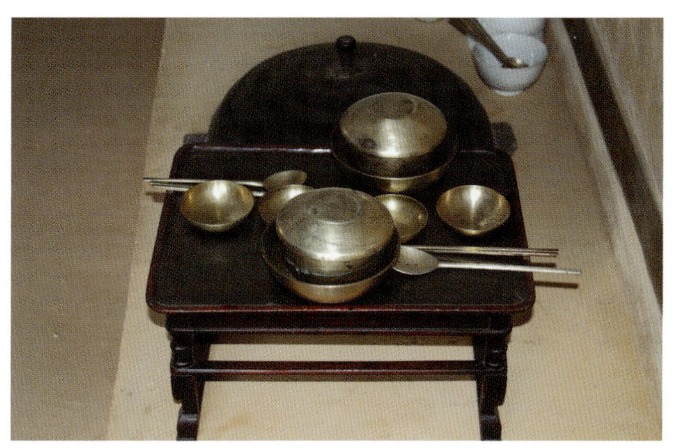

옛 반상기

꼬마들의 침을 꼴깍 꼴깍 삼키게 한 이 면토는 꼬마들이 맛본 첫 번째 프랑스 음식으로, 주민들을 서양의 음식세계로 인도하였다. 성당 식부가 성당 오븐에서 갓 구워낸 따끈한 면토는 찰고(교리문답)를 무사히 끝내는 어린아이에게 상품으로 주거나, 장난을 치다가 신부님에게 된통 혼난 아이에게 주는 위로품이었다. 씹으면 씹을수록 달콤하고 고소한 맛이 나는 이 면토를 얻어먹기 위해 꼬마들은 혼신의 힘을 다해 교리문답을 외우곤 하였다. 또한 페랭 신부님은 유난히 맥주를 좋아하여 프랑스에서 수입한 '삐루' 를 가끔 마셨는데, 성당 지하 창고에서 맥주를 좋아하는 뱀이 맥주병을 똘똘 감고 있었다는 일화가 전해진다.

신앙 공동체 마을인 합덕에서는 성탄절 음식으로 팥죽과 감주를 만들어 먹었고, 성모승천일에는 멸칫국물에 국수를 말아 먹는 장터국수와 떡을 먹었다 한다. 이때 합덕리에 형성된 '반짝시장' 에서 동네 꼬마들과 복사들은 아이들을 유난히 좋아했던 박노열 신부님을 졸라 참외와 복숭아 등을 얻어먹기도 하였다. 혼례 때는 밀국수를 먹었는데, 지금처럼 가늘고, 희고 고운 국수가 아니라 껍질이 들어가 누르스름한 색깔을 띠면서 약간 거친 느낌이 나는 중간 굵기의 국수였다. 그밖에 혼례 음식으로 인절미, 절편, 시루떡, 두부, 돼지 수육 등이 있었고, 장례 때에는 오늘날과 같이 육개장을 끓였다.

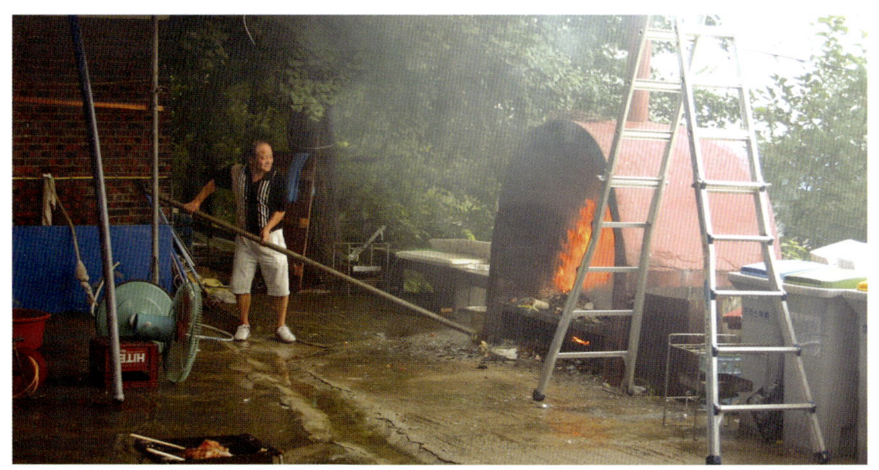

장례 음식인 돼지 바비큐를 준비하고 있는 광경
장례식은 성당에서 거행되며 교우들의 도움을 받아 준비한다.

합덕 주민들은 해방 이후 성당을 통해 구호물자를 받았는데, 그 덕분에 주민들은 밀가루, 과자, 분유, 흑설탕, 사탕 등을 먹을 수 있었다. 이때 밀가루 음식이 개발되었는데, 수제비와 국수 외에도 새참을 위한 밀전병과 김치와 부추를 넣은 빈대떡, 그리고 아이들 간식을 위한 이스트 찐빵이 새롭게 선보였다. 어린이들은 맛있는 우유를 날로 퍼먹거나 물에 타먹다가 새로운 요리법을 개발해내었다. 이른바 '합덕리표 우유과자' 인데, 함석 밥그릇에 분유를 넣어 밥솥에 쪄서 굳히면 우유과자가 완성되었다. 이를 적당한 크기로 잘라, 이웃 동네 꼬마 녀석들에게 자랑하며 간식으로 먹었다 한다. 그래서 그런지 분유를 먹고 자란 이 마을 남자들의 키가 다른 마을 주민보다 크다는 사실을 마을 방문을 통해 확인할 수 있었다. 한편 구호물자를 통해 들어 온 형형색색의 알사탕은 신부님이 따로 보관했다가 주일학교의 개근상으로, 혹은 고생한 복사들에게 미사 후, 한 알씩 입에 넣어주기도 하였다. 입속을 굴러다니며 스르르 녹는 달콤한 알사탕 때문에 라틴어로 문답을 해야 하는 어려운 복사직을 어린이들은 군말없이 해내었다.

합덕리 패션 모델들

합덕리 주민들은 논농사를 주로 했기 때문에 목화를 재배하지 않았다 한다. 하여 대부분의 주민들은 필요한 광목필을 시장에서 구입하여 어머니들이 밤새 재단하여 꿰매 입었다. 식민지 시기에는 다른 농촌 마을과 동일하게 남녀노소 대부분 한복을 입었고, 여자들은 검은 치마를 뜯어 몸빼(노동복)을 만들어 입기도 하였다. 합덕리 진흥회도 식민당국의 시책에 따라 색의(검은 색) 입기 운동을 전개했었는데, 하얀 한복을 곱게 차려 입고 합덕시장에 갈 경우 시장 앞에서 기다리고 있는 식민지 관리들에 의해 먹물 세례를 받았다 한다. 결국 해방 전에는 이 지역 주민들의 98%가 색의를 입었다.

식민지 시대에 찍은 남녀 아동 수양회 개최 기념사진을 보면 합덕 소녀들은 한복 차림, 즉, 검정치마에 양말 혹은 버선을 신고, 하얀 혹은 색깔 있는 저고리를 입고 있음을 알 수 있다. 한편, 남학생들은 한복 혹은 아동복이나 학생복을 입었다. 즉, 근대 복장은 남성들에게 먼저 전파되었던 것이다.

해방이 되면서 미국에서 구호물자가 쏟아져 들어오자, 성당에서 구역별로 구호물자를 나누어 주었다. 본당인 합덕에는 한 번에 몇 트럭 분량의 구호물자가 들어와, 신부님의 감독 하, 인근 마을에까지 나누어 주었다고 한다. 구호물자 때문인지는 확실치 않지만 이 시기 합덕리로의 인구 유입이 두드러지며, 특히 월남한 주민들이 눈에 띈다. 구호물자 품목을 잠깐 살펴보면 털옷, 모자, 가죽, 목도리, 티셔츠, 가죽잠바, 청바지, 원피스, 신발 등 요즘 우리가 입는 옷과 거의 동일하다. 그래서 해방 이후 합덕리 아이들은 모두 멋지게 빼입고 학교를 다녀 인근 마을 어린이들의 부러움도 샀다. 한편 마을 총각들은 청바지에 가죽잠바를 입고 으스대기도 하였고, 중절모자와 구두를 신고 선을 보러 가기도 했다. 여자들은 블라우스와 치마에 뾰족구두의 굽을 없애고 신고 다니는 멋쟁이들로 변신하였다. 서양의 의복세례를 받은 이 마을의 결혼식은 신부님 앞에서 양복을 입은 신랑과 고운 한복에 네모진 미사포를 쓴 신부가 엄숙히 혼인서약을 하는 신식 결혼을 하고 성당을 배경으로 결혼식 사진을 찍는 것으로 끝을 맺었다.

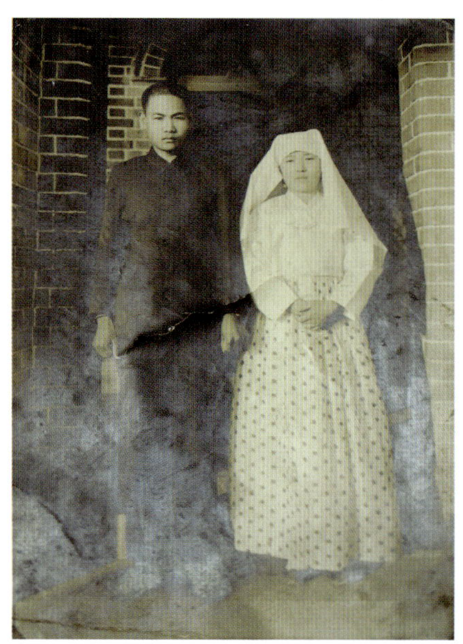

식민지시대 결혼식 사진. 국민복을 입은 신랑과 네모진 미사포 쓴 신부가 흥미롭다.

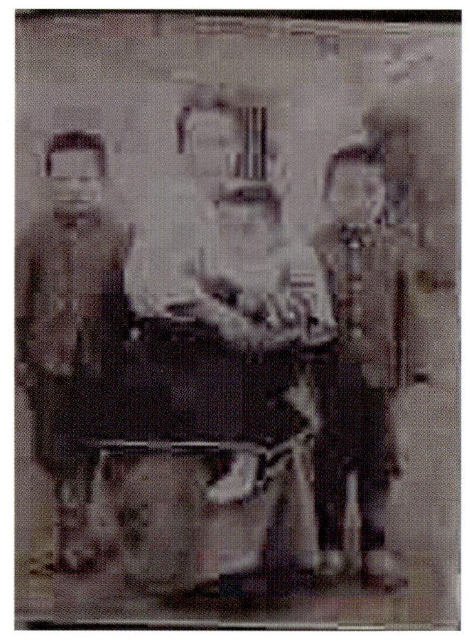

1940년대 어린이 사진을 통해 이 시기 복장을 엿볼수 있다.

성당과 여가생활

'1차 대전 출신 위생병' 과 '지옥돌'

합덕리는 교우촌이었던 관계로 미신적 주술이나 다른 마을에서 흔히 보이는 민간요법이 발달하지 않았다. 대신 서구의 의학이 도입되어 주민들을 치료하였는데, 마을의 의사는 페랭 신부였다. 그는 1차 대전에 프랑스의 위생병으로 근무했던 경험으로 기본 의약품을 준비해 놓고 병자들을 치료해주었다. 페랭 신부의 전문 분야는 눈병과 피부병, 특히 이 시대 아주 흔한 질병이었던 종기였다. 직접 안약과 종기나 피부병에 바르는 고약 등을 제조하여 성냥갑에다 넣어주기도 하였고, 농사를 짓다 찰과상을 입

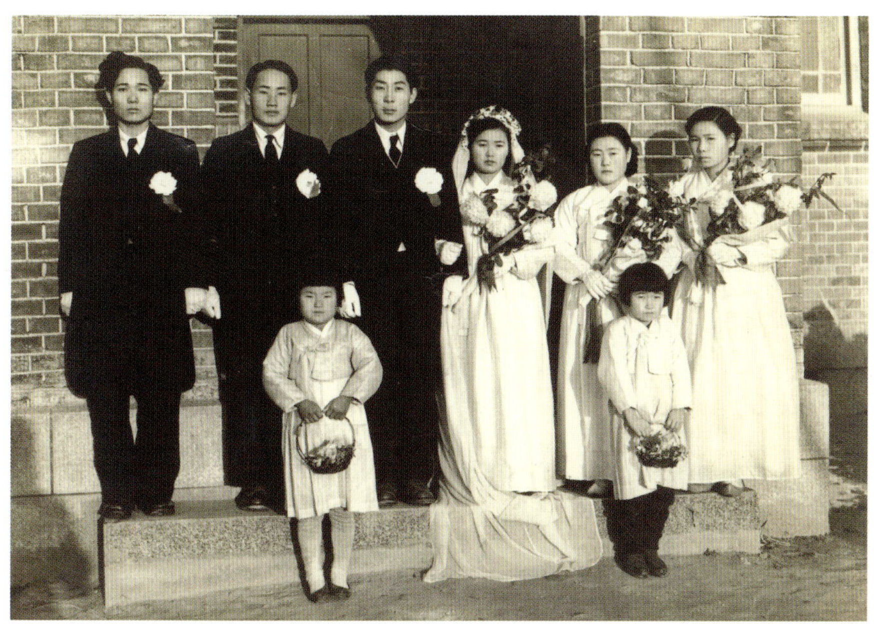

1950년 결혼식 사진.

은 사람도 치료해주었다. 자상하신 신부님은 자신이 치료하지 못하면 읍내 병원을 소개해주고 차비와 병원비를 남몰래 호주머니에 꾹 찔러 주기도 하였다.

치료 시간은 대개 오전 11시에서 12시 사이로 정하고 환자를 받았는데, 식사 중에도 환자가 오면 수저를 놓고 곪은 부위의 피고름을 째고, 소독하고 약을 발라주었다. 소독 알코올이 없을 때는 돌을 불에 달구어 소독하였는데, 환자가 아픔에 소리쳐도 매정한 신부님은 아랑곳하지 않고 야단치며 치료하였다. 그래서 그 소독 돌은 '지옥돌'이라는 별명을 얻기도 하였다.

비오는 날은 신부님의 약 제조하는 날이었다. 처마 밑에서 비가 그칠 무렵 빗물을 그릇에 받아 거즈(면포)로 여러 차례 거른 이른바 '정화수'로 안약을 만들었다. 고약은 공세리의 프랑스인 드비즈 신부로부터 그 비법을 전수받은 것이었는데, 바로, 그 유명한 이명래 고약과 동일한 치료약이었다. 드비즈 신부는 한국에 오기 전 중국에서

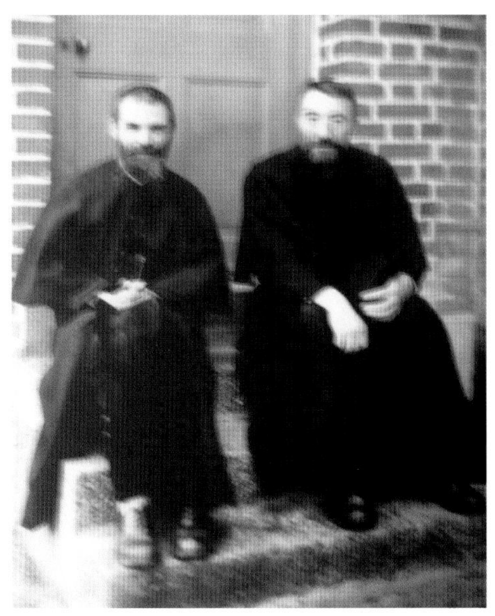
합덕리 무면허 의사 페랭 신부(왼쪽)

선교활동을 하면서 한의학을 배웠고 그 비법을 페랭 신부와 이명래에게 전수해 주었다. 이명래는 이를 상품화시켜 "잘 낫지 않은 종기에 이명래 고약! 이명래 고약!"으로 한 시대를 풍미하면서 부자의 반열에 오를 수 있었다. 페랭 신부의 까만 고약도 환부에 붙이면 살은 다치지 않고 고름만 쏙 빠지고 상처가 감쪽같이 낫는 신기의 약이었다. 그밖에도 신부님은 시대를 앞서가는 의사였는데, 주민들의 회고에 의하면 전기치료 같은 것도 했는데 일종의 물리치료였다 한다. 환자들은 고마움을 표시하기 위해 닭과 계란 등을 드렸는데, 선물 꾸러미를 받아든 신부님은 하루 생활비가 1전 5리 밖에 들지 않는다고 자랑하였다 한다. 신부님이 돌아가시자 그 빈자리를 마을에 개업한 약국과 윗삼거리의 한약방이 대신하였다. 그래도 지금까지 마을 주민들의 마음속에 살아 있는 마을의 의사는 페랭 신부 한 분뿐이다.

아 ! 잊지못할 신부님

30만 평의 대지주라는 경제적인 위치, 성당을 중심으로 조직된 사회적 네트워크, 성당을 중심으로 전파되는 서양의 의료 사업과 프랑스 문화, 그리고 종교를 통해 영적인 세계까지 관장하고 있는 신부는 마을의 실질적인 지배자였다. 이 시대 주민들의 의식속에 나타나는 신부님은 예수님의 대리자로서 '영신의 부모' 였다. 그리하여 아무리 어린 신부님이라도 존댓말을 사용하고 넙죽 절하며 공손히 예를 갖추는 것이 관례였다. 즉, 이 시대 신자들은 신부님이 거주하고 있는 합덕리는 하느님이 직접 지켜

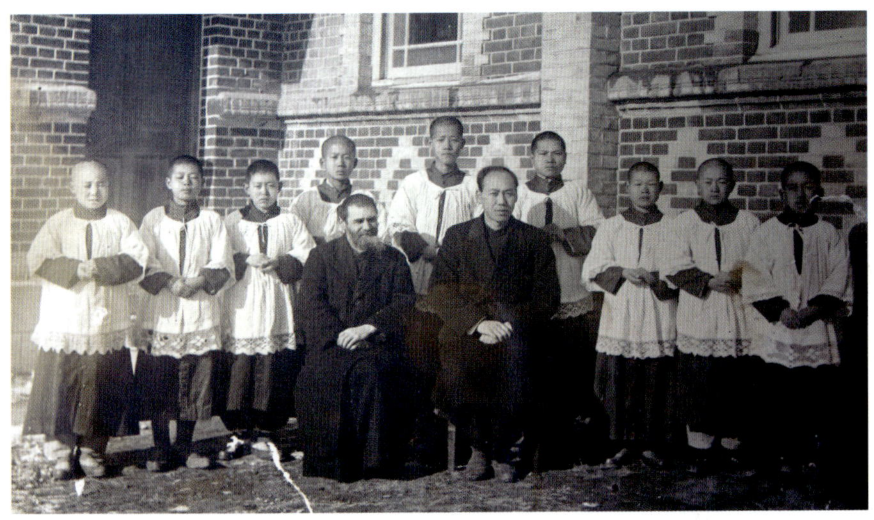

합덕 복사단과 페랭 신부님

주고 계시고, 신부님이 공소를 방문할 때에는, 그 공소 하늘 위를 성인 · 성녀 · 천사가 옹위하고 강복하신다고 굳게 믿었다. 이렇듯 신부님의 영험한 능력을 한번도 의심한 적이 없었다.

합덕리 주민들이 기억하는 이런 신부님 중에 최고의 신부님은 바로 페랭 신부이다. 프랑스인 페랭 신부는 1921년부터 1950년까지 약 30년간 마을 주민과 희로애락을 같이 하고 한국전쟁기 인민군에 의해 순교한 분이다. 주민들의 기억속에 남아 있는 페랭 신부는 강직하고 비리와 타협을 하지 않는 성격에 철두철미한 신앙심을 바탕으로 철저한 사제 생활을 하면서, 박애정신이 뛰어난 사람으로 묘사된다. 흉년 때 교우 및 기아선상에 놓인 가난한 자들의 구민활동을 전개하였고, 자신이 갖고 있는 것을 모두 나누어 주는 그런 사람이었다. 1935년 페랭 신부, 신부 승품(陞品) 25주년(신부 은경축)을 기념하여 교우들이 돈을 모아 양복과 와이셔츠 두 벌을 만들어 선물하였는데, 며칠 후 주민들은 거지가 그 양복을 입고 다니는 것을 목도할 수 있었다. 잠잘 곳이 없었던 북한 이주민 가족들에게도 "병든 이 쥐새끼들, 이북에서 금방 와가지고, 금방 거기서 죽으려고 하냐"라며 빈 집을 알선해 살게 해준 사람이었다.

페랭 신부의 철두철미한 신앙과 신심은 프랑스 신학교에서 받은 엄격주의 교육의 영향이 큰 것이었겠지만 중세적 신앙이라 할 만큼 금욕적이고 융통성이 전혀 없는 것도 특징이었다. 그는 우선 자신에게 매우 엄격했다. 신자들이 종부성사를 청하면 한밤중이라도, 눈보라가 쳐도, 비가 억수같이 쏟아져도, 해소병에도 아랑곳하지 않고 수단을 질끈 동여매고 먼 공소까지 갔다고 한다. 그의 해소병이라는 지병은 환절기에는 더욱 심해져서 기침과 호흡장애로 사경을 헤매었다 한다. 그럴 때마다 페랭 신부는 주님 곁에서 죽겠다며 밤중에 제대 앞에 와서 기도를 하면서 죽음을 기다렸다고 전해진다. 한국전쟁이 발발하자 미사 강론 시간에 순교에 대해 많은 이야기를 하면서, "신자 한 명만 있어도 성당을 지키겠다"라는 각오를 다졌고, 결국 순교로 일생을

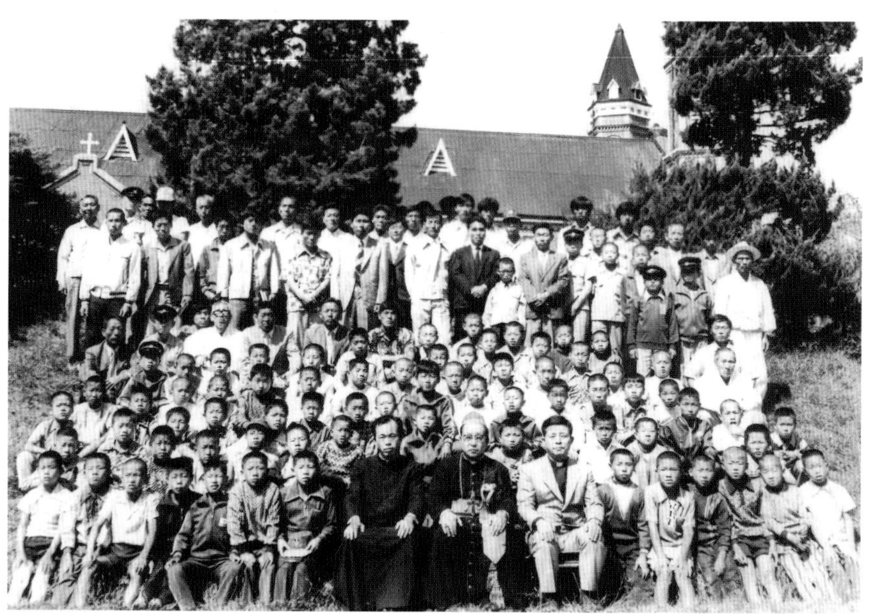

합덕성당을 찾은 주교님과 합덕 교우들

마감하였다.

이러한 종교적인 엄격함은 신자들에게도 요구되었는데, 페랭 신부의 급하고 열정적인 성격 때문에 더욱 두드러져 보였다. 나이 지긋한 주민들 중 어려서 페랭 신부한테 혼나지 않은 사람은 한 명도 없는 듯싶다. 성당에서 교리문답을 외우지 못하는 아이들은 '대륙표 고무신'으로 등짝을 맞기 일쑤였고, 특히 힘을 자랑하는 동네 총각들이 싸우거나 술주정을 할 때면 신부님으로부터 엄한 꾸중과 함께 양동이 물세례를 받았다. 페랭 신부의 급하고 엄격한 성격은 일면 냉정한 것처럼 보였지만 실상은 자애로움과 정으로 점철되어 있어 교우들에게 따뜻하게 전달되었다. 아이들을 꾸짖은 후 인자하게 먹을 것을 주어 달래거나 서재에 구비해 놓은 게임으로 함께 놀아주면서 포근히 감싸주는 것을 잊지 않았다.

페랭 신부가 제일 싫어했던 것은 투전(노름)이었다. 투전으로 발각된 젊은이들은 신부로부터 호된 꾸중을 들었고, 고백성사를 받을 수 없었다. 그러나 이 시기 투전이 마을에 열병처럼 번져 남정네들이 밀대 방석 위에나 등잔 밑에서나 시간과 장소를 가리지 않고 몰두하였다. 이때 신부의 엄명을 받은 각 반 회장들은 대여섯 명으로 구성된 '노름 퇴치 조직'을 만들었다. 이들은 주기적으로 순찰을 돌면서 노름 장소를 불시 습격하여 오물을 끼얹었는데, 그 중 가장 눈부신 활약을 펼쳤던 김한중 총회장은 '백차'(헌병)라는 별명을 가지게 되었다. 그 와중에도 '백차'의 눈을 피해 동네 더벅머리 총각들은 물 빠진 웅덩이에 몰래 숨어서 투전을 했다는 일화가 전설처럼 내려온다.

페랭 신부가 다음으로 싫어했던 것은 아마도 사회주의였던 것으로 보인다. 1924년 사회주의 세력이 합덕면에까지 세력을 확장하고 성당이 운영하고 있던 매괴학교까지 침투하였다. 이들의 사회주의 교사의 영향으로 학생들이 교감 최모씨의 퇴출을 요구하는 동맹휴학을 단행하자 페랭 신부는 해당 교사와 학생들의 퇴교는 물론 학교 폐쇄라는 극단적인 조치를 단행하였다. 물론 하느님을 부인하고, 반종교 기치를 내걸고 있는 사회주의 세력과 우호적인 관계를 유지할 수 없었겠지만, 그 이면에는 합덕 일대에서 30만 평을 소유한 지주라는 성당 신부의 경제적 지위가 소작쟁의 운동을 전개하는 사회주의와 대립 각에 서 있게 하였다. 사회주의에의 반대 입장을 천명하였던

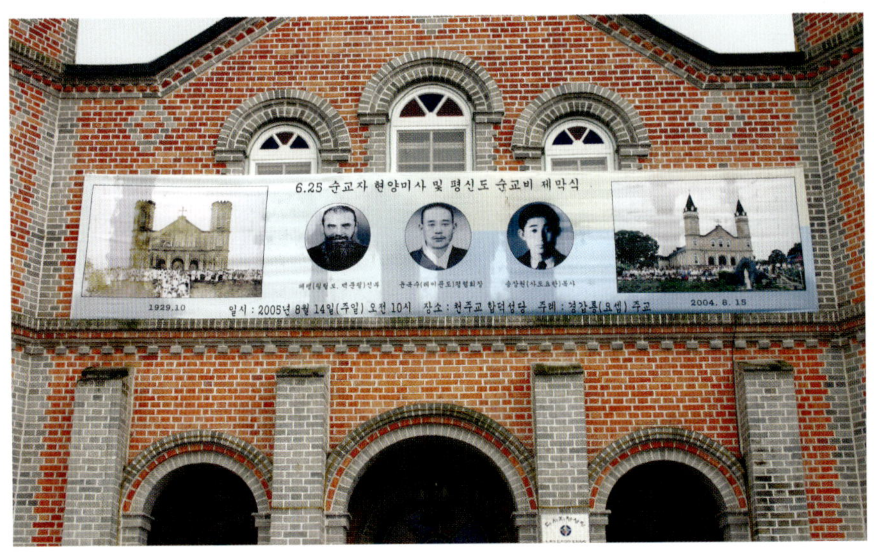

한국전쟁기 순교한 페랭 신부를 위한 현양미사가 2005년도 5월에 50주년 기념으로 합덕성당에서 성대히 거행되었다.(왼쪽이 페랭 신부)

바 합덕리는 전형적인 우익마을로 자기 정체성을 갖게 되었고, 이는 한국전쟁기 합덕마을을 둘러싼 좌우 갈등과 페랭 신부 및 윤복수 복사의 치명이라는 비극의 단초가 되었다.

싫은 것이 분명한 페랭 신부였지만 고아원을 운영하는 등 사회사업에도 열심이었다. 합덕 본당에서는 1908년부터 인근에 부모 잃은 고아들을 거두어 각 교우 가정에 양육비를 지급하여 기르게 하였다. 그러자 한때 일주일에 한 명 꼴로 아이를 합덕마을에 버리는 사람들이 속출하였고, 성당에서는 순찰을 돌기도 하였다. 이 시대 남녀차별이 단적으로 드러나는 것은 버려지는 아이들이 모두 여자였다는 점이다. 남자아이들은 대를 잇는다는 통념 때문에 친족 내에서 공동으로 양육되지만, 여자아이들은 쉽게 버림을 받았던 것이다. 1939년경에 이르면 고아원 아동 수가 300명을 돌파하였다. 1947년경에 이르자 페랭 신부는 30여만 원의 비용을 들여 성당 한쪽에 고아원을 설립하였고, 서울 성가회 수녀를 청하여 고아원 운영을 담당시켰다. 수녀님들의 따뜻한 보살핌 속에서 이 고아원은 전쟁 고아들을 수용하였다가 그후 1950년대에 문을 닫았다.

이와 같이 술 먹고 싸우고 노름하는 마을 남정네들에게 양동이에 물 담아 끼얹는 그런 엄한 신부님 앞에서는 일본인도 꼼짝 못하고 굽신댔다. 이러한 '양대인' 이 마을 주민들을 지켜주고 천국의 세계로 인도해주고 있다는 사실은 마을 사람들에겐 자부심이 되었다. 성당과 신앙과 교우를 지키기 위해 순교까지 불사한 페랭 신부에 대한 주민들의 애정은 지금까지 계속되고 있다.

성소의 못자리 합덕리

약 35명의 신부와 수십여 명의 수사, 수녀를 배출하고, 김수환 추기경, 정진석 추기경의 연고가 있는 한국 최대의 천주교 마을답게 이 마을 주민들의 신앙심은 남다르다. 엄숙하고도 철두철미한 신앙심을 강조하였던 페랭 신부 밑에서 주민들은 철저한 종교적 훈련을 받았고, 부모들의 열성과 근면한 표양은 자녀들의 귀감이 되어 사랑과 평화가 감도는 마을을 만들어냈다. 지금도 주민들의 집에 들어서면 거실 혹은 안방 벽에 성모상, 예수상, 성가정상, 예수성심상본이 액자에 걸려 있다. 한 가운데에는 십자가가 있고, 그 아랫단에는 할아버지 등 조상들의 사진이 걸려있는 것이 일반적인

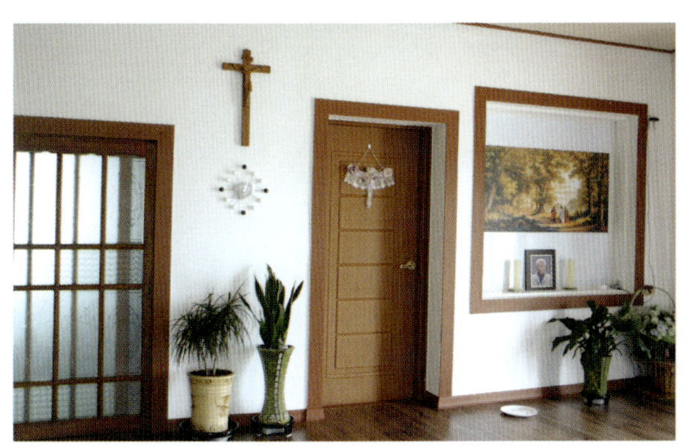
일반 가정에는 십자가상과 성모상, 성화가 걸려 있다.

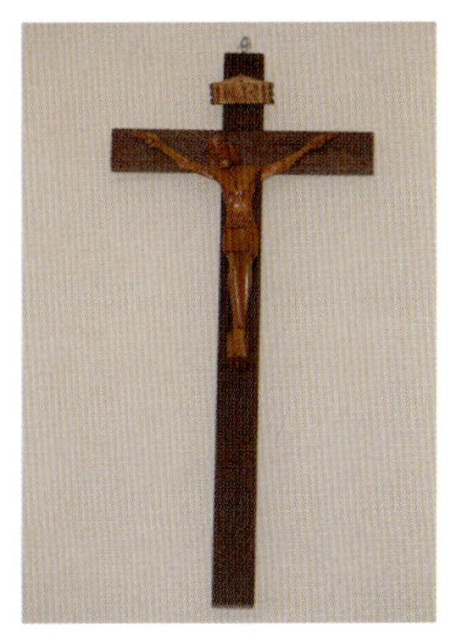
마을회관에 걸린 십자가상

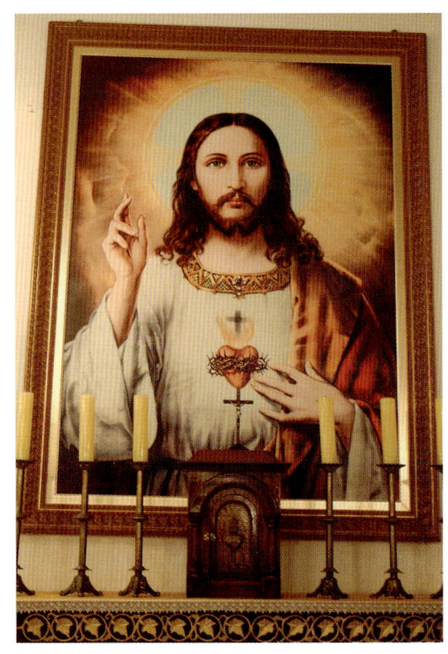

성당의 성가정 성화
외국작가의 초기작으로 70여 년 넘게 성당을 지키고 있다.

인테리어이다. 또한 다른 마을과 다른 현상은 주민들이 호칭할 때 이름을 쓰지 않고, '마리아', '요셉' 등 천주교 본명을 사용하고 친지처럼 매우 가깝게 지낸다는 점이다.

이 마을에는 다수의 성직자들을 배출한 집안들이 여러 집 있는데, 대체로 길게는 7대째, 짧게는 4~5대 천주교 신자 집안들에서 배출되고 있다. 예를 들어 1791년 신해박해 때부터 천주교에 귀의하여 7대째 천주교 신자 집안으로 유명한 김종국 신부의 집안에서는 2명의 신부와 수녀가 배출되었다. 이 집안은 경상도에 거주하다 신해박해로 인해 경기도 안성에 피신하였다가, 다시 서산 해미와 합덕의 양촌을 거쳐 증조부대에 크램프 신부와 함께 합덕으로 온 합덕리 이주 첫 세대 집안이다.

한편 가장 많은 신부를 배출한 김정환 신부 집안에서는 6명의 신부와 다수의 수녀가 배출되었다. 이제 이 집안을 사례로 주민들의 신앙생활에 대해 살펴보기로 하자. 이 집안의 아침은 새벽 3시 반이나 4시경부터 시작된다. 신앙심이 깊은 아버지와 어머니, 할머니는 새벽에 깨끗이 몸단장을 하고 한 두 시간 묵상기도를 한다. 아침 5시경부터 이안나 할머니는 아이들을 깨워 아침 조과(기도)를 바치는데 묵주까지 하면 대략 30~40분이 소요된다. 그후 아이들을 앞세우고 6시 미사에 참석하여 약 30분간 기도를 하고 집에 돌아와 아침식사와 하루 일과를 시작한다. 낮에 일터에서 일하다가도 성당의 삼종 종소리를 들으면 논밭에서 삼종기도를 정성껏 바치는데 마치 밀레의 '만종'과 같은 성스러운 분위기가 연출된다. 저녁 6시 만과(저녁기도) 시

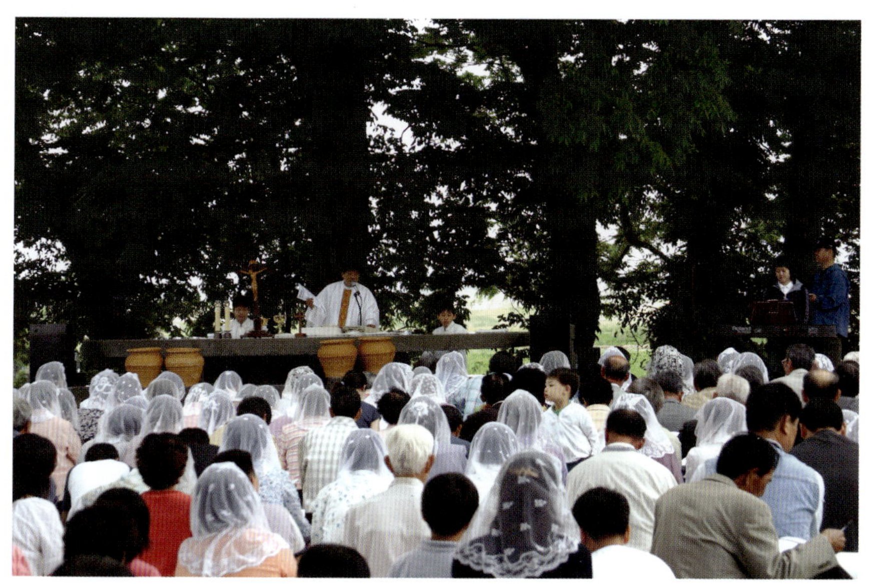

일요 야외 미사를 올리는 전경

간에 온 가족이 모여 묵주기도를 하는데, 여름날 저녁 감나무 밑에서 노는 동네 꼬마들도 성당 종소리에 맞추어 저녁 기도를 바치곤 하였다. 밤이 깊어갈 때 촛불 밑에서 아버지가 읽어 주는 성서나 성인전을 들으며 꼬박꼬박 조는 아이들과 바느질하는 어머니의 모습은 성가정의 모습이었다. 9시 잠자리 들기 전 다시 5단 묵주신공을 약 10분간 바치는데 김정환 신부의 어머니는 시집오는 날 족두리 벗고서 한 번도 묵주신공을 거른 적이 없었다 한다. 이리하여 교우들은 대체로 하루 1시간 40분 정도의 기도생활을 충실히 하였다. 이런 독실한 신앙생활을 영위한 어른들은 "요즈음의 신앙은 아무것도 야녀"라고 질책하기도 한다.

주일은 무슨 일이 있어도 꼭 지켜야 했다. 아주 특별한 경우에만 신부님에게 미리 허락받고 일터로 나갔지만, 대부분의 경우 미사에 참석하는 등 성당에서 종일 생활하였다. 아이들도 학교는 빠져도 미사에 빠지는 것은 있을 수 없는 일로 생각했다. 주일에 주민들은 페랭 신부의 "세상의 부귀영화는 한갓 물거품에 지나지 않는다", "순교

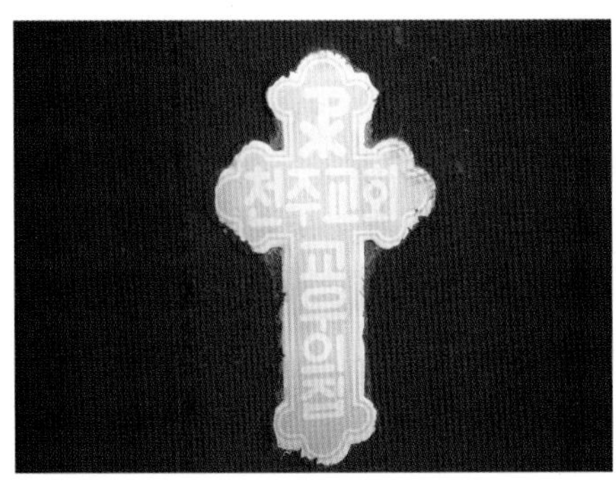

마을 주민의 문에는 천주교우의 집임을 알리는 십자상이 걸려있다.

할 자세를 키우자"라는 단골 메뉴의 강론을 들어야 했다. 이리하여 매월 첫 첨례(매월 첫 목, 금 미사)를 지키는 교우가 합덕마을에서만 해도 200여 명이 넘었다 한다. 제사는 따로 지내지 않고 지향 미사로 대체하였다 한다.

교우들의 의무 중 하나는 교리공부였다. 요즘의 천주교의 교리문답처럼 간단한 것이 아니었다. "사람은 무엇을 위해 세상에 났느뇨? 사람은 천주를 알아 공경하고 자기 영혼을 구하기 위해 세상에 태어났느니라." "천주는 누구뇨? 천주는 만선 만덕을 갖추신 순전한 신이요, 만물을 창조하신 자시니라"라는 것과 같은 문답을 320개나 달달 외워야만 했고, 그 중 하나라도 잊어버리면 판공성사나 혼배성사를 할 수 없는 등 매우 엄격하게 운영되었다. 따라서 마을 주민들은 신부님 앞에서 교리문답에 통과하는 것이 마치 과거시험에 합격하는 것 같았다고 회고하고 있다.

판공 때만 되면 부모님들의 걱정도 이만저만이 아니었다. 자녀가 교리문답(찰고)에 불합격하면 부모님이 고백성사를 보지 못하게 되어 있었기 때문이다. 또한 교우들의 태만으로 판공성사에 빠지거나 본당에서 좋지 않은 일이 생기면 신부는 교우를 대신하여 대재(大齋)를 지켰기 때문에 부모들은 몸가짐을 반듯이 하고, 자녀들에게 교리 공부를 열심히 시킬 수밖에 없었다. 판공 기간이 가까워질 무렵 마을은 교리문답을 외우는 소리로 메아리쳤다. 아이들은 매일 두세 시간씩 성당에서 교리 공부를 했는데, "화장실 가서도 외우고, 자다가도 외우고, 말두 마. 지금 애들 영세하는 거 아무것도 아녀"(김견자 루시아, 64세, 서야슈퍼 운영)라고 회고한다.

대축일 즈음에는 일 년에 한두 차례 강론 신부님을 초청하여 피정을 실시하였다. 매달 첫 목요일 저녁에 성시간을 갖고 첫 금요일 예수 성심께 대한 특별한 공경을 드리는 미사는 신자들의 신앙생활 쇄신과 활성화에 밑거름되었다. 파공 대축일의 경사

스러움은 아동들과 청소년에게는 환희와 감동을 주어, 신앙 속에서 동심의 낭만을 만끽하도록 하는 데 부족함이 없었다. 가장 성대하게 치러진 축일은 성탄절이었다. 청년들은 2개월 전부터 준비한 성인들에 대한 연극도 하고, 드물게는 성영화도 성당 마당에서 상영하였는데, 성당 안에 꾸며 놓은 구유가 호기심을 자극하였고, 감동스럽게 만들었다. 늘 까만 긴 옷을 입고 사는 프랑스 신부는 우리와는 별개의 사람, 사람이 아닌 사람으로 생각되었고, 본당 신부가 공소에 와서 받는 밥상은 임금님 수라상이나 다름없는 것이기 때문에 그러한 믿음은 확실시 되었다. 방학이 되면 교복을 입은 신학생들이 쭉 열을 지어 성당에서 영성체 하는 모습들은 부러움의 대상이었다. 이렇듯 어린시절부터 종교적 의식, 종교적 축제를 통해 종교적 분위기에 젖어 살던 마을의 개구쟁이 꼬마들은 어려서부터 사제의 꿈을 키웠고, 주민들은 어른이 된 후에도 독실한 신자가 되었다.

신나는 운동경기와 '비비비 쁘라'

주민들의 95% 정도가 천주교 신자였기 때문에 주민들의 놀이문화 또한 성당과 밀접하게 연관되어 있다. 이미 1908년 매괴학교 창설 때부터 면천군 4개 학교 연합운동회를 개최한 경험도 있었고, 매년 예수 부활 대운동회에 합덕본당에서 본당 소속 100여 명의 청소년들이 수십 종목의 경기를 하여 천여 명의 관중의 박수와 갈채를 받았다 한다.

합덕리 주민들은 다른 마을의 주민들보다 영양이 좋고, 운동신경이 발달된 편이어서 주변 공소와의 체육대회나 면민대회에 나가면 1등을 차지하였다. 물론 직접적인 이유는 약 400여 평 정도 되는 성당 안마당에 운동기구들이 마련되어 있어 어린시절부터 운동을 할 수 있었기 때문으로 보인다. 특히 프랑스인 성보좌신부님(생줴 신부)는 아이들을 좋아하여 잘 데리고 놀았다 한다. 가끔 아이들을 모아 군대식으로 열을 지어 깃발 들고 동네 한 바퀴 돌고, 신부님이 가르쳐 준 프랑스식 기뺏기 놀이를 했는데, 팀을 짜서 상대편의 기를 빼앗는 놀이였다. 또한 일종의 수건돌리기인 '쥐잡기' 놀이를 했고, 성가 외에도 프랑스 동요를 가르쳐 주었다.

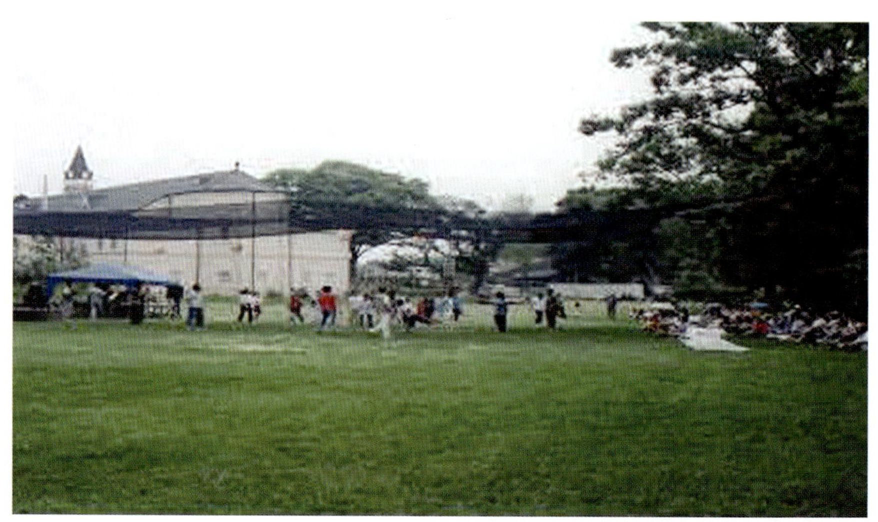

운동회가 열리고 있는 성당 뒷마당

"야고보야 야고보야
자느냐, 자느냐,
여기 왔다, 여기 왔다,
딩댕동, 딩댕동" (김정국 신부 증언)

프랑스 신부를 통한 서양 문화의 유입 흔적이었다. 그밖에도 여름이나 겨울 방학 때 합덕리 출신 신학생들이 돌아오면 어린이들과 주일날 온 종일 배구나 '은행장난'을 했는데, '은행장난'이란 야구의 일종으로 손으로 정구공을 치고, 은행나무 한 바퀴 돌아 제자리로 돌아오는 놀이였다. 또한 성당 뒤에 있는 250년 된 팽나무는 담력테스트 장이자 타잔 놀이 장소였다. 나뭇가지의 끝이 성당 아래 뱀이 우글거리는 낭떠러지에 위에 걸쳐 있었기 때문에, '누가 나뭇가지 끝까지 기어갔다 오는가'라는 놀이를 하면서 담력을 키우곤 하였다. 해방 이후 연길 교구에서 온 한도준 보좌신부가 사탄의 상징으로 불리는 뱀 소탕 작전을 벌여, 뱀의 개체수가 급속히 줄어들었다. 한편 동

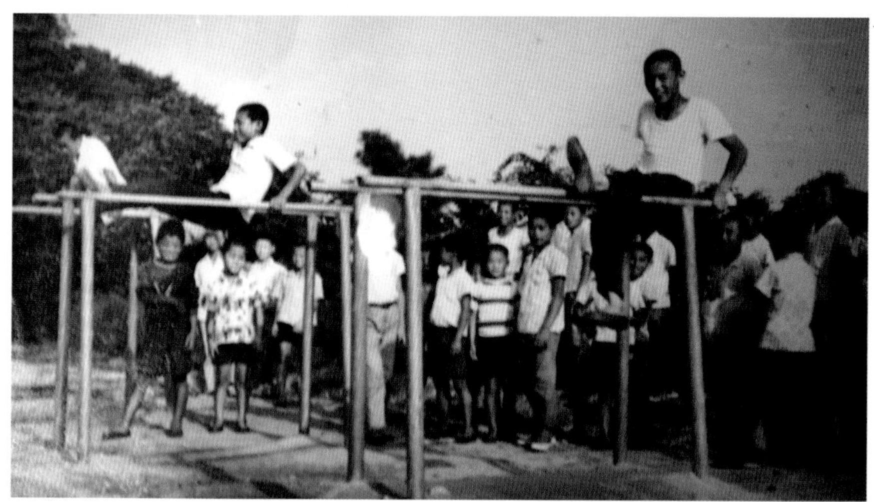

평행봉에서 신나는 오후 한때

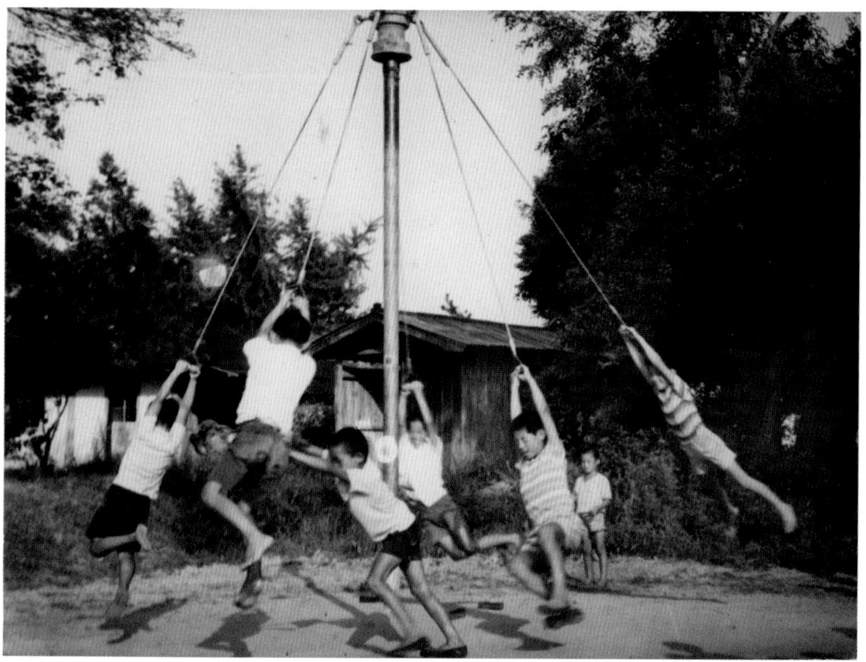

성당 마당의 줄에 매달려 있는 아이들

네 어른들도 사제관 뒤에 있는 시원한 느티나무 아래에서 장기를 두고, 담소를 즐기면서 더운 여름을 보냈다. 따라서 이곳은 자연스럽게 동네 사랑방이 되어 각종 회합의 장소로 역할을 하였다.

한편 합덕제는 합덕리 꼬마들의 놀이터였다. 합덕제는 여름에는 수영장, 겨울에는 썰매장으로 탈바꿈하였는데, 뚝딱거려 만든 나무썰매나 나무 판에 쇠나 칼을 박아 헝겊 끈으로 신발에 부착시킨 토종 스케이트를 타는 아이들의 함성소리에 추운 겨울 하루가 저물어 갔다. 해방 이후에는 칼스케이트라 하여 가죽 신발에 부착된 스케이트가 처음 보급되기 시작하였다.

일 년 중 4대 축일인 부활절, 성모 승천 첨례일, 성탄절 등 대축일에는 2~3천 명씩 신도들과 인근 주민들이 모여 축제를 벌이곤 하였다. 부활절 때는 성당의 벚꽃이 유명하여 인근의 향락객들도 모여 들었다. 성탄절에는 교리 경시대회, 작품 전시회 등도 아울러 개최하였고, 아주 드물게 영화도 구합덕성당에서 상영하였다. 2개월 전부터 준비한 성가대의 거룩한 성가와 젊은이들의 무용도 볼거리였다. 청년들은 성당 창고에 무대를 설치하고 연극을 하였는데, 주로 성극을 중심으로, 병인박해 이야기나 정약용, 정약종, 김대건 등의 한국 성인들의 삶을 성극으로 꾸민 것을 연기하였다. 성탄 전야에 모든 행사가 끝나면 새하얗게 덮인 눈 위로 등불을 들고 행렬을 하였다. 겨울의 적막감 속에 연호에 비쳐진 또 하나의 등불 행렬 등은 참으로 엄숙한 아름다움이었다. 또한 24일 밤 자시 미사가 끝난 후 복사단 학생들이 15~20명 모여 교우 집들을 돌아다니며 성탄 노래를 불러주면, 금일봉을 주었다. 다른 마을에서 볼 수 없는 새로운 형태의 문화라 할 수 있다.

1931년도 성모 승천 첨례일에는 성대한 미사를 거행하였는데, 연 이틀 동안 2천 명의 관중들이 성녀 소화 데레사의 성극을 관람하였다 한다. 또 하나 장관을 이루는 행사는 바로 큰 첨례일에 아산 공세리 성당까지의 성체 거동식이었다. 본당에 청년 성가대와 악단이 구성되어 있었고, 윤복수 회장이 사비를 털어 마련한 북, 나팔, 트럼펫 등 악기도 있어, 한 달 전부터 7~8명의 성당악대는 맹연습에 들어갔고, 일주일 전 마을 순회 연주부터 시작하여 첨례일 당일에는 페랭 신부님이 성체를 모시고 앞장을 서면, 그 뒤를 성당 밴드부가 연주를 하면서 행렬을 지어 가는 모습은

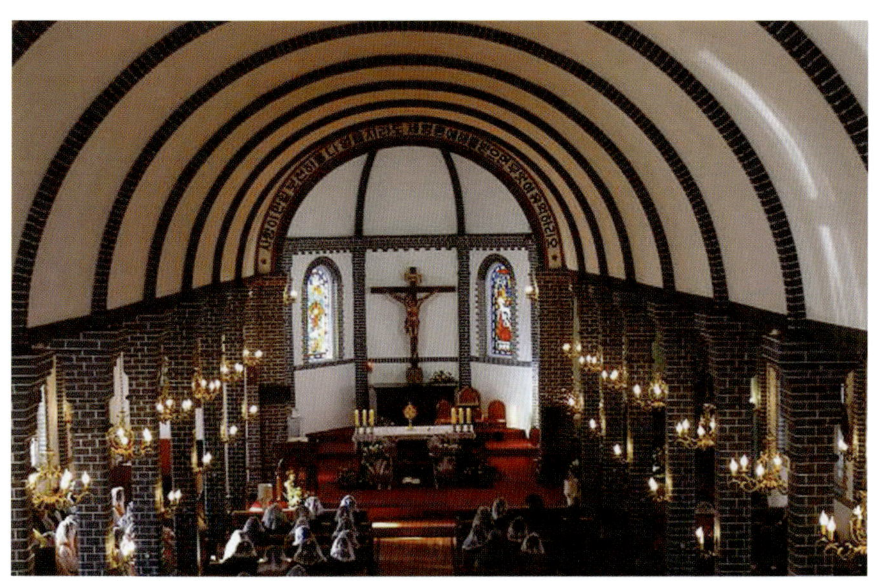

구합덕성당에서 미사를 드리고 있는 성당 교우들

장관을 이루었다 한다. 이들이 지나가는 마을 길가에는 구경꾼으로 인산인해를 이루었고, 믿음이 독실한 교우들은 성체가 지나갈 때, 땅이 젖었거나 말랐거나 간에 무릎을 꿇고 성호경을 긋고, 행렬이 지나갈 때까지 예를 바쳤다. 이러한 활동으로 신자들에게 대축일을 알리고, 영적인 준비를 하도록 하면서 축제 무드를 조성한 것이었다. 대축일 때는 각 공소간 줄다리기나 각종 운동경기를 벌였는데, 이기면 프랑스 신부님이 가르쳐 준 '비비비, 쁘라'(이겼다!) 외치면서 승리의 기쁨을 나누었다고 한다.

합덕리에 성당과 관련된 문화행사만 있었던 것은 아니다. 예로부터 내려오는 갖가지 전통 행사들을 즐겼는데 7월 7석에는 꽹과리를 치고, 모심을 때는 두레도 쳤다고 한다. 식민지시대 동안 당진군의 주최로 체육대회가 열렸는데 버그내장터 신시가지 넓은 마당에서 군내 각 학교 학생과 일반 청년의 개인대항 경기와 운동회를 개최하였다. 군내외의 관람객은 무려 3천 명 정도였고, 군내 각 학교 학생들의 씩씩한 대항경

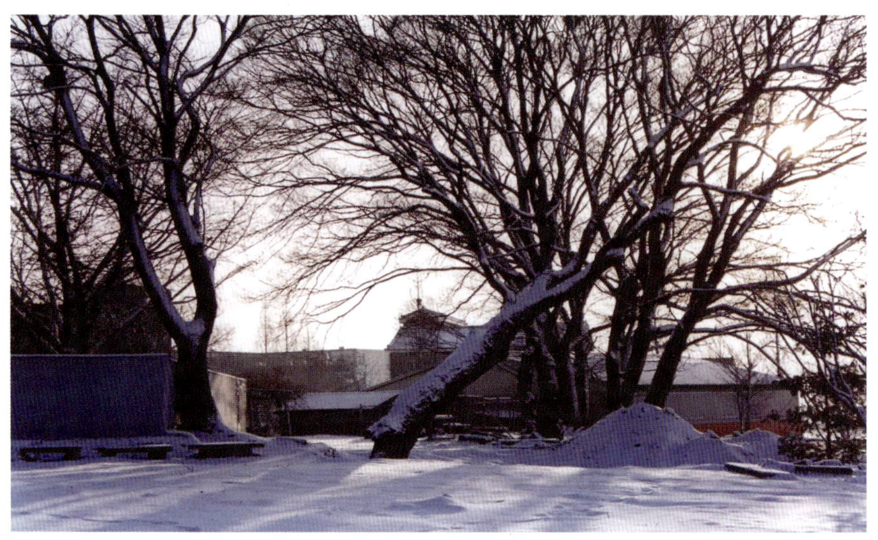

담력 테스트 장소였던 팽나무와 느티나무.
옆으로 뉘어진 나무가 팽나무이다. 우물과 낭떠러지가 메워져 마당으로 전환되어 예전 모습을 볼 수 없다. 현재는 주민들의 시원한 회합장소로 이용되고 있다.

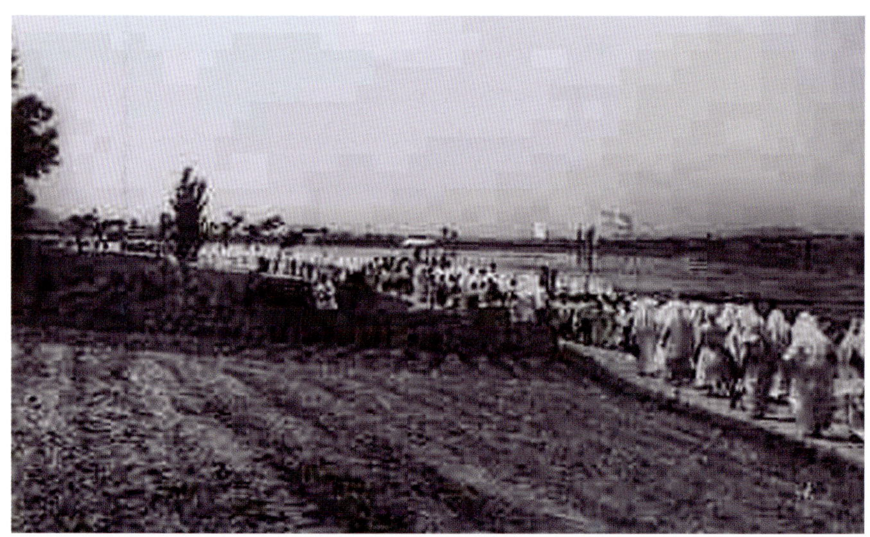

성체 현양식. 연호제를 돌며 방죽과 평야와 마을을 축원하고 있다.

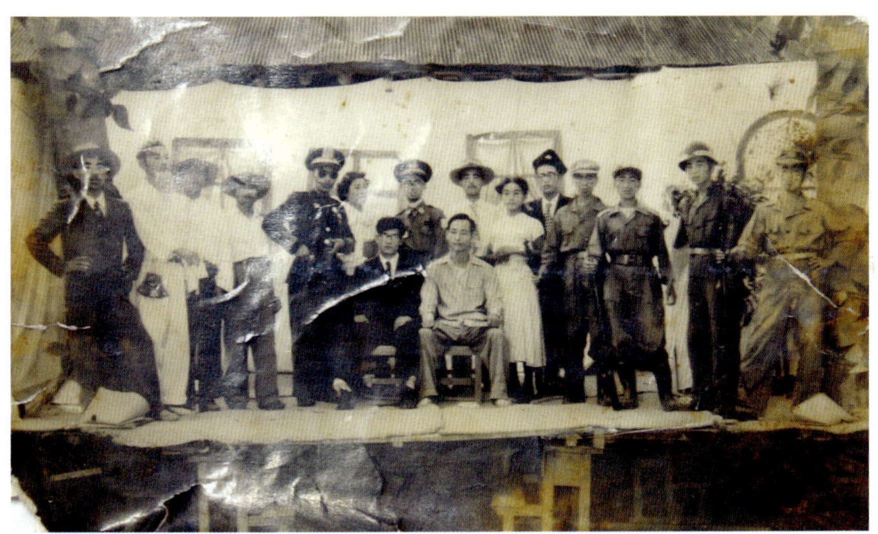

청년들의 연극

기를 비롯하여 일반 청년들의 백열화한 경기로 성황리에 마쳤다 한다. 그밖에도 조선중앙일보 합덕지국 후원으로 1935년 합덕에서 전조선 씨름대회 성황리에 개최하였고, 여흥으로 극단 광대들이 출연한 가장행렬, 영화상영, 명창대회가 이어졌다 한다. 식민지시대의 근대적 운동경기는 해방 이후로 이어졌는데, 매해 추석 1주일간 개최되는 면장 씨름 대회에서 합덕리의 대표선수 김남중 선수가 출전하여 매년 승리하였는데, 1등은 송아지, 2등은 돼지, 3등은 광목을 받았다 한다.

합덕리는 외지에서 유입된 이주민이 80% 이상으로 이루어진 신앙공동체 마을로 주민들은 농담 삼아 '아메리카 합중국'이라 스스로를 칭한다. 이주민으로 형성된 마을임에도 불구하고 성당을 중심으로 한 사회 · 경제적 관계망과 천주교라는 종교 조직이 마을 주민들을 하나의 공동체 구성원으로 묶어놓았고, 정체감을 심어주고 있다. 특히 프랑스 신부를 통해 유입된 서양의 문화는 다른 마을들과는 다른 독특한 문화를 형성 · 발달시켰다. 그러나 최근 들어 종교적 영향력은 점차 약화되고, 신앙심이 깊은

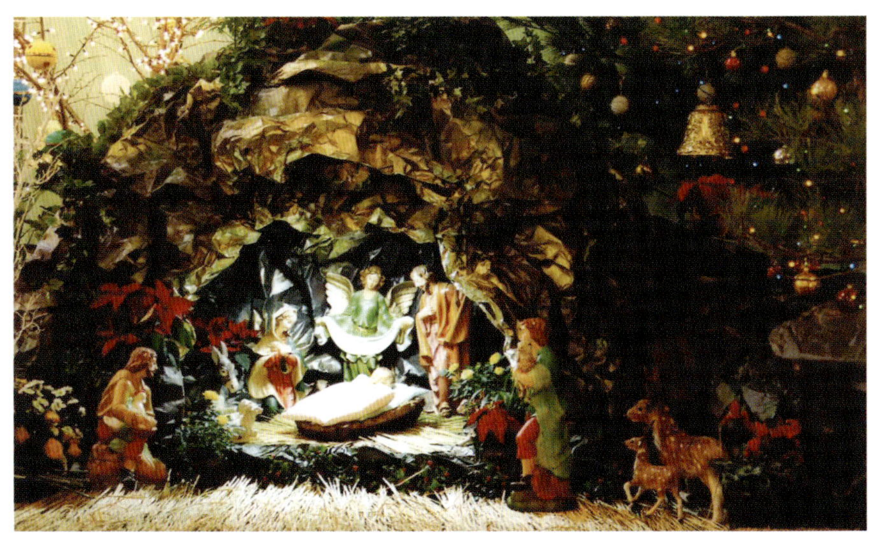

성탄구유(2004.12.)

주민들도 고령화로 인해 사라져가는 추세이다. 아마도 수십 년 이후 천주교 신앙공동체로서의 합덕리는 우리 마을지에서나 만날 수 있고, 합덕리 일상문화는 천주교 관광안내서에서나 재탄생할지도 모른다.

(김 현 숙)

민속과 의례

합덕리의 민속은 이곳이 종교 마을인 데서 민간신앙적인 요소가 배제된 채로 전승되고 있다. 그런데 여기에 더하여 전통적인 민속 현상을 포괄적 미신으로 보아 외면하거나 배척하려는 관념이 이곳 사람들의 인식속에 잠재해 있다. 때문에 전통적인 민속 현상 중 민간신앙을 포함하여 일반적인 민속 사례, 이를테면 의식주나 놀이와 관련된 민속현상까지도 전승이 단절된 상태다. 이런 점에서 이곳 합덕리에서의 민속조사는 여러 어려움이 있었다. 따라서 여기에서는 과거의 민속사례를 제시하는 한편, 현재 합덕리 사람들의 실제 관습을 현상대로 옮겨두는 데 관심을 두었다.

세시풍속

세시풍속은 일 년 사계절을 단위로 이루어지는 풍속이다. 또한 풍속은 그 내면에 지속성을 보유한다고 하는 점에서 매년 같은 시기에 반복되는 문화현상이라 할 수 있다. 이런 관점에서 합덕리의 과거와 오늘의 세시풍속 사례를 조사 정리하였다.

정월속

설 추모 미사 대부분의 민가에서 음력 정월 설날에 차례를 지내지 않는다. 이곳 사람들은 종교가 천주교인 까닭으로 전통적인 차례 대신 조상을 추모하는 기도를 한다. 또 설날을 맞아 성당이 중심이 되어 합동 미사를 올리는 예가 전한다. 합덕리에는 천주교인들만의 공원묘원이 조성되어 있다. 이 공원묘원에서 돌아간 조상을 추모하는 미사를 올리는 것이다.

"(조사자 : 설날 아침에 차례를 지내나요?) 차례 안 지내유. 우리 할아버지도 신자고, 우리 아버지도 신자고, 나도여. 지금 사대, 오대째, 육대째 내려오는데 없지유. 우리 할아버지 때도, 그 때도 차례가 없었지유. 며느리한테는 양반이지. 차례 지냈다간 난리 나유. 죽을라고. (조사자 : 천주교에서는 차례 지내는 거를 막지 않는다고 하던데?) 아 직금은 미풍양속으로 돼가지고 지금은 미신이 아니고, 바티칸에서 인정을 하게 된 거야. 우상숭배는 아니다. 천구백사십년댄가 삼십년댄가 교황청에서 뭐가 왔을 거요 아마? 동양에서의 제사는 인정하라. [임철언(남, 64)]"

비록 차례는 지내지 않지만 설빔을 갖추어주거나 세배를 하는 풍속은 남아 있다. 또 조상의 묘를 찾아 성묘하는 관습이 그대로 전한다. 앞서도 밝힌 것처럼 다수의 사람들이 조상을 천주교 공원묘원에 모시고 이곳을 찾아가서 성묘를 한다. 그리고 합동미사를 올리며 미사가 끝난 뒤에는 개개인이 조상의 묘에서 묵도를 하거나 절을 한다. 절은 물론 재배를 한다. 조상의 묘에 석물을 하는 이들도 있다. 일반적으로 비를 해 세우는데 소수는 상석을 설치하기도 하였다. 이 상석에 '제물을 차리는가' 에 대해 한 제보자에게 묻자 '제물을 차리는 예가 전혀 없는 것은 아니지만 흔히 있는 일은 아니다' 라고 답한다.

부럼과 더위팔기 정월 속으로 부럼을 깨는 풍속이 남아 있다. 부럼은 밤, 은행, 땅콩, 호두, 잣 등의 딱딱한 열매이다. 이들 견과를 이로 깨물어 그 속을 먹는다. 이렇게 부럼을 먹는 것은 부스럼을 예방하기 위함이라고 한다. 지금은 부스럼을 볼 수 없지만 1960년대 이전만 하더라도 어린이를 비롯한 청소년들에게 부스럼이 많았다고 한다. 이러한 부스럼을 예방하기 위한 관습으로 부럼을 깨물었다. 그런데 지금은 이러한 부럼을 깨는 풍속이 옛 일을 회상하는 향수와 같은 관습이 되어 지속되고 있다. 이를테면 이 마을 사람 대부분은 부럼을 깨면 부스럼이 예방된다고 하는 믿음보다 전통적으로 해오던 미풍인 때문에 부럼을 깨문다.

또, 정월 열나흗날엔 잠을 자면 안 된다 하여 잠을 자지 않았던 때가 있었다. 그리고 보름날 아침엔 더위를 팔았다고 한다.

"아, 잠 안자는 거? 대개는 보름 때 그랬지 않어? 정월 열나흗날. 불을 끄질 않았죠. 애들은 잠을 자면 안 된다고 어른들이 그래가지고 잠을 안 잤어. 너 더위는 그게 이월 초하룬가? 보름날인가? 일어나가지고 이름 부르면 '너 더위!' 하면은 더위 먹는다고. 더위 팔러 다니고. [김태부(남, 66)]"

"(조사자 : 더위도 팔아보셨어요?) 그류. 보름날 일찌감치 부르드라구. '아무개!' 하고 부르면 '응?' 그르면 '내 더위!' 흐흥, 더위를 판 거래. 그르구는 또 그 사람더러 먼저 한 사람이 더위를 판대 흐으흐. 근디 그 사람이 불를 때 먼저 '아, 더위 팔라구 그르는구나?' 알고 대답하지 말구 (오히려 부른 사람에게) '내 더위!' 그러면 더위를 파는 거야. (조사자 : 그게 언제 적 이야기에요?) 그게 한 스물 댓, 삼십대 그때 얘기여. 내가 지금 팔십 여섯여. [송순애(여, 86)]"

보름날 이른 아침에 이웃 집 사람을 불러서 더위를 팔던 예가 있었다. 보통 더위를 팔려는 사람이 이웃의 처음 만난 사람을 불렀을 때 그가 대답을 하면 '내 더위!' 라고 외치는 형식으로 더위를 판다. 그런데 이것을 미리 감지한 상대가 대답을 하지 않고 오히려 부른 이에게 '내 더위!' 라고 외치면 더위를 파는 것이 된다고 한다. 한편 더위 팔기는 그날 아침 해 뜨기 전에 팔아야 한다는 속설이 있다. 제보자들은 이러한 더위 팔기가 1960년대까지도 흔히 있었던 일이라고 하였다.

오곡밥 정월 열나흗날 오곡밥을 해먹는 예가 남아 있다. 쌀을 비롯하여 수수, 조, 콩, 팥, 동부 등의 잡곡을 섞어 밥을 지어 먹는다. 찬으로는 묵은 나물이나 김, 저장해 둔 배추 잎 등이다.

"나물은 볶지. 콩나물, 저기 뭐 씨라기나 고사리나 그렁 거. 취나물. 여름에 뜯었다 말렸다 뒀다가. 김 구워. 소금에다 기름 발라서. [송순애(여, 86)]"

열나흗날 마을의 모든 집에서 오곡밥을 지은 것은 아니라고 한다. 1960년대 이전만 하더라도 사는 형편이 어려워 끼니 잇기도 힘든 집이 많았다는 것이다. 이런 이유로 마을의 모든 집에서 오곡밥을 짓지 못했다. 또, 쌀이 없는 집에서는 보리쌀을 섞어서 밥을 짓기도 하였다. 그리고 오곡밥을 지으면 나누어 먹는 풍속이 있었다. 이웃집에 돌리는 예는 드물었지만 밥을 짓지 않은 사람들이 넉넉한 집을 찾아다니며 밥을 얻어먹었다. 이러한 예는 마을의 청년이나 청소년들도 하였다. 빈 바가지나 그릇을 들고 밥을 지은 집을 찾아가서 청을 하면 그 집의 주부가 바가지에 밥을 담아주었다. 이러한 사례는 1970년대 초까지 지속되었다고 한다.

노래기 쫓기 정월 보름날 소나무 가지를 잘라서 지붕 위에 던져 노래기를 쫓던 풍속이 있었다. 산에 가서 솔잎이 붙은 손바닥만한 크기의 솔가지를 소쿠리 가득 꺾어 내려와 이것을 지붕 위 여기저기에 던져 놓았다. 제보자는 이 솔가지가 소독의 역할을 하는 것으로 해석하였다. 또, 솔잎이 바늘처럼 뾰족한 데에 착안하여 바늘같은 솔잎이 노래기를 쫓는 것으로 보았다.

보름 풍장 해방을 전후하여 이 일대의 마을에서는 보름날 풍장을 치며 마을을 돌았다. 이 풍장은 두레 때에도 이루어지는 것이었다. 곧, 마을의 농기를 앞세우고 풍장패가 그 뒤를 쫓으며 마을을 돌았다.

"정월 대보름 때는 각 동네마다 동네 기가 있어. 마을 기. 마을 기가 풍장 쳐가며 가다가 타동네 기가 나타나. 먼저 나온 기가 가는디, 그 나중에 나온 기가 절을 해야 혀. 이렇게 숙여 주면은 답례하고 받고 가는데. 안 허면은 전쟁 터지는 거여. 마을. 정월 대보름. (조사자 : 그 때는 두레를 할 때도 아닌데 그랬네요?) 두레는 아니어도 풍장 쳐가며 노는 기요. (조사자 : 그럼 기를 가지고서 마을 한 바퀴를 돌아요?) 네. (조사자 : 풍장 치면서?) 네. 액운들 다

물러가라는 식으로. (조사자 : 그런데 다른 마을도 역시 같이 행사하다가 마주치면 좀 늦게 생긴 마을이 절을 해야 되는데 안 하면 싸우는 건가요?) 네. 기가 새 건지 흔 건지. 전통기가 있죠. [곽세용(남, 60)]"

지문에서 보듯이 보름날 풍장놀이는 마을의 경계를 벗어나 다른 마을까지 진출하였음을 볼 수 있다. 그리고 이러한 놀이를 진행하는 중에 다른 마을 풍장패를 만나면 서열을 가려 절을 하였음도 확인할 수 있다. 곧, 기왕에 설정된 마을 간 서열에 근거하여 서열이 낮은 마을에서 서열이 높은 마을의 기에 대하여 세배를 하는 것이다. 기세배는 세운 기를 90도로 굽혔다 세우는 것이다. 이렇게 함으로써 보다 우위에 위치한 마을에 예를 표시한다. 이와 같은 기세배 풍속은 두레가 조성되어 있는 대부분의 마을에서 나타나는데 이 마을 역시 예외가 아님을 볼 수 있다.

둑고사와 터주고사 합덕리에서는 과거 정월 열나흗날 둑고사를 지낸바 있다. 이 둑고사는 합덕의 6개 동리가 연합하여 지냈다. 합덕저수지는 이 일대의 논농사에 절대적인 영향을 미치고 있었다. 때문에 이 저수지를 대상으로 고사를 지냈다. 비록 방죽에서 고사를 지내지만 그 대상 신명은 용신이라고 한다. 곧, 방죽에 머무는 것으로 인식되는 용신을 대상으로 고사를 지낸 것이다.

둑고사와 연계하여 개인 고사를 지낸 예도 있다. 합덕리 일대 주민 가운데에는 자신의 논둑에 시루를 놓고 둑고사를 지내는 예가 있다. 이처럼 논둑에 고사를 지내는 것은 논둑이 터지는 것을 예방하기 위함이라고 한다.

지금은 볼 수 없지만 과거에는 정초에 터주시루를 하였다. 정월 열나흗날 시루떡을 하여 장독대에 놓고 주부가 비손을 한 것이다. 곧, 그 집의 터주신에게 일 년 동안 가내평안을 기원하는 고사를 지냈다고 한다.

볏가릿대 세우기 정월 보름의 또 다른 풍속으로 볏가릿대 세우기가 있었다. 볏가릿대 세우기는 새로운 해의 농사가 풍년이 들길 기원하는 뜻에서 하는 것이라고 한다. 이 행사는 마을 공동체가 단위가 되어 한다. 따라서 마을의 공터나 마을 전면의 논 한가운데에 이 볏가릿대를 세웠다.

"옛날엔 했는디 지금은 안 해유. 뭐? 벳가리 해 세운다고 하든가? 그게 정월 대보름날 해 세웠다가 이월 초하룻날 저기 내려서 아주 저기 헐더구믄유. 대나무에다가 뭐 이러케 길게 끈냉이 해서 세우대. 풍년들라구 해드라구. [조성분(여, 83)]"

정월 보름날 볏가릿대를 마을의 공터 등 특정 지역에 세운다. 이렇게 세운 볏가릿대는 이월 초하룻날 거두어들인다. 부연하면, 아주 긴 대나무 머리 부분에 볏짚을 매단다. 이어 이것을 특정 지역에 세운다. 세운 대나무는 넘어지지 않도록 세 갈래로 줄을 늘여 고정시킨다. 그리고 이 줄에는 낟알이 달린 볏짚을 끼워놓는다(또는 그냥 볏짚을 끼워놓기도 한다). 그러면 바람이 불 때마다 낟알이 보기 좋게 출렁거린다. 이렇게 세워놓은 볏가릿대는 이월 초하룻날에 쓰러뜨린다.

한편, 인근의 다른 마을에서는 볏가릿대를 내리면 마을 주민들이 줄에 끼워놓은 볏짚을 서로 빼가려고 하였다 한다. 그리고는 줄에서 뺀 낟알 달린 볏짚을 집으로 가져가 곡간이나 광에다 매달아두었다. 이렇게 하면 그 집의 그해 농사가 풍년이 든다고 한다. 곧, 그 해 농사가 풍년이 되어 곡간에 곡식이 가득 쌓이게 된다는 것이다. 이는 일종의 풍년을 기원하는 풍속이라 할 수 있다. 지금은 전하지 않는다.

윷놀이 정초에 윷놀이를 즐겨하였다. 이러한 윷놀이는 내기를 하는 예도 있지만 대개는 친목을 꾀하고 즐기기 위해서 하였다.

이처럼 정초에 주로하던 윷놀이가 요즘 들어와서는 때를 가리지 않고 즐기는 놀이가 되었다. 특히 마을회관에서 남녀 가리지 않고 윷놀이를 한다.

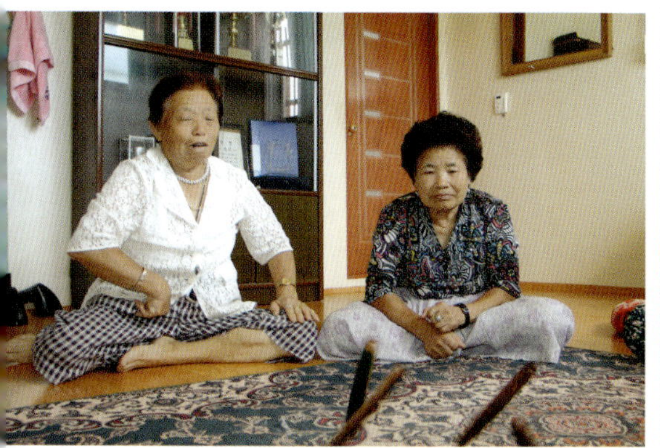
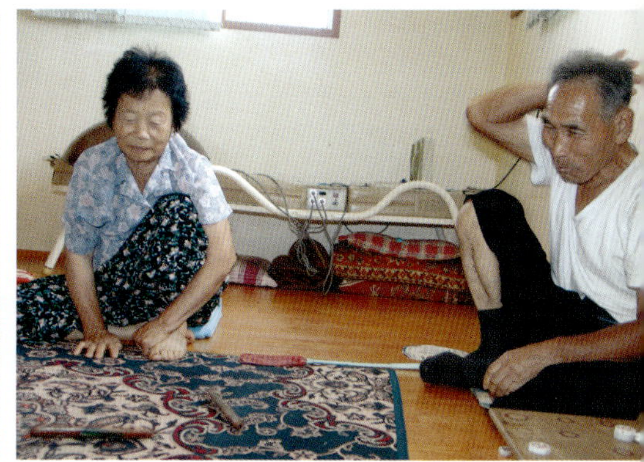

마을회관에서의 윷놀이

이월속

머슴날 이월 초하룻날을 머슴날이라고 하였다. 이날은 머슴을 위하여 용돈을 주거나 옷을 지어주었다. 합덕리 일대는 들이 넓은 관계로 머슴을 두는 집이 다수 있었는데 대부분 이월 초하룻날엔 지주가 머슴에게 적절한 대접을 하였다. 그리고 이렇게 머슴을 두던 사례는 1970년대 접어들면서 사라지기 시작하였다고 한다.

"(조사자 : 머슴이 80년대까지 있었을까요?) 고 때까지도 더러 있었는데, 그 때 거의 없어졌지. 70년도에 없어졌지. 거기에 인제 상머슴이 있고, 중머슴이 있고, 하머슴이 있지. 아마 제일 많이 받는 사람이, 상머슴이 열세 가마. 그 때 열세 가마면 굉장한 거유. 그리고 보질[1]을 잘 해야 혀. 소를 부리는 걸 보질이라고 해유. 소, 소 부리는 거. 소를 잘 부리야 되고. 아무튼 농사에 대해선 아주 만능이어야 돼유. (조사자 : 아까 소 부리는 걸 뭐라고 하셨어요? 여깃말로? 보지리?) 보질, 보질. 보질 할 줄 모르면 이제, 일곱 가마짜리도 있고, 다섯 가마짜리도 있고. (조사자 : 그 때가 시기적으로 몇 년도예요?) 60년대, 50년대. 그 전에는, 대중소는, 상중하라기보다 애머슴이 있어요. 쪼꼬만 애를 딜꼬 밥만 멕여주고. 옛날엔 그랬지. 먹고 살기 어려우니까. 지금은 열세 가마 한 잔 술값도 안돼요. 예전에는 면서기나 이런 사람들이 쌀로 따지면은 쌀 네 가마 받었어. 일 년 봉급으로 쌀 네 가마. 그래가지구, 상머슴이 열세 가마. [임철언]"

지문에 의하건대 머슴이 상 · 중 · 하로 나뉘었음을 확인할 수 있다. 상머슴으로 인정받기 위해서는 무엇보다 쟁기질을 잘 해야 하는 것으로 구술되어 있다. 또 이러한 머슴의 노동능력에 따른 보수의 차이도 볼 수 있다. 그리고 애머슴의 경우는 숙식만을 제공받을 뿐 보수가 없었던 것을 알 수 있다.

콩 볶아 먹는 날 이월 초하룻날을 달리 콩 볶아 먹는 날이라고도 하였다. 이날 오전에 키질하여 콩을 고른 뒤에 이것을 솥에다 볶았다. 콩 이외에 다른 곡식을 볶기도 하였는데 이곳에서는 보리나 팥을 볶았다고 한다. 또, 콩을 볶을 때에는 '쥐알 볶아라, 새알 볶아라' 라는 주문을 하였다. 이렇게 주문을 외면 그 해에 쥐와 새가 줄어든다고 한다. 따라서 이 풍속은 쥐와 새를 퇴치함으로써 곡식의 안전한 수확을 확보하기 위한 데서 나온 것으로 볼 수 있다.

한식 동지가 지난 105일째 드는 날이 한식(寒食)이다. 한식은 보통 음력 2월 말이나 3월 초에 든다. 과거 합덕리에서도 한식날 조상의 묘를 살펴보고 조상의 묘에 임하여 한식차례를 지낸 바 있다고 한다.

근래 들어와서는 한식날 천주교 공원묘지에서 조상을 추모하는 합동 미사를 올리는 예가 있다. 이때의 합동 미사는 성당에서 주관한다고 한다. 그런데 이러한 조상 추모 미사는 한식을 기준으로 하되 반드시 한식날이 아닐 수도 있다. 이를테면 봄을 맞이하여 좋은 날을 골라 조상을 돌아보는 행사로서의 의미에 비중을 둔다고 한다.

오월 단오

오월 단오에 그네를 맨 일이 있었다. 지금은 그네를 매고 뛰지 않지만 예전에는 그네를 매고 뛰었던 적이 있었다.

"그네 매고 난리 났어 지금. 동산에다 그네 매고. (조사자 : 어디에 맸나요?) 요기 말고 학교에 있는데, 동네 땅이 다 성당 땅이었어유. 이 근처가 다 성당 땅. 거기다 인제 그네 매고, 단오 날 난리 났쥬. (조사자 : 남자 여자 안 가리고?) 아, 안 가리고. (조사자 : 그네를 언제까지 맸어요?) 음력 5월 달 들어서면 미리부터 매놓고 타기 시작하쥬. 그네가 없어진 게, 내 기억으로는 60년대 초까지. 그 뒤에는 별로. 농촌에서 젊은 친구들이 멀어져 가면서 그네도 늙은이들이 못 타잖아? 젊은 애들이 타지. 세모시 옥색 치마 이렇게 날리고 하는 게 그넨데. 이게 젊은 친구들이 없으니까, 그 뒤에 그네가 어쩌다 매지면 놀잇감이지. 어른들이 애들 태워가지고 이렇게 하는 놀잇감. 향수를 달래기 위해서 정말 노인네들이 한 번씩 매보는 그런 거. 이쪽부터 굴러 타면 저쪽 가지까지 닿는 거여. 그렇게 갔다 와야 속이 시원하지, 그냥 요기 갔다 오면 안 돼. 막 저쪽 가면 가지에 닿는다니까, 막 거꿀로. 그넷줄 있잖아유. 그 그넷줄 닿을 때까지 막. 그렇게 잘 타고 댕겼어.

(조사자 : 시합도 했나요? 상품 걸고?) 있쥬. 상품이라는 게 막걸리 내기 뭐 이런 거. (조사자 : 승부는 어떻게?) 뭐 그냥 인제, 저쪽 나무가 이쪽 나무 갈구지에 닿을 때까장, 못 닿으면 소용없고. (조사자 : 갈구지?) 가지. 상대편 나뭇가지. 그 가지가 발에 닿을 때까정. 발에 못 다면은 그건 빵점이고. [임철언]"

유월속

두레 유월의 농사력과 관련하여 모내기에 관한 공동노동 조직의 활동을 꼽을 수 있다. 곧, 1960년대 이전만 하더라도 두레 조직이 있어서 공동노동을 하였다고 한다. 그리고 이러한 두레가 해체되면서 품앗이가 보다 활성화되었다. 한편 이곳에서는 품앗이를 둥굴레라고도 하였다.

"(조사자 : 두레라고 있었어요?) 두레 있쥬. 두레 여기는, 두레가 두레패가 있고, (농기를) 대나무로 해가지고 논 맬 적에 그놈을 갖다 놓고서 논맸어. 꽹과리도 치고. 풍악 울리고. 또 두레 싸움나면 대단했다고. (조사자 : 그러면 농사짓는 분들은 다 그 두레에 가담해야겠네요?) 아 그렇쥬. 무조건이유. 동네마다 다 똑같아유. [임철언]"

위의 지문은 이 일대의 마을마다 두레패가 있어서 공동노동을 하였다는 구술이다.

그리고 각각의 두레패에는 마을의 두레조직을 상징하는 농기가 있고, 풍물패가 있었음을 지문에서 확인할 수 있다.

"(조사자 : 두레가 6 · 25 이후에도 있었어요?) 있었쥬. 6 · 25 이후에도. 그때 이제 없어졌어유. (조사자 : 두레패 하는 일이 주로 김매기인가요?) 아, 그렇지. 거의가 김매기유. 모내기는 저기하고, 논맬 때. 논을 이제 세 번 매유. 그러니까 논을 세 번 매는데, 두레 맬 적에 그 때 장단 맞춰가면서 장구도 치고 북도 치고. 치는 사람 치고. 깃발 같은 거를 만들었다고. 아이고, 꼭대기에 달고 거기다 뭐야? 꿩 털! 그 끄트머리다 꽂고, 십오메타 이상으로. 큰 대나무에다 꽂아갖고 매달았어. 동네 분들 다 쫓아댕기고…….

아시벌, 초벌. 만물. 만물이 제일 마지막. (조사자 : 두레패가 세 번 다해요?) 만물할 때가……. 대개 칠석 전에 끝나쥬? 만물할 적에 그 때가. 그 때는 지금처럼 일찍 모내기를 하는 게 아니라, 6월 10일 경에 시작해가지고서 25일경까지 심었으니까. 6월 말까지쥬. 겨드랑이 아프면 심지 말라는 소리 아녀? (조사자 : 뭔 말씀 하시는지?) 밤송이가 가시가 억세 가지고 겨드랑이 꼈을 때 아프면은 그 때 모심으면 안 된다는 소리여. 부드러울 때 껴서, 겨드랑이다 껴도 아프지 않을 때 모를 심으면 그 모가 커서 먹을 수 있는데, 겨드랑이에 껴서 아프면. (조사자 : 아플 땐 이미 늦었다?) 어. 늦었다라는 얘기지. 경험으로 그걸 맞춘 거지, 옛날 분들이. [김태부(남, 66)]"

제보자 김태부의 구술 또한 두레에 관한 것이다. 그는 두레 조직의 노동이 김매기를 중심으로 이루어졌다고 하였다. 그리고 당시에는 지금과 달리 모내기가 6월 초부터 중순에 걸쳐 이루어졌음을 확인하여 주었다.

이 마을의 두레에 관한 또 다른 구술을 옮긴다.

"(조사자 : 아까 풍물 치고 두레 기 가지고 다니며 일했다고 했지요?) 예. 그전이 했시유. 그전이 부락 부락이 다 있었시유. 그게. 예, 쪼끄만 기도 있고, 큰 기도 있고. 영기 쪼끄만 거 그것도 있고, 기가 왔다갔다 해유. 기가 인사도 해유. 늦게 난 거(두레 기를 다른 마을에 비해 늦게 만든) 그거는 인제 먼저 난 게(먼저 두레 기를 만든 것이) 으른여. 그 으른 보고 절

해야 하고. 큰 기 갖고. (조사자 : 그게 언제 적 이야기에요?) 그게 옛날부텀 있었으닝께 몰르지. 우리는. 저의 클 때부텀 있었지. 아주 어렸을 때부터 있었지. (조사자 : 두레패가 어떤 일을 했어요? 모내기를 했나요?) 아녀? 모내기 때는 가도 않는 겨. 논 맬 때. 풍장치고 지신 맬 때 다 모여서 그때 논 매구 막걸리나 한잔 하지. [정기순(남, 79)]

(조사자 : 논매기 할 때 노래도 하고 그랬죠?) 그러믄유. 얼카댕이라구 했어. 논매는 거 보구. (직접 소리를 매기며) '얼카덩어리 잘 넘어 간다, 여기두 한 댕이 저기두 한 댕이' 이러믄서 논매러 대녔잖아. 그거 호미루다가 (호미로 논바닥을 긁는 시늉을 하며) 이러케 덩어리 잡아댕겨서 얼카댕이여. 운산 아버지가 소리를 잘 맥였어. 운산 아버지가. (청중 : 죽었슈.) 그전에 잘 했쥬. (곡조를 붙여) '얼카덩어리, 여기두 한 댕이 저기두 한 댕이 잘 넘어 간다.' (청중 : 여자들은 논 안 매러 다니잖어? 청중2 : 여자덜은 논 안 맸슈.) 맸어. 내가 지금 팔십 둘인디 논 안 매러 댕겼으면 어떻게 (얼카댕이 소리를) 알어. 내가 맸으니까 알어. 그런디 운산 아버지가 (호미로 논바닥을) 득득 긁으면서 따러만 댕기라구 했어. (조사자 : 할머니, 논 맬 때 얼카댕이 그 소리 말고는 없었어요?) 몰라. 인제 나이 먹어서 다 잊어버렸어. (청중 : 아녀, 얼카댕이 어하댕이 그랬지. 따른 거 안 했었어. 그 왜 그랬냐므는, 얼카댕이라구 하냐믄, 논에 풀이 이르케 있잖아요. 그거 호미로 폭 파서 뒤집고, 죽으라고 하잖아. 그 때 어하댕이 하고 댕이를 넹길 때 그러는 거여. 괜히 그러간? 하하.) [양성진(여, 82)]

집에서 밥해주고 우리 어머니가 새벽부터 일어나서 술 거르고 당최, 술을 한 동이 해갖고 식전부터 걸러. 그때는 (청중 : 그 양반은 숱하게 걸렀을 껴.) 북 치구 장구 치구 다 하구. (조사자 : 논이 많은 사람도 있고 적은 사람도 있을 텐대?) 아, 즉게 매는 사람은 잠깐 끝나구 많이 하는 매는 사람은 오래하고 그랬지 뭐? (조사자 : 아, 적은 사람은 하루 하고 많은 사람은 여러 날 하고? 청중 : 논이 많은 사람은 돈도 내고 그랬지 아마? 청중 : 둥글레 했지. 조사자 : 둥글레?) 둥글레는 한 디 모여서 댕긴다고 둥글레라고 하지. 이 집 논 저 집 논 품앗이로. [조성분(여, 83)]"

위에서 논 맬 때의 소리로 얼카댕이가 있었음을 볼 수 있다. 그리고 많은 논을 보유한 가정에서 두레패를 위한 새참이나 식사를 준비하였음도 엿볼 수 있다. 실제 제보자들은 이구동성으로 논이 많은 집에서 점심이나 새참을 냈다고 하였다. 따라서 논을 많이 가지고 있는 집의 주부는 그 음식을 해내느라 고생을 하였다고 한다.

삼복 유월에는 삼복(三伏)이 끼어 있다. 복날에는 옛부터 장국이나 삼계탕으로 보신하는 관습이 있는데 지금도 이러한 보신 풍속이 전한다. 계원이나 가까운 사람들이 어울려 개를 잡는 예도 있고, 인근의 음식점에 가서 보신을 하기도 한다.

칠월속

칠석 예전에는 칠석날 풍물을 치고 길을 닦았다. 그리고 마을 사람들이 모여 공동샘을 퍼내는 등으로 샘 청소를 하거나 공동 우물을 팠다.

> "오늘이 칠석인디 풍물 쳐 가므, 마을 길 닦어 가므 칠석날 모여서 샘을 펐다고. 물을 다 퍼냈다고. 막 꽹가리 쳐 가믄서 '물구멍 뚫어라!' 소리도 하고. 샘 팔 때도 그거 아녀? 대개 칠석날 마을 동네 샘을 팠다고. 돌 차곡차곡 싸서 그거 해 가믄서. 돌을 쌓는 걸 딤지 쌓는다고 해유. 샘을 파가지고 (돌을) 차곡차곡 쌓쥬. 칠석날 샘 파는 거 가운데 풍악을 울릴 때 장단을 '뚫으세 뚫으세 물구멍을 뚫으세!' 이렇게 치는 거여, 꽹과리로, 그 장단이여. (조사자 : 그게 언제 이야기?) 60년대 중반 고 때. 65년 고 때만 해도 우물 먹었어. [김태부]"

요즘에는 칠석날과 관련하여 이루어지는 행사가 없다. 이 일대 지역에서 다수 발견되는 칠석날 비손과 같은 사례를 이 마을에서는 찾아볼 수 없다.

호미씻기 해방 전후에 하였던 것으로 호미씻기가 있다. 호미씻기는 전답의 풀을 잡는 일을 마무리하였다는 뜻이라고 한다. 농사에 있어서 풀을 잡는 일은 매우 비중 있는 일이다. 풀을 잘 잡느냐 못 잡느냐에 따라서 농사의 풍흉이 갈리기 때문이다. 실제 김매는 일은 단순하지만 고통이 따른다. 이러한 풀잡기 노동의 끝을 칠석날로 본 것이다. 제보자 가운데에는 칠석이 아니라 백중에 호미씻기를 한다고 하는 이도 있다. 요컨대 음력 7월의 칠석이나 백중은 풀잡기 작업의 마감을 의미하는 날이라고 한다. 따라서 이날 호미를 씻어 보관하고 한편으로 그동안의 노동을 자축하여 흥겹게 노는 날로 삼았다.

둑제 둑제는 연호방죽에서 음력 7월 중에 지내는 고사를 말한다. 과거 대합덕리에서는 매년 음력 7월 용날(辰日)에 합덕 연제수리계의 주관으로 둑제를 지냈다. 둑제는 방죽 제방 중간 부분인 왜목과 상흑 사이의 둑 위에서 몽리지역 경작자 대표와 수리계장, 이사 등 주민 100여 명이 모여 지냈다. 제물은 돼지머리, 삼색실과, 술, 포 등이다. 이들 제물을 차려놓고 제사를 지냈다. 제의 진행은 진설, 분향, 헌주, 독축, 배례의 순이었다. 제의 목적은 수리시설의 사고예방과 안정적인 수원의 공급을 감사하는 것이었다.

일반적으로 이 둑제는 대합덕리, 옥금리, 합덕리, 도리, 상흑리, 신석리의 6개 마을이 연합하여 지냈다. 곧 이들 마을이 연합하여 연지교 방죽 둑에 모여 둑제를 지낸 것이다. 제관은 이들 6개 마을의 동리 책임자와 수리조합 계장이 맡았다.

추석

추석 1~2주 전에 조상의 묘를 돌면서 벌초를 한다. 예전에는 낫을 가지고 묘역의 풀을 제거하였으나 요즘에는 대부분의 민가가 예초기로 풀을 깎는다. 보통 벌초는 자손들이 특정일을 잡고 다 함께 돌며 하는 예가 우세하다. 이 마을 역시 자손들이 공동으로 벌초를 하는 사례가 많다.

추석을 맞이해서 이 마을에서는 차례 대신 추모제를 지낸다고 하였다. 가정에 따라서 실과나 송편을 상에 놓고 추모 기도를 하는 집안도 있다고 하였다.

또, 성당이 중심이 되어 천주교 공원묘지에서 합동 미사를 올리기도 한다. 이때에는 인근 여러 마을의 교인들이 모두 모여 성당 주관으로 미사를 올린다. 미사가 끝나면 개개 주민들이 자신의 조상 묘지에 가서 묵도를 하거나 절을 한다.

한편, 양력으로 8월15일을 성모승천이라 하여 기념행사를 갖는다. 성모승천이란 예수님의 어머니 생일이라고 한다. 따라서 이날을 기념하기 위한 행사로 합덕리 천주교 성당의 교인들이 모두 참여하여 미사를 올리고 체육대회를 갖는다. 이때의 체육대회는 마을별 경합의 방식으로 이루어진다.

“하느님이 어머니 저기 생일날, 양력 팔월 십오일 날. 그날은 여기서 풍장도 치고 놀아유. 음식두 차려먹구. 뭐 있는 대루 다 차리지 뭐. 돼지도 잡구. 그라구 그냥 온, 몇 동네가 다 모여가지구서 저, 축구두 하구. 배구, 배구두 하구. 저기 저 교회 뒤가 잔디밭이 큰 게 있었어유. 아주 떡 시루 없는 게 없어유. 풍장두 하구. 시합을 하지. 뭐 도리, 전월리, 운산리, 저 저짝이가 어디든가? 옥금리, 다 와유. 여러 마을이 와서 다 시합을 해유. 상두 주고. 작년에는 뭐 저기 서울서, 저기 가수들도 불러 오고 큰 단상 올라가 노래하는 디 맨들어 놓고, 동네 잔치지. [송순애(여, 86)]”

동지속

동지는 음력 11월 중에 든다. 전통적으로 동지에는 팥죽을 쑤어먹는데 이러한 풍속은 지금까지도 전한다. 그런데 관습상 동지가 11월 초순에 들면 팥죽을 쑤지 않고 떡을 찐다고 한다. 팥죽을 쑤는 것은 동지가 중순이나 하순에 들었을 때라고 하였다.

“동지도 애동지는 저기 안 하고, 노동지는 팥죽 쑤어먹고. (조사자 : 그럼 중동지는?) 중동지는 없고 대개 애동지 노동진디, 애동지 때는 팥죽을 쑤어 먹으면 언내들이 다 죽는다 해가지고 팥죽을 안 해먹고 떡을 해 먹었슈. 백설기지. [김태부]”

위의 제보자는 동지를 애동지와 노동지로 나누었으나 다른 제보자는 동지를 애동지, 중동지, 노동지로 구분하여 설명하였다.

그런데 이러한 사례는 과거의 것이라고 한다. 실제 이 마을 사람들은 이러한 전통적 관념에 별 관심을 두지 않는다. 동지에 팥죽을 쑤는 관습이 남아 전하지만 그 관습에 얽힌 민간신앙 요소에 대해서는 대부분 부정한다. 조상 대대로 해오던 미풍양속이기 때문에 이날 팥죽을 쑤어 먹는다는 것이다.

선달속

성탄절 양력 12월 25일은 예수 탄생을 기념하는 날이다. 마을 사람들은 24일과 25일 성당에 모여 예수 탄생을 기념한다. 이날의 행사는 인근의 천주교 신자들이 빠

짐없이 참여하는 가장 큰 행사 가운데 하나이다.

수세 음력 12월 그믐날에는 수세(守歲)를 하였었다. 개개 주민이 자신의 가택 내에 불을 켜놓은 채로 가는 해를 보내고 오는 해를 맞이하였었다. 그런데 이러한 풍속은 점점 사라져 지금은 거의 전하지 않는다.

통과의례

출생과 생육

민속의례적 관점에 보았을 때 출생의례는 기자(祈子)로부터 태몽, 태교, 해산, 산후처리, 생육 등의 과정을 포함한다. 합덕리에서의 출생의례 조사도 이러한 관점에서 비중을 두어 시행하였다. 그러나 이 마을의 경우 기자나 해산에 있어서 민간신앙적인 관점의 행위가 대부분 탈락되었다. 부연하면, 전통적인 관습이나 인식이 수용자에 의해 비합리적인 것으로 판단될 때 이를 과감히 버리는 태도가 발견된다. 그리고 이러한 태도의 기저에는 이곳 사람들의 종교관이 깔려 있다.

기자(祈子) 기자암에서 빌었다거나 산천기도를 하였다는 등의 전통적인 방식에 의한 기자의 사례는 찾아보기 어렵다. 다만, 성당에 나가 기도를 하였다는 사례가 있다. 그런데 70~80대의 이곳 사람들 대부분은 많은 자녀를 두었다. 9남매로부터 5남매 등 다수의 가정이 많은 자녀를 두고 있다. 때문에 특별히 '기자가 필요 없었다' 고 주장하는 이도 있다.

태몽(胎夢) 기자의 사례는 찾아보기 어렵지만 태몽의 예는 다수의 제보자에게서 발견할 수 있었다. 그리고 대부분의 제보자들은 이 태몽에 대해 상당한 신뢰를 표시하였다. 곧, 태몽의 내용에 따라 성별이 구분되고, 태몽의 내용이 출생할 아기의 운명에 영향을 미친다고 보았다. 태몽의 사례를 아래에 제시한다.

[예화1]

"내가 우리 아들 태몽 꿈 꿨는디, 저기 배암이 바가지를 물드문 그랴, 저기 냇갈이서 바가지다 물 뜨믄 뱀이 떠져. 김치꺼리 담글라구 바가지다 물 뜨믄 뱀이. 아, 그래서는, 그러커구서는 집이를, 수락지(담는 도구) 그늠을 이구서는 집이를 왔는디, 토광이다 놨시유. 인자, 근디 야중에 보니께, 꿈이, 그 속에 흙이 하나 들었는디, 그 속에 뱀이 또 들었슈. 그랜는디 아들이 생겼는디, 잘 살드라구. 그러니께 꿈대루 가드라구? 잘 살드라구.

그것부구 뭐래? 풍물 있잖유. 그것이 방안으루 가득했어유. 하하. 그래가지구 아이구, '부자 될 아들 하나 나컸구나' 그랬드니. 그러니께 잘 살드라구. 그래 꿈은 다 맞어.

우리 이제 신부 꿈을 꿨는디, 아니 저기 교장네 마당에 가니께 밤나무가 하나 있는디, 밤이 밑이가 떨어지잖유. 그래 내가 밤을 줏었어. (청중 : 그것두 아들인디.) 줏으니께 교장 어머니가 돌아대니드라구. 돌아댕기면서는 하얀 할머니가 그냥 거기를 빵빵 돌아대녀. 그래서 아들을, 밤을 줏으러 댕기는 걸 봤어. 그러니께 아들을 낳트라구. (청중 : 밤은, 알밤은 아들여.)

그러구서 딸은 말여, 딸은 인자 저기 (청중 : 다 꿨네?) 이, 인자 나는 다 꿨슈. 애덜마다 다 꿨슈. 인자 딸은 아이 저기 옛날에 저기 찬상이 있잖유? 부엌이 가니께 찬상이 가 밤이 새카만 밤이 한주먹 들었대? 그래서 '이건 뭐 하느냐?' 구 꺼내다가 죄다 내부렀어. (청중 : 하하! 그래서 딸 낳다.) 그랜는디, 딸 낳는디, 딸이 생전 오지를 않어. (청중 : 미국가 있으니 올 수가 있나?) 그래서 다 맞는다구 그게. 꿈이.

그러구 배암이, 뱀한티 물리무는 그 아들이 그러케 속을 썩인다. 죽을 때까지 속 썩인댜. 아주 죽을 때까지 속 썩인댜. 그리니께 꼭 맞고, 태몽이라는 건 꼭 맞어. (청중 : 영락없이 맞어.) [2006. 7. 5. 조성분(여, 83)]"

[예화2]

"여기 큰 애 은실아비는, 어딜 가는디 왜 문 장그는 문통 있잖아? (청중 : 자물통?) 어, 그 자물통이 하나 떨어져 있대. 어, 이거 갖다 우리 문이나 장거야 가따 하고 그러구 그거 하나 또 가져왔어.

그러고 또 작은 아들 날 적에는 한정초등학교 가는데 둠벙이 있어. 가다 둠벙을 들여다

보니께 은동곳 이러케 빤짝빤짝 하는 거, 그걸 줏었지. 그랬는디 그게 둘 다 아들여. 그런대 그게 조터라구. (청중 : 동곳이 남자꺼지 남자꺼. 남자 상투 꼽는 거.) [2006. 7. 5. 송순애(여, 86)]"

[예화3]

"우리 첫애 애 스는디, '할머니!' 그르니께, '왜?' '아, 간밤에 근디 나는 꿈도 이상해요?' '무슨 꿈 꿨간?' '꿈을 꾸니깐 용이 우리 안 마당에서 용트림을 하고 막 올라가대 할머니.' (청중 : 그거 큰 사람 되겄는디? 될라구.) '돈을 바지게로 줍겄다, 이놈아!' 근데 애가 있어서 낳는데 아들이더라구. 하하. (청중 : 용은 아들이래. 구랭이두 그러쿠.) [2006. 7. 5. 임정숙(여, 80)]"

[예화4]

"나는 꿈을 꾸니께 구랭이가 막 나를 착 싸대. 그래 내가 그 이튿날 할아부지한테 '아이구 구랭이가 막 내 몸뎅이를 싹 하구 싸드라' 구. 그러니께 아이, '아들인가보더라' 구 그러대. 우리 시아버니가. 아이 구랭이를 큰 늠 하나 꿨는디. 첫 애 낳는디 우리 시어머니두 구랭이 꿈 꿨댜.

근디 둘째 머슴애 낳는디는 아이구 용이 말여, 워서 큰 용이 방으루 홱 하구 들어오대, 홱 하구 들어오니께, 내가 그 소리를 하니께 우리 친정어머니가 그것두 또 아들을 나컷구만. 그러구 또 아들을 나태. 아이 그런 꿈 많이 꿨어.

그런디 죽은 머슴애, 개는 어쩐게 꿈을 꾸니께, 냇깔이 큰 냇깔인디 근너갈라구 보니께 송사리새끼 하구 붕어새끼 하구 둥실둥실 떠내리가는데 보니께, 다 죽었대유. (청중 : 아!) 그래서 물이 빠져서 죽었어유. (청중 : 방죽에 가서 수영치다가, 수영치구 나와서 발발발발 떨구 앉었드랴. 그런디 재벌 들어가드랴. 들어가지 마라, 들어가지 마라 했는디 재벌 풍덩 하구 들어가더니 한참 있다 솟구치더랴.) 꿈을 꾸니께 그러케 죽은 고기가 떴더라구. 애 꿈을 꿨는디. [2006. 7. 5. 이데리사(여, 78)]"

위의 지문처럼 제보자들은 한결같이 태몽이 출생할 아기와 깊은 관련이 있음을 표명하고 있다. 특히 예화4에서의 죽은 물고기 꿈이 하나의 전조가 되어 현실로 나타났다고 하는 주장은 꿈에 대한 제보자의 인식을 엿볼 수 있는 대목이다. 그리고 아들 태몽으로 구렁이, 용, 알밤, 은동곳 등을 꼽고 있다. 반면 딸 태몽은 집에 있던 썩은 밤을 버렸다고 하는 것과 같이 부정적인 요소가 개입되어 있음을 볼 수 있다.

이와 같이 태몽의 상징물을 남녀 구분의 근거로 삼는 예는 예화 이외의 다른 조사자료를 통해서도 나타난다. 제보자들은 아들 태몽은 황소, 호랑이, 늑대와 같은 강인한 동물인데 비해 딸 태몽은 토끼, 금붕어, 꽃뱀 등이라고 하였다. 열매에 있어서도 아들 태몽은 늙은 호박, 알밤, 홍시, 붉은 고추, 늙은 오이 등인데 비해 딸 태몽은 풋고추, 애호박, 땡감, 풋밤이라고 하였다.

태교(胎敎) 태교에 대한 질문에 대하여 대부분의 제보자들은 특별히 한 것이 없다고 하였다. 먹고 사는 문제도 힘겨웠는데 뱃속의 아기를 걱정할 겨를이 없었다는 식의 답변을 하였다. 그런 가운데서도 몇 몇 제보자는 시어머니로부터 "음식을 먹어도 한 가운데를 먹고, 방에 앉아도 한 가운데에 앉으라"는 소리를 들은 적이 있다고 하였다.

실제 태교는 음식과 행위, 정신적인 것이 주를 이룬다. 음식의 경우는 맵거나 짠 음식을 피한다. 또 혐오스런 음식도 피해야 한다고 한다. 제보자 임씨는 "넷째 아들을 임신하였을 때 다른 음식이 당기지 않아 고추를 많이 먹었다. 고추를 한 바가지 따다가 그것을 고추장에 찍어 먹었다. 이후 아기를 낳았는데 아기의 머리에 머리카락이 하나도 없었다. 백일이 지나서야 노란 털이 났다. 현재 성인이 되었는데도 머리숱이 많지 않다"고 하면서 자신의 태교가 잘못되었다고 하였다.

음식에 관한 것으로 닭고기나 오리고기를 먹지 않는다고 한다. 이들 고기를 먹으면 아기의 피부가 닭살처럼 거칠고, 손가락이나 발가락이 붙을 수 있다고 한다. 제보자 이씨는 시어머니로부터 이러한 소리를 들었다. 그런데 임신 중에 닭고기를 먹었다. 이후 이것이 근심이 되어 항상 불안하였다. 그리고 해산을 하였을 때 제일 먼저 아기의 손가락과 발가락을 살펴보았다. 그런데 아무런 이상이 없어서 이후부터 음식 금기가 거짓이라고 생각하게 되었다. 이 외에 음식 금기로 감주를 먹지 않는다. 감주를 먹으면 아기가 귀를 앓는다고 한다. 문어대가리 역시 먹지 않는다. 만일 이것을 먹으면 머리카락이 노랗게 된다고 한다.

태교와 관련된 행위로 힘든 일을 하지 않는 것이라고 한다. 하지만 대부분의 여성이 실제는 그렇지 못하였다고 한다. 합덕리가 농촌이기 때문에 항상 일이 있었고, 비록 임신을 하였더라도 이 일에서 벗어날 수 없었던 것이 현실이라는 것이다. 그 외에 싸움, 달리기, 무거운 것을 머리에 이는 등의 행위를 금하였다. 정신적인 것으로는 남을 미워하는 마음을 버리고 좋은 말을 하는 등 선한 마음을 가지는 것이라고 하였다.

해산(解産) 70대 전후의 제보자들은 대부분 자신의 집에서 아기를 낳았다. 친정에 가서 아기를 낳는 예도 있으나 이는 소수의 사례에 속한다. '아기를 낳을 때 삼신상을 차리는가'에 대해 질문하였지만 삼신상을 차린다고 하는 사례는 듣지 못하였다. 그리고 아기를 낳을 때에 이웃이나 시어머니 또는 친정어머니가 아기를 받는다고 하였다. 혼자서 아기를 받아본 경험이 있는가에 대해서는 다수의 사람이 그렇다고 하였다. 초산인 경우는 사람을 불러 아기를 받지만 여럿 낳다 보면 혼자서 받게 되는 경우가 있다고 하였다.

"(조사자 : 애 낳을 때 삼신상을 차리나요?) 아아, 그거는 안 하쥬. (조사자 : 힘 줄 때는?) 화자1 : 이거 사람 있으믄 사람을 붙잡구 사람 없으믄 이불 보탱이 갖다 노코 지대구 힘주구 낳쥬. 그렁께 기저기 하구 실 하구 가새 하구 갖다 노쿠 이러케 한다구. 삼 가를라구. 호라씨(혼자서) 어트겨. 그러케 심을 주구 죽을 악을 쓰구 나무는 인제 본인, 엄마가 일어나서 삼을 갈르야지. 짤르야지. 옆이 사람 없으믄 엄마가 짤르지. (청중 : 집이두 혼자 한 적 있어?) 화자2 : 혼자 난 적 있느냐구? 혼자 나두, 끝트로 가서 내가 삼 갈랐어. (청중 : 우리두 막내 내가 삼 갈랐어. 우트케! 아무두 없는데.) 나는 아들 여섯 딸 싯 났어. 화자3 : 애기 아빠는 있는데 나는 (쪼그리고 앉아서 문고리를 잡는 시늉하며) 이르케 매달려야 나유. 그 문고리 그걸 붙잡구 매달려서 심을 주니께 철석 주저앉을까봐 애기 아빠가 (허리 쪽을 가리키며) 여길 안구 있더라구. 그게 나니께 우두둑 하드랴. 그러드니 나드랴. 그러구 (남편이) '여자들 독하다.' 그러드라구. (청중 : 그래두 또 나쿠, 또 나쿠. 얼마나 미련햐.) 이르케 (아기가)

모로 두러눕는다는구먼. (청중 : 말도 못하게 미련하게, 아침에 낳는디 저녁에 밥 해먹네 그 썅할 껴.) 애기가 모로 두러눴어. 그렁께 이르케 잡으다려보니께는 자지 달렸드라네, 아이고 자지 달렸다고 좋아서 야아! 하하하하하."

해산 후 제일 먼저 하는 것이 태를 가르는 일이다. 태는 아기의 배꼽으로부터 가위 한 뼘 정도 지점을 가른다. 먼저 이 지점의 양쪽을 실로 묶고 그 가운데를 가위로 자른다. 태를 짧게 자르면 아기가 소변을 자주 본다고 한다. 태를 자른 뒤에 아기를 씻기고 배내옷을 입혀 따뜻한 곳에 둔다.

태의 처리로 태우는 방법과 묻는 예가 있다. 태를 묻을 때는 깨끗한 장소를 택한다고 한다. 제보자 조씨는 2개의 사발을 이용하여 그 속에 태를 담은 뒤 묻는다고 하였다. 곧, 하나의 사발에 태를 담고 다른 하나의 사발로 뚜껑을 삼아 덮은 뒤 이것을 땅에 묻는다는 것이다. 태울 때에는 마당에 왕겨를 쌓고 그 속에 넣어 태우는 것이다. 이 불은 삼불이라고 하는데 이 삼불 속에는 산실에서 나온 오물을 함께 넣는다. 이렇게 삼불을 피워 태를 태운 뒤에 그 재를 흐르는 물에 띄우거나 땅을 파고 묻는다.

해산 후 산모는 미역국과 쌀밥을 먹는다. 이후 산모가 꺼리는 음식으로는 매운 것과 짠 것, 또, 딱딱한 음식을 피하는 것이 좋다. 무김치도 먹지 않는다. 이처럼 무김치나 딱딱한 음식을 먹으면 산모의 이가 솟는다고 한다. 곧, 이가 솟아서 흔들리고 치통을 겪는다고 하였다.

아기를 낳은 뒤에 금줄을 걸지 않는다. 아기를 낳은 뒤 이웃에서 바로 구경 오는 예도 있다. 하지만 대부분 사람들은 여러 날 지나서 아기를 보러 온다.

생육 70대 전후의 제보자들은 모유를 통하여 아기를 길렀다. 그런데 다수의 제보자가 먹는 것이 넉넉하지 않아 젖이 부족하였다고 한다. 이 경우 젖을 많이 나게 하기 위해여 돼지 족을 삶아서 먹었다.

"돼지 족, 돼지 족을 먹으야지 소 족 먹으면 소용없어. 돼지 족은 아주 그즛말 하는 거 가터. 그냥 돼지 족만 삶어먹는디, 아침에 먹으믄 젖밥 때만 되무는 애가 젖을 버떡버떡 생겨.

메칠 먹구서 그게 떨어졌다, 아침에 먹구서 떨어졌다 하무는 저녁 때 가서 젖이 안 나와. (청중 : 우린 그렁 것두 몰러. 암 꺼두.) 나는 젖이 안 나와서 숫하게 먹었어. 그런디 소 족을 사다 먹으니께 먹기두 고약하구 젖두 잘 안 나더라구. [임정숙(여, 80)]"

아기를 살피는데 있어서 제일 두려운 것이 열나는 것과 경기라고 하였다. 이들 열과 경기는 함께 나타나기도 한다. 곧, 아기가 몸에 열이 나면서 경기가 따른다는 것이다. 하지만 1970년대 이전만 하더라도 주변에 변변한 병원이 없었다. 따라서 이 마을 사람들은 침술가에게 의지하였다.

"(조사자 : 아기가 경기가 나면 어떻게 하나요?) 업구서 침쟁이 찾아가는 겨. 근디 어른네가 세 살 먹었는디, 앉어서 지침을 콜록 콜록 콜록 하네. 쓰러지더라구. 그래 인저 정기가 나는디, 으른들 한티 그 말을 들었거든. 코 빨믄 낫는다구. 그래서 인저 (양 미간을 가리키며) 여기를 비비고 코를 내가 이르케 쥐고서 잡아댕기니께 (아기가) 숨쉬대, (청중 : 코를 쥐고?) 이, 숨 쉬대. 빨 것 없이 손으로 잡아댕기니께. (청중 : 지금이야 애들키기 쉽지. 옌날에는 어려웠어. 반타작도 못 했어.) [조성분(여, 83)]"

혼인속

합덕리 사람들은 합덕성당을 혼인 장소로 삼는다. 성당에서 혼배성사를 통하여 결혼을 하는 것이 하나의 전통으로 자리 잡았다. 이러한 전통은 이미 해방 이전부터 정착된 것으로 지금까지 변함없이 유지되고 있다.

요즘도 이러한 성당에서의 혼배성사 사례를 볼 수 있다. 사실 이 마을은 20~30대의 젊은 사람들이 거의 거주하지 않는다. 그럼에도 2006년의 경우 연초부터 7월 말 현재까지 10여 쌍이 혼배성사를 통하여 결혼을 하였다. 마을에 젊은이가 없음에도 성당에서 혼인이 이루어지는 것은 자녀가 자신의 고향에서 결혼식을 올리기 때문이다. 이런 이유로 성당에서의 혼배성사는 매년 성황을 이루고 있다.

성당의 한쪽에는 별도의 건물이 있다. 이 건물은 성당 사람들의 회관으로 사용된다. 그리고 혼배성사와 같은 행사 때에는 손님을 접대하는 임시 식당으로 사용되기도 한다. 최근에는 대부분의 혼사에서 뷔페식 접대를 하게 되는데 그 음식을 펼쳐놓는 장소로 이 회관이 이용되는 것이다.

음식은 혼주가 손님의 수를 사전에 예상하여 주문한다. 300명의 손님을 예상하여 그 수만큼의 음식을 주문할 경우 음식점 주인은 이보다 많은 음식을 준비해 온다고 한다. 음식점 주인은 언제나 음식을 넉넉하게 준비해 온다는 것이다. 그리고 그 음식 비용은 일인분에 만 원에서 만 오천 원인 예가 가장 보편적이라고 한다. 보다 잘 차리려고 하는 혼주는 이만 원 이상의 음식을 주문하기도 한다.

신랑의 혼주가 합덕리에 거주하고 신부의 혼주가 외지에서 올 경우 신랑측이 음식을 제공하는 예도 있다. 이는 신부측의 하객이 많지 않기 때문에 신랑이 부담하는 사례라고 한다. 만일 신랑과 신부측의 하객이 동시에 많을 경우는 신랑이나 신부 어느 한 쪽이 읍내의 식당을 예약하여 그곳에서 손님접대를 한다.

4대째 천주교 신자라고 하는 한 제보자는 결혼의 조건으로 종교를 꼽았다. 본인 또한 부모가 선택한 천주교 신자와 혼인하였다. 그는 '해방 전후에 합덕리 일대의 천주교인들은 대부분 천주교인과 혼인하였다' 고 하였다. 그 당시에는 대부분 교우들끼리 혼인하였다는 것이다. 그러면서 교우들끼리는 믿음만 확실하면 조건을 따지지 않았다고도 한다.

이러한 교우들끼리의 통혼 관습은 자녀들에게도 대물림된다고 한다. 이를테면 자녀들 또한 천주교 신자를 대상으로 배필을 선정하고 그와 혼인케 한다는 것이다. 이러한 교우 간의 혼인 관습은 합덕리 마을의 고유한 풍속이기도 하다.

그러면 지금부터 80대 전후의 제보자들을 통하여 과거의 혼인속을 정리한다. 다수의 제보자가 여성인 점을 감안할 때 이하에서 기록한 내용은 1950년대 이전의 혼인속이다. 구체적으로 응답자의 대부분이 16~20세에 혼인을 하였는데 그들이 현재 80세 초반인 점을 감안하면 1940년대 초중반에 결혼한 것이 된다.

의혼(議婚) 앞서도 밝혔듯이 이곳 사람들은 대부분 부모가 혼인 대상을 정하였다. 이렇게 혼인 대상을 정하는데 있어서 직간접으로 개입하는 인물이 중매쟁이이다. 이들 중매쟁이는 전문적인 사람이라기보다 혼주의 친인척이 많았다. 이를테면 혼인 당사자의 고모나 이모를 비롯하여 백숙부모 등이 조카의 혼사에 중매를 서는 일이 있었다고 한다.

그런데 일제 말기에는 처녀를 징용의 대상으로 삼아 어린 나이에 혼인하는 사례도 비일비재 하였다. 실제 제보자 가운데에는 일제의 처녀 공출이 임박하여 서둘러 혼사를 하였다고 답하는 이도 있다. 한 제보자는 당시에는 남자가 신체적인 결함이 있어도 장가들 수 있었다고 하였다. 왜인들에게 딸을 빼앗기느니 결함이 있더라도 그 사람에게 주는 것이 낫다고 하는 인식이 존재하였다는 것이다.

"(조사자 : 할머니는 결혼할 때 스무살이었고 할아버지는?) 한 살 더 먹었어유. (청중 : 나는 열일곱 살 먹어서 시집왔어. 할아버지는 옐여덜 살 먹구. 나는 열일곱 살 먹어서 시집왔어.) 그 때는 새악시 공출 땜에 다 어거지로 간 거여. 열일곱 살, 옐예덜 살에. 잘 못 하믄 다 붙들려 가잖아. 그럼. (청중 : 그 때 막 지지배 공출한다구 지지배덜 내노라구 막 야단났었어.) 아이 공출해서 그 사람덜, 일흔 후떡 후떡 넘은 할매들 다 병신 돼서 나왔잖아. (청중 : 그때는 딸들 있는 사람덜 다 오라구 해서 저녁마다 회의했어. 심지 뽑을라구. 심지 뽑으라구 하니께 안 간다구. 청중2 : 그 때 불구자들 장개 잘 갔지. 청중3 : 외볼팅이두 장개 갔댜. 글쎄?) 00이가 그래서 장개 갔댜. 한00이. (청중 : 그 사람이 아주 솜씨가 좋아서, 자방 기술이 좋았어.) 왜정 때 왜놈들이 다 잡어갔잖유. 그래가지구 군인들 부대에다 다 디밀었잖어. (조사자 : 그래서 나이가 어려도 다 시집보내려고 했네요?) 그럼, 아이 잘못 하믄 왜놈덜이 다 가져가무는 딸을 뺏기잖어. 일본놈들이 부대에다 늘찬유. 그러믄 군인들이 다 조져대잖어. 다 여자들이. 그거 다 (TV를 통해) 나오잖유. (청중 : 아, 그러게 한 집이서 붙잽여 가서 딸이 편지가 왔더랴. 왔는대 '아이구, 아부지 하룻 저녁에 사우 열둘씩 보니께 조컸씨다.' 흐흐) 그러니께 그 때 심지 뽑았씨유. (청중 : 근디 너무했어. 일본늠들이.) 일본늠덜 다 죽이야 햐. 옛날 스승 대가리 알두 센다구 했는디 뭐. [양00(여, 82)]"

택일과 납폐(納幣) 이 마을의 경우 혼인의 조건 중 가장 비중 있게 고려하는 것이 천주교 교우인가 하는 점이다. 이러한 조건을 갖춘 상태에서 양가의 혼주가 혼인 의사를 밝히면 바로 택일을 하게 된다. 그리고 이 택일은 대부분 일요일을 택하여 정한다. 또 택일을 함에 있어서 성당 신부에게 자문을 구하기도 한다. 이는 혼인 행사가 성당에서의 혼배성사를 통하여 이루어지기 때문이다.

납폐물은 한복 옷감 정도였다. 당시만 하더라도 대부분 사람들의 살림살이가 넉넉하지 않았기 때문에 간소하였다. 혼수 또한 특별한 것이 없었다. 이불과, 옷, 버선, 장롱 등이 전부였다. 그나마 장롱을 갖추어 오는 신부는 비교적 살기가 나은 사람이었다고 한다. 예단 풍속도 있었다. 제보자 조씨는 시가 사람들의 예단으로 버선을 지어왔다고 하였다.

혼인식 합덕리의 혼인식은 혼배성사의 의례절차에 따라 이루어진다. 이 혼배성사는 성당에서 천주교의 의식절차에 의해 진행된다. 그런데 예나 지금이나 성당에서의 혼배성사는 합동으로 이루어지는 예가 있다. 제보자 양씨는 60여 년 전 자신이 결혼할 당시에 3쌍이 함께 혼배성사를 하였다고 말하였다.

혼배성사 이후에는 하객에게 음식대접을 하였다. 음식대접은 혼주의 살림 형편에 따라 다양한 면모를 보여준다.

> "나는 시집을 가니께 막걸리를 내노트라구. 콩나물국만 한 사발씩 내노코. (청중 : 그 전이는 찢어지게 가난하니께?) 콩나물 국만 내 노코 그러구는 막걸리만 한 사발씩 먹어유. (조사자 : 전도 안 부치고?) 몰러유? 부치는지는 그건 몰르구 콩나물국만 한 사발씩 먹구 앉었대. (청중 : 우리는 잔치 잘 했드믄유. 돼지도 잡고 쌀밥 차리고.) [임00(여, 80)]"

위의 지문은 살림이 어려워 밥도 대접하지 못하고 콩나물국에 막걸리만 대접하였다는 내용이다. 제보자는 당시 잔칫상에 국수를 내놓는 집은 많았다고 하였다. 그러면서 콩나물국만 내놓는 집은 살기에 어려운 사례에 속하고 보통은 전도 부쳐서 내고 돼지고기를 손님에게 내놓았다고 하였다.

한편, 혼배성사 뒤에는 폐백을 하였다. 지금도 성당에서의 혼배성사 뒤에 성당 옆의 회관에서 폐백을 한다. 폐백을 올릴 때의 상차림은 닭, 밤, 대추, 쇠고기 산적, 맑

은술 등이다. 이들 음식으로 상을 차리고 시부모를 비롯하여 집안 사람들에게 차례차례 절을 하였다. 폐백을 할 때에는 집안 사정에 밝은 사람이 인사 받는 인물을 일일이 소개하였다.

혼인 첫날밤엔 신방 엿보기가 있었다. 혼인에 참석한 이웃들이 신방을 훔쳐보았는데 대체로 여성들이 많이 훔쳐보았다.

"(조사자 : 신방에 앉아있으면 신랑이 어떻게 해요?) 옷 벳기지. 족두리 벳기구 옷 벳기구. (청중 : 볼짱 다보구? 호호호호호.) 그라구 이불 속으루 들어가지. 문에다 침 발러서 쳐다보고. 그러치만 불 끄는 거 뭐 뵈나? (청중 : 그 때 문 뜰느라고 야단들 났었어. 이냐, 옷 벳기는 거 보느라구 그냥.) [양00(여, 82)]"

제보자는 옷을 벗길 때 버선을 잘 벗겨주어야 한다고 한다. 여성이 발을 작게 보이게 하기 위해 꽉 끼는 버선을 신기 때문에 스스로 이것을 벗기가 어려웠다는 것이다.

재행(再行)과 신랑 달아먹기 신랑집에서 하루나 사흘 밤을 잔 뒤에 신랑 신부가 신부의 친정에 가는데 이를 이곳에서는 '자향 간다' 고 하였다. 자향을 가면 새신랑이 오기만을 기다리는 사람들이 있다고 한다. 곧, 이들은 마을의 젊은 사람들인데 새신랑을 달아먹기 위해서라는 것이다.

"(조사자 : 혹 신랑 달아먹기도 있었어요?) 그때 있었지. 했어, 그 거. 자향 오면 신랑 달아맸지. (청중 : 신랑 달아먹는 거 겁나게 했어. 그때.) 아이, 천장에다 다리 묶어서 꿰달무는 인자, (발바닥을 가리키며) 여기를 패무는, 인자 패무는 인자, 막걸리 몇 통! 신랑이 불지. 동네 사람 다들 먹는 거유. (조사자 : 누가 다는 거에요?) 인제 그거 달러 오는 사람 청년들이 있지. (청중 : 동네 사람 모여 가꼬 달러 오는 거여.) 인자 '누구네 신랑 왔다' 하믄 인제 오지. 청년들이. (조사자 : 장가 안 든 사람들이?) 아, 장가 든 사람도 있고 안 든 사람도 있고. 막 불잖아! 막걸리믄 막걸리 몇 말! (조사자 : 신랑을 뭘루 때렸대요?) 에? 방맹이루. 방맹이, 납작한 방맹이루. (청중 : 빠따 방맹이라구 있어.) 빨래 방맹이, 그걸루 막 때렸지.

다듬이 방맹이두 있구 빨래 방맹이두 있구. (청중 : 하여간 방맹이루 때리대. 우리는?) (조사자 : 어디를 때린대요?) 발바닥. (발을 가리키며) 발바닥 여기를 때리지, 몇 대, 몇 대. (조사자 : 그러면 신랑 발을 묶어서 거꾸로 매달아요?) 그러치. (청중 : 꺼꾸루 매달무는 발 때려유? 이러케 손 묶어서 꿰달드믄. 발을 막 치더라구. 천장에다 꿰달어. 옌날에 이러케 상낭보, 거기다가 이러케 애기 띠 그걸루 손을 묶어서 상낭에다 꿰달구는 발바닥을 막 치더라구, 으, 몇동이 낼래? 갈비 및 짝 낼래? 그러믄 아프니께 어트가? 신랑이. 술 두 동이구 시 동이구 불르믄 처갓집이서 내능 게니까 불르지. 다! 청중2 : 그전이 닥을 잡어서, 냅따 들어가서 잡어가지구 털 뽑아가지고 볶아먹는 겨.) [조성분(여, 83)]"

해방 전후 무렵만 해도 신랑 달아먹기가 보편 관습이었다고 한다. 이 관습은 처가에 온 새신랑을 받아들이는 일종의 통과의례이기도 하였지만 무엇보다 배불리 먹을 수 있는 공인된 자리라고 하는 점에서 많은 사람들이 참여하였다.

그리고 신랑을 달아먹는 데 있어서 몇 가지 원칙이 있었다. 우선 손이나 발을 끈으로 묶어 상량에 매다는 것이다. 그리고는 발바닥을 때리는데 이때의 도구로 빨래방망이, 다듬이 방망이, 북어포 등을 꼽았다. 이 가운데 북어포는 비교적 후대에 등장한 것이라고 한다. 때릴 때는 꼭 발바닥을 때린다고 하였다. 경우에 따라서 엉덩이나 다른 부위를 때리는 예도 있는데 이는 감정이 실린 것이라고 하였다. 곧, 신부에게 감정을 두었던 인물일 가능성이 있다고 해석을 하였다.

한편, 처가에서 하루나 이틀을 자고 난 뒤 부부가 귀가한다. 이때에는 신부의 친정에서 음식을 준비하여 보낸다.

"친정에서 잔뜩 해가꼬 오지. 떡도 해서 한 동고리 해 가꼬 오고 엿도 과서 한 동고리 해 가꼬 오고, 고기도 및 근 가꼬 오고. 사는, 인자 자그네 잘 사는 집이는 소고기를 많이 가꼬 오고 못사는 집은 닭 가꼬 오고, 떡하고 닭하고 그러케 한 짐 지고 오는 겨. 지게에다 지어서 보내는 겨. [양성진(여, 82)]"

이렇게 준비 해온 음식을 이바지라고 하였다. 이바지는 시가의 부모에게 올리는 것이라고 하였다.

구전을 통해 본 혼인사례 기왕에 합덕리의 1940년대 혼속에 대해 간략하게나마 정리하였다. 여기에서는 이와 관련된 구술자료를 제시하여 당시의 혼속에 대한 이해를 돕고자 한다.

(조사자 : 옛날 혼인할 때 이야기 좀 해주세요.) 혼인할 때? 나요? 열여덟 살 먹어서 시집가서 가마타고. 가마타고 갔지. (조사자 : 연세가?) 지금 여든 하나. (일제가) 여자를 공출했어. 강제로. 그래 서둘러서 아버지가 이렇게 하시고, 중매로 하다보니까 혼인할 남자를 한 번도 안 봤지. 우리 시아버님도 옹기를 굽고. 우리 신랑은 그때 가 보니께……. 우리 할아버지? 내가 열여덟 살 먹었을 때 열아홉 살이었거든. 한 살 더 먹었지. 청년이었지.

(조사자 : 혼인할 때 할머니 집에서 하셨어요, 아니면 할아버지 집에서 하셨어요?) 어서 치뤘냐고? 성당에 가서 했지요. (조사자 : 할아버지도 천주교 신자고?) 그럼요. 신자지. 점촌에서 그릇 굽는 사람들이 다 천주교 신자여. (조사자 : 성당에서 혼례를 하고, 그날 바로 갔네? 신부 집에서 하룻밤도 안 자고?) 안 잤쥬. 그땐 어려웠응께. 시집에 갔는데, 자는데 할아버지 친구들이 여자 남자 할 것 없이 와서 문 뚫고 하하. (시집에서) 잔치를 하는데 콩나물로 국 끓이고 막걸리 한 사발하고. 우리 시아버지가 천주교 신자라서.

(조사자 : -옆에 있는 노인에게- 할머니도 혼인할 때 성당에서 하셨어요?) 나는 아녀. 어, 그때 나는 성당을 안 믿었어. (조사자 : 그 당시에 할머니는 다른 마을로 시집오신 거예요?) 아녀. 고향이 연안예요. 황해도. 연안이고 강화도 건너서 연평도, 고 근처. (조사자 : 그래서 6·25 때 내려오셨어요?) 네. (조사자 : 중매?) 네.

(조사자 : 미리 남편감 보신 할머니 계세요?) 못 봤지. (조사자 : 아버지가 정해 주시나요? 아니면 중매쟁이가 왔다갔다하면서 하나요?) 중매쟁이가. (조사자 : 중매하는 분들이 대체로 어떤 분들이에요?) 그렇지, 아는 사람이. 나 스무 살 먹고 섣달 초열흘날 갔쇼. 그때는 대개가 열여덟, 열아홉 고 때 다 했지. 혼인하는 날 한복을 입고, 집에서. 그 다음에 그 미사수건을 쓰고 성당에서 혼배성사를 하고, 그게 결혼식이지. 그렇지. (조사자 : 혼배성사를 하고, 근데 거기서 신랑을 처음 보고?) 신부님한테 다 언약을 해야지. 나는 신랑은 몇 번 봤지. (조

사자 : 그래서 이제 혼배성사를 한 다음에 신랑 집으로 곧바로 가요?) 신랑 집으로 들어가서 여행가는 사람은 여행가고. 나는 혼배하고 신랑 집으로. (조사자 : 뭐 타고 가셨어요?) 가마 타고 갔죠. 그 때는. 가마는 둘이 지고, 사륜교는 넷이 미고. (조사자 : 신랑은 말 타고?) 신랑이 사륜교 타고. (조사자 : 가마 속에다 친정어머니가 뭘 넣어주었나요?) 요강. 여물. 짚 쓸은 거. 지금 소 먹는 거만큼 쓸어요. (조사자 : 요강은 어떤 거?) 사기요강이지. 부자집이는 놋요강이고, 돈이 적으면은 사기요강이고.

(조사자 : 할머니 혹시 중매할 때 사주단자 받으신 건?) 다 받지. (조사자 : 지금까지 사주단자 보관하고 계세요?) 그까짓 꺼. 다 없앴지. (조사자 : 신랑 집에서 잔치를 하나요?) 그렇죠. 신랑 집에 먼저 가는 게 아니라, 가마타고 가서 색시 집에서 하룻 저녁 자고 그 이튿날 신랑 집에 가지. (조사자 : 아까 이야기하고 조금 다른데, 예를 들면 혼배성사를 받고 신부 집에 와서 하룻밤 자고 가요?) 예. 자고서 그 이튿날 신랑 집으로 가고 예, 그렇죠. (조사자 : -앞서 답변한 제보자를 가리키며- 할머니는 혼인하자마자 바로 신랑 집으로 가셨어요?) 예, 바로 신랑 집. (청중 : 신랑이 와서 하룻 저녁 자요. 그러고서 가는 거유.)

(조사자 : 이 마을에서는 장가를 받는다고 하는데?) 장가 받는 것은 처갓집에서 신랑자리 데려다 하룻저녁 재워서 그 이튿날 보내고, 또 형편이 저기한 사람은 장가 안 받고 직접 신랑 집으로 가고. 신방 차리는 것은, 그럼, 술상 차려놓고? (조사자 : 족두리 쓰고 앉아있으면 그 가족들이 신부 구경하러 오네요?) 가족들도 오고 이웃들도 오고 다 오지. 족두리 쓰고 앉아있으면 아주 어려워. (조사자 : 첫날밤에 신랑이 뭐뭐 내려주는 거예요?) 신랑이 족두리부터 벳기고, 옷 벳기고, 속옷만 입고 자는 거지. 그러면은 인저 바깥에서 동네 사람들이 다 와서 침 발라서 문구녕 뚫고 보자너? 옷 벳기는 거 구경할라고. 문을 다 찢어 놔. 하하. 밤에까지 볼라고 그걸 찢어. 그러다가는 시간 늦으면 자기네가 가지. [2005. 8. 11. 합덕리. 양성진(여, 81), 진순애(여, 85), 조성분(여, 82), 조정순(여, 78)]"

상 · 제례

상례(喪禮) 이 마을에서의 상 · 제례는 모두 성당이 중심이 된다. 상사의 경우 고인을 성당 옆의 별관에 모셔두고 염습(殮襲)의 과정을 수행한다. 발인은 사후 3일에 이루어지고 장지는 대부분 성당의 공원묘지이다. 별도로 선영이 있는 교인은 예외이

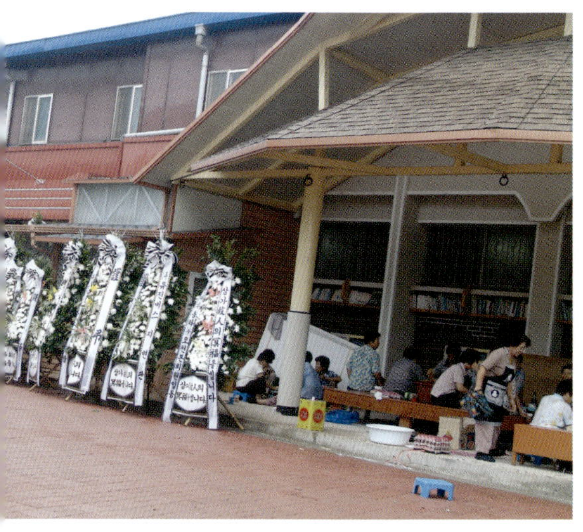

성당 별관에 임시로 개설한 장례식장

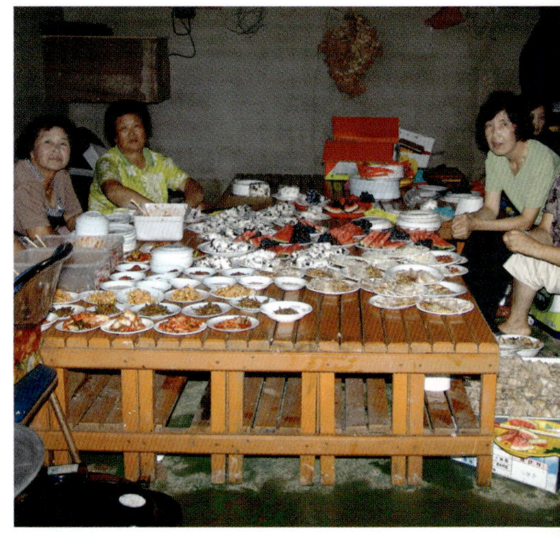

음식을 차리고 있는 마을 사람들

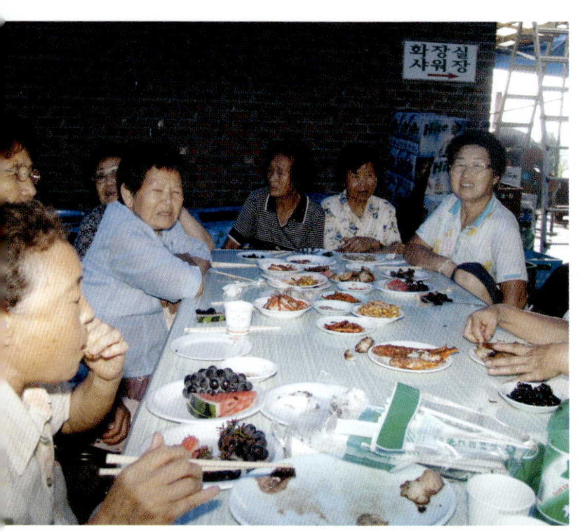

상사에 참여한 마을 사람들

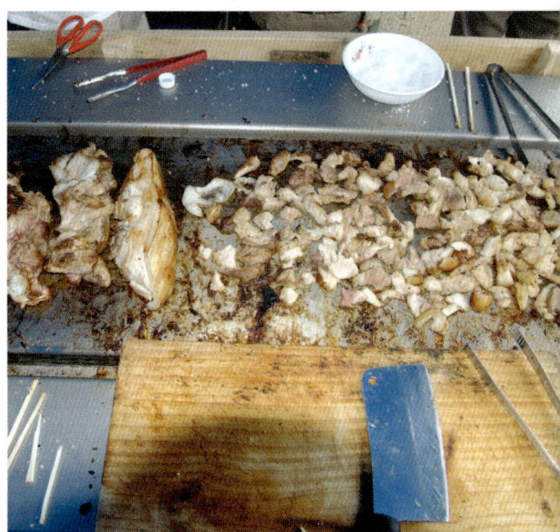

돼지고기를 철판 위에 굽고 있다

지만 대다수의 교인들이 망자를 이 공원묘지에 매장한다.

실제 2005년 8월 11일 합덕리 답사 때에 마침 이 마을에 상사가 있었다. 유족들은 고인을 성당의 별관에 모셔두었다. 별관의 마당에서는 마을 사람들이 조문객을 위한 음식을 준비하였다. 음식 가운데 주목을 끄는 것으로 돼지고기 구이가 있었다. 성당 별관의 마당에 장작불로 불을 피우고 그 위에 철판을 걸었다. 그리고는 돼지고기를 토막 내어 그 위에서 구웠다. 구워진 고기는 조문객들이 먹을 수 있도록 접시에 담아 주었다. 또 다른 음식으로 술이 있었다. 음식과 함께 소주를 상 위에 놓아 조문객이 마실 수 있도록 하였다.

망자 사후 이틀째 되는 날 염습을 하였다. 염습의 방법은 전통적인 법식과 크게 다르지 않았다. 다만, 염습자가 염습을 주도하는 가운데 한쪽에서 교인들이 모여 이를 추도하는 찬송을 하였다. 천주교에서는 이 과정을 연미사라 하였다. 이러한 연미사는 혼령을 위로하고 천당으로 인도하는 의식이라 할 수 있다.

망자 사후 삼일째 되는 날 발인을 하였다. 장지는 천주교 공원묘원이다. 오전에 망자를 운구차에 모시고 장지로 향하였다. 그리고는 미리 정해 둔 하관시간에 맞추어 망자를 안치하였다.

기제(忌祭)와 묘제(墓祭) 기제사를 비롯한 제의 역시 천교식의 의례에 의해 수행한다. 각 가정의 경우 유교식 기제사를 올리는 예는 거의 없다. 한 60대 남성 제보자는 부모의 기일에 부모가 좋아하던 조기와 음식 서너 가지를 놓고 추모 기도를 한다고 하였다. 이러한 예는 지극히 희소한 사례이고 다수의 제보자들은 기일을 맞아 별도의 음식을 차리지 않는다고 하였다. 그러면서도 성당의 신부를 통하여 별도의 추모 미사를 하는 예가 있다.

"(조사자 : 이 마을에서는 차례를 안 지내나요?) 차례는, 옌날에 여기 천주교 들어오기 전에 부모님이 죽고 천주교를 안 믿는 분들은 제사를 지내유. 그럭하구 이 마을에서 믿는 사람은, 대대 손손으루 믿는 사람은 성당에다, 봉투에다 미사예물이라구 해가지구 미사할 때 신부님께 드리면, 신부님이 그 조상에다 미사를 드려줘유. (조사자 : 돌아간 날 미사예물을 드리면?) 예. 돌아간 날에 미사예물을 갖다가 넣쥬. 그러믄 아무개 인제 마지아믄 마지아 뭐, 인제 여기는 솔미라는 데가 김대건 성지, 김대건 본명 가진 사람은 김대건 그르케 해가지구 느믄 신부님이 '아무개 영혼을 위해서 미사드린다' 구, '기도들 많이 하라' 구 하믄 그 영혼을 위해서 기도 드리쥬. 일요일 날. 그르케 기도 드리쥬. (조사자 : 그러니까 그 주에 돌아가신 분을 일요일에 신부님이 기도 드리는군요?) 예. 아무개 마지아믄 마지아 또, 자기 본 이름, '천당 영혼을 위해 기도 드린다' 구 하쥬. (조사자 : 마을 분 가운데 전혀 제사 드리는 사람이 없을까요?) 근데 그 영혼을 위해서, 조상을 위해서 드리는 거니까 천주교에서도 그거는 말리지 않아유. 자기 맘대루 하라구. [송순애(여, 86)]"

전통적으로 음력 10월 중에 지내는 묘제(墓祭) 또한 이 마을에서는 지내지 않는다. 제보자는 이 묘제 대신 묘가 있는 현장에서의 추모미사가 있다고 하였다. 곧, 성당이 중심이 되어 특정한 날에 천주교 공원묘지에서 신자들을 위한 추모미사를 시행한다는 것이다.

"(조사자 : 혹시 시월에 조상 묘를 돌면서 묘제 지내지 않나요?) 여기는 묘제를 안 지내요. 그러구 여기 천주교 합동으로 산 하나가 전부 신자를 갖다가 묻은 디가 있잖아유. (조사자 : 공원묘원처럼) 예. 예. 거기서 일 년에 한 번씩 미사를 드려유. 전체루. 합동미사, 그게 그르니깐 봄인디? 봄이믄 한식날 같은 때. 거기 모이는 사람은 다 모이지. (조사자 : 날은 성당에서 정하겠네요?) 그거는 날이 궂을 수도 있으니까 그날 아니므는 신부님이 잡아유. '메칠 날 합동미사를 드린다.' 그래 일요일 날 공개를 하믄 다 모이쥬. 그래 거기서 합동미사를 드리쥬. 합동미사 드리고서는 자그 모이마다 찾아다니믄서 절하고. 팔월 추석 날두 그럭하구, 정월 초하룻 날두 가구. 초하룻날 모이루 성묘하러 가유. 가무는 뭐 모이에 안 온 사람 없이 다 왔슈. 우리두 다 가유.

(조사자 : 혹시 묘 앞에 음식 차려놓고 차례 지내는 사람이 있어요?) 그거는 그전에 천주교 신자 아닌 사람은 음식 갖다 논 사람도 있고 신자는 안 놔유. (조사자 : 거기 가서는 기도를 하나요, 절을 하나요?) 절 해유. 아니, 절 해유. 두 번씩. [송순애(여, 86)]"

천주교 공원묘원은 이곳 천주교인들의 사후 안식처라고 한다. 대부분의 교인들이 사후 이곳에 안장된다. 따라서 이곳에는 이 마을의 조상들이 대부분 잠들어 있다. 이런 이유로 조상의 묘를 찾아 여러 곳을 옮겨 다니는 번거로움을 피할 수 있다고 한다. 또, 성당이 중심이 되어 설과 추석을 비롯하여 특정한 날을 잡아 추모미사를 올리고 있다.

연합 기우제

이 기우제는 합덕리만의 제의가 아니라 합덕리 일대 마을의 연합 기우제이다. 합덕리를 비롯한 이 일대가 너른 평야지대이고 또 미작지대인 점을 고려하여 이 일대에서 시행되었던 기우제를 여기에 옮겨둔다.

기우제(祈雨祭)는 가뭄이 극심할 때에 비를 비는 의식이다. 기우를 비는 대상은 천신이나 수신이다. 천신의 경우는 일반적으로 하늘님 또는 옥황상제라고 한다. 또, 수신의 경우는 용신이 그 대상이 된다.

합덕리 인근 마을의 연합 기우제는 합덕 연호방죽의 용샘에서 이루어졌다. 용샘의 앞에 통돼지를 잡아놓고 기우제를 지냈다. 제물은 앞의 통돼지 외에 과일, 포, 술 등을 준비한다. 이곳에서의 제관은 면장이나 군수가 되는데 이 지역 유지들과 주민이 참여하였다. 제사는 저녁 8~9시 경이었다.

한편 방죽의 용샘은 아무리 가물어도 물이 마르지 않는다고 한다. 주민들은 이 물이 마르지 않는 곳에 용이 사는 것으로 보았다. 따라서 기우제를 지낸 뒤에 이 용샘의 중앙에 고사 지낸 돼지를 넣었다. 이렇게 하면 용이 이 돼지를 먹고 주민들의 소망을 들어준다고 한다.

그런데 이러한 기우제에 대해서 합덕리 주민들은 비교적 무관심하다. 합덕리 주민은 대부분 천주교를 신앙하기 때문에 이러한 방식의 민간신앙적 기우제를 합리적인 것으로 받아들이지 않는다. 그렇다고 하여 기우제를 지내는 사람들에 대해서 그다지 비판적이지도 않다. 각자의 신앙방식에 대한 존중의 태도를 엿볼 수 있다.

구전자료

구전자료는 설화와 합덕리를 포함한 주변지역의 내력을 정리하였다. 자료 선택의 기준은 무엇보다 현장 사람들의 삶을 반영하고 있는가에 두었다. 또, 구전의 내용이 현장의 역사성을 반영하고 있는가도 게재의 기준으로 삼았다. 소략하나마 이러한 관점에서 선별한 몇 가지 사례를 여기에 옮겨둔다.

용샘

(조사자 : 그전에 용천이 있었다던데요?) 예, 요기, 요깄슈. 용총 그전에 거기서 그전이 용 나오고 그랬는디 지금은 모르겄데? (청중 : 말이 용충이라고 그랬는데 다 멨슈. 다.) 방죽 미티, 방죽 미티가 이만한 웅덩이가 하나 있지, 왜? 그런디 그게 용충이라고 있슈. 그런디 그게 하루에 세 번씩 물이 변한댜. 아침이 시퍼러쿠, 점심인 빨가쿠, 저녁 때는 하야쿠, 그르키 세 번씩 변했대유. 그런디 지끔은 멨써. 멨써. (청중 : 멨써.) 메구 모심었어. (청중 : 넓었지. 이만 해). 용이 나왔대. 그전에. (청중 : 비만 오믄 올라간댜. 얘기지, 얘기. 그런 얘기여. 본 사람은 없다구. 청중2 : 옌날이 용이 올라가는 거 봤다는 사람두 있구 안 봤다는 사람두 있구 그거는 몰르지? 그거야. 옌날 늙은이들이 그러니까.) [2006. 7. 4. 임정숙(여, 80)]

용샘

저기 저짝 둑 너머로 천여 평 되는, 뚱그스름하게 천여 평 되는 곳이었어유. 지금은 매립됐어유. 거기에 양쪽이가 팽나무가, 팽나무, 팽나무가 (양팔을 벌리며) 이르케 큰 게 있었어유. (팔을 들어 나무가 비틀어진 모급을 흉내내며) 이로케 꾸부러 가며 돌아가며 양쪽에 컸어유. 두 개(그루)가. (바닥에 점을 찍고) 이게 용충이며는 그 양쪽에 팽나무가 섰는데 나무가 이로케 꾸부러 가며 양 쪽에 두 나무가 섰었어유. 용충이라고 하는 게 우물 정(井)자 써서 용정이라구두 할 수 있구, 인제 샘 천(泉)자 써서 천이라구두 할 수 있는디, 이 용천이나 용정이나 전부 다 의미는 다 용샘이라는 그런 뜻이었는디, 나무가, 팽나무가 높이는 아마 사오십 미터 됐을 꺼유. 괭장히 컸어유. 그랬었는디, 그 나무들은 인제, 그 나무들은 크는 것두 모습두 그랬으니께 그 나무들은 누가 벼가지도 안하고 그르캤었거든유. 그런디, 그전에 연료가 귀하고 막 그라고 그랬을 때니께 천주교회 사람들이, 그 사람들은 신이고 뭐고 그런 것은 생각도 안는 사람들 아니유? 그 사람들이 전부다 벼다 땠단 말두 있구.

(조사자 : 물이 변한다고 하던데요?) 그거는 인제 사람들이 생각할 나름인디, 거기가 인제 그르케 기퍼가지고서, 인제 용천이라고 사람들이 가에 풀나구 거기가 고기도 만쿠 그랬거든유. 그런데 인제 물이 들어오는, 나가는 디두 없구 여기 저수지 담수했을 때 여기서 물을 쓰면 인제 고, 고 근처에서 비 오는 물이 흘러 들어가고 나가고 그러니께, 거기가 수초가 많이 나고 그러니께, 그 밑에서, 바닥에서 썩고 그러니께 미생물들이, 미생물들이, 인제 이러케 저 미생물이 온도가 높으며는 올라왔다 온도가 떨어지면 내려갔다 그러케 되므는, 그러케 돼서 어떤 때는 불그스름하게 적조 비슷하게 됐다고 했지, 뭐 색깔이 껌었다던지 그르케는 안 됐어유. 그르케는 안 됐구. 긍게 사람들이 얘기를 한 입에서 두 입 건너가면 그르케 되는 거 아니유? 내가 생각하기는 그게 적조 현상이지. [2006. 7. 4. 000(남, 60대)]

견훤 군대와 대호방죽

신라 말에 고려가 생기기 전에 후백제가 있었잖아유. 견훤이, 견훤이 세운. 후백제 인제 생겼을 적에 (대합덕리 서편 산을 가리키며) 저기 산이, 저 산, 이 부락이 이름이 성동이유 성동. 성동인디, 옛날이 인제 후백제 때 이, 견훤왕이 주둔군들이 여기 와서 진을 치구 와서 있었는디, 옌날이 그 시절 같으믄 인제 천여년 전 얘기니께 인제 뭐, 산도 참 울창하게 산림이 우거지고 그랬을 꺼유. 인제 (합덕리와 대합덕리 사이에 있었던 방죽 자리 중앙 부분을 가리키며) 저기, 저 안에 퍼러케 이르케 뭐 잔뜩 심은 거처럼 보이쥬? 거기가 인제 지금 현재는 이, 저, 저수지가 없어지구 인제 저수지를 (견훤 군대가 머물렀다는 산성 쪽을 가리키며) 저 우에서 흐르는 물을 뺄라구 인제 낙차를 맨드느라구 그랜는디, 거기를 파 보니께 거기서 막 개뻘이 나오더라구유. 지금 현재 우에서 흙이 전부다 다 밀려 내려와서 퇴적돼서 저 밑이가 안 나타나지, 우에는 표토는 퇴적 흙이 쌓여서 된 거지. 거기를 지금 파면 개뻘이 나왔으니께 옌날엔 틀림없이 조수가 거까지 들어왔다구유. (조사자 : 바닷물이 여기까지?) 예. 그래서 인제 그랜는데 (견훤 산성 쪽을 가리키며) 저 우에 가며는 (대합덕리 연호제 비석을 기준으로 할 때 북서쪽을 가리키며) 저쪽하고 (남서쪽을 가리키며) 이짝에서 나온 물이 합류가 돼유. 그러케 만나유. 저 우에 가믄. 거기서 만나는디, 인제 견훤왕군이 저 쪽 산에서 주둔하고 있을 적에, 인제 예날에는 가족이 왕이므는 가족이 전부다 따라다녔잖아유. 식구들이. 그래서 인제 말 먹일려구, 말 먹일려구 거기를 일단 막어서 거기서 인제 생활용수를 쓰고 말두 멕이구 그르케 해서 용수를 썼던 모냥이유. 그르케 되든 거시, 이 밑에 땅이 전부, 근데 그 시절 같으므는 전부다 갈대밭이었겠지. 여기가, 갈대밭이었겠지. 갈대밭이구 땅도 비옥하고, 인제 민물도 계속해서, 아니 바닷물두 계속해서 들어오는 것이 아니고 쪼곰식 들어오고 그러니께 쪼곰씩 막고 해서 사람두 들구, 살기 괜찮으니께 사람들이 여기서 살고 그랬든 모냥이유. 그르케 돼서 인제 이 미테가 더 넓은니께 내려다 막구, 젤 첨에 쪼고마케 막었던 것이, 쪼고마케 (견훤산성 기슭쪽) 저쪽에다 말 멕이구 해서 자기들 생활용수 쓸라고 했던 게 일축(一築)이라구 했구, 처음쌓다구. 두 번째 쪼금 확장해서 쌓은 것이 이축(二築)이 될꺼유. 두 번째. 그라구 삼축(三築)이라구 하믄 지끔 현재 남어있는 것, (옛 대호방죽의 하단 둑 부분을 가리키며) 이게 삼축이 될 꺼에유. 이게 삼축이라구 해서 성종실록에 기록이 있대유. (조사자 : 이축은 표시는 없고?) 흔적두 없쥬. (조사자 : 시대도 모르고?) 예. 모르쥬. 그르케서 그르켔기 때문에 성종실록에는 시 번째 싼 것이 지금 남아있는 거 (대합덕리 쪽 돌로 쌓은 방죽을 가리키며) 저거예유.

견훤군이 이쪽에 주둔하고 있고, 왕건군은 저쪽에 용산, 용산이라구 있어유. 인제 추사 김정희 선생 묘소하고, 인제 추사에 그 저기 그분 묘소가 거기에 가 있어요. 용산이라구 그쪽에는 고려 왕건 군이 주둔하고 있고, (연호방죽 터를 가리키며) 여기가 인제 전부 조수가 드나들고 갈대밭이고 하니께 인제 접경이 된 거쥬. (조사자 : 물길 사이에 두고?) 네. 여기가 전부 갈대밭이었으니께. 그 시대에는 갈대밭이었으니까 여기가 인제, 저 건너 산에는 왕건군이, 이쪽 산에는 견훤군이 주둔하고 있었쥬. [2006. 7. 5. 이형진(남, 65)]

저수지 바닥 흙으로 방제 둑을 높임

여기가 그전에, 이제 전부다 없어졌구만서두, 옛날에 그 전에 소화 십사년도라고 하니께 한 육칠십 년 전에 굉장한 한발이 있었든가봐유? 굉장한 한발이 있었는데 인제 이 이 저수지 물, 물 다 말랐으니까, 인제 퇴적된 땅이니까 바닥이 딱딱 다 그냥 갈라졌으니께, 옌날에는 인제 저기 사람들이 기계두 없구 다 등짐으루만 날른 거 아뉴? 인제 알 지게루, 지게 바지게 암 껏두 안 대구 알 지게루, 이제 지렛대루 뚝 떠서 두 사람이 얹어주면 지게루 갖다 놓고 해서 이 (방조제) 뚝을 다 높였대요. (조사자 : 뻘 흙으로?) 아니, 뻘 흙이 아니구 바닥 흙으르루. 저수지 바닥 거기서 떼다 높인 거니께, 저수지 저 제방 옆으루 해서 백 메다 정도는 수심이 굉장히 깊었어유.

또 연근이 그르케 만어가지구서 그 전에는 흉년 들구 먹을 게 없으니께 그 전이는 그 연근을 그르케 많이들 캐다 먹었다구 그러대유. [이형진(남, 65)]

동학군 무덤밭

그래서 또 여기는 한 가지 뭐가 있냐 하므는, 동학란 때 전쟁을 어서 했는지 몰르는디, 이 동학군 무덤밭이라구 요기 있었어유. (현, 방죽 관련 비석이 늘어서 있는 서편쪽 수로 가의 둑) 요 아래 동학군이 많이 죽었으니께 동학군들을 전부다 시체를 수습을 해서 전부다 다 쪼르르 놓고서 묻은 모냥이에유. 요기 조금 높은 디가 있었어유. 높은 디가 있었는데, (동학군 무덤밭 자리를 가리키며) 여기가 높았어유. 공사를 하느라고 다 (흙을) 파갔어유. 으른들이 동학군 무덤밭 얘기를 하드라구유. 동학란 때 동학군들이 많이 죽어서 여기다 죽 매장을 했었대유. 여기가 높았어유. 지금 요거보다 한 이미터 정도 더 높았어유. 이 밭은 침수되지 않았어유. 그전에 한발이 들었었을 때 (저수지 바닥의) 그 흙을 파다가 동학군 무덤밭 위에다가도 부었어유. 흙을 돋았다구유.

경지정리한다고 해서 전부다 싹 밀어가뻐려서 지금은 어쩔란지 모르겠어유. (조사자 : 그 당시에 시신이 발견된 것은 없었나요?) 그런 것은 없었어유. 말하자믄 굉장히 오래됐지유. 여기 시기로 보믄, 그러구 여기는 흙이 모래흙이라, 속이 모래땅이유. 그러기 땜에 아마 매장을 했다 해두 굉장히 쉽게 부식이 됐을 꺼유. 아마. 그래 아무 것두 없었구.

지끔이야 동학군들이 참 농민 혁명이라구 해서, 그 당시는 정부군하고 일본군한테 쫓기는 그런 시절이었잖아유. (이 곳에 동학군을 매장할 때가) 우금치 전쟁하구 연대가 비슷할 꺼유. (조사자 : 몇 사람이나 묻었는지 알 수 있을까요?) 그런 건 모르쥬. 동학군 무덤밭이 여기서부터 (논둑 수로 쪽을 가리키며) 저기까지였으니께 이백 미터 더 되쥬. 그러니까 그 매장한 수가 얼만지는 모르는디 해간 동학군 무덤밭이라구 하더라구유. 언제라구 하는 그런 거는 없어유. 그냥 동학란 때라구만 했지 연대가 언제라구 하는 그런 기록도 없구 그러츄.

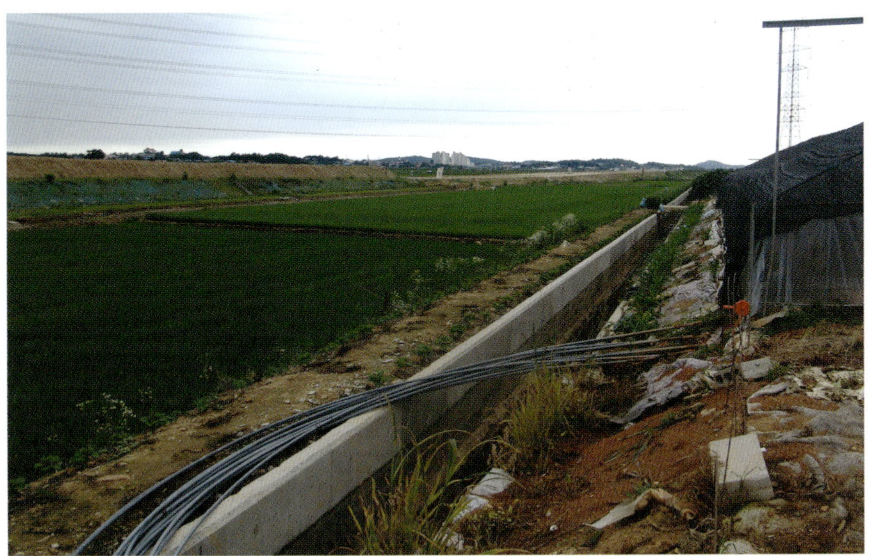

현 수로를 따라 길게 무덤밭이 있었다.

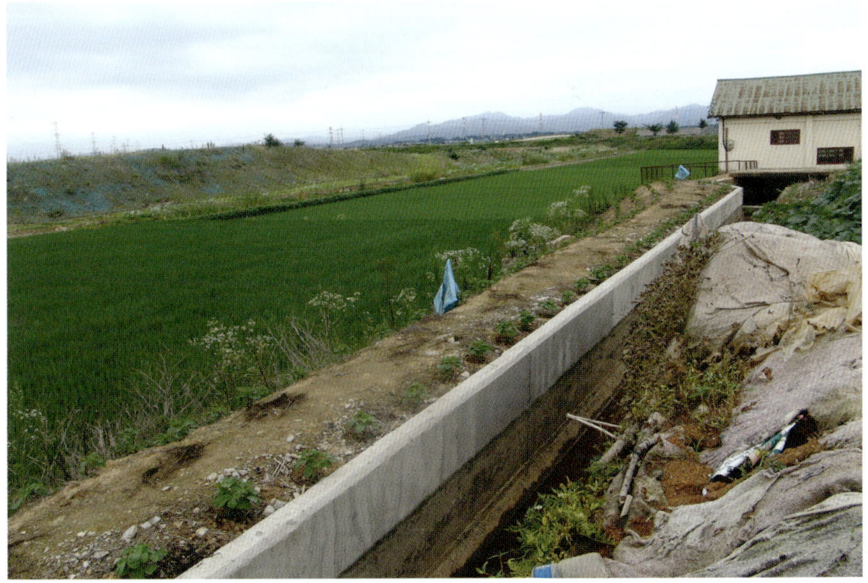

동학군 무덤밭(수로에서 전면 건물까지)

(조사자 : 이 마을 분 중에 돌아간 분은 없나요?) 옛날 으른들 말씀이 동학란 때 저기 뭐 참 전했다든지 봤다든지 그런 말씀은 없드라구유. [이형진(남, 65)]

활촉

그전에 발동기로 물을 품느라구 물을 품었는디 그 사람이 그전이 그러드라구요. 물 품느라구 바닥에 보니까 화살촉 같은 것이 나왔다구, 그러드라구유. 옌날에 여기두 사람이 많이 다니는 곳이거든유. 옌날에 장돌림들은 등짐 지구 전부 다 걸어 다녔잖아유. 그래 (옥금리 쪽을 가리키며) 합덕을 걸어 다녔어유. 여기 사람이 많이 다니기 때문에 활촉이 나구 그랬을, 그러니께 활촉이 나온 것은 아마 그런 것 같어유. 옌날이 여가 견훤이가 주둔했기 때문에 싸움터니게 그런 거 같어유. [이형진(남, 65)]

(박 종 익)

주(註)

1) 보습질을 말한다. 보습은 땅을 갈아 일구는 농기구로, 쟁기와 유사하다.

충남대학교 충청문화연구소 마을연구단 (2005~2006)

연구책임자	김필동 (충남대학교 사회학과 교수, 사회학)
공동연구원	박찬승 (한양대학교 사학과 교수, 한국사)
	고동환 (한국과학기술원 인문사회과학부 교수, 한국사)
	김경수 (청운대학교 교양학부 교수, 한국사)
	김수태 (충남대학교 국사학과 교수, 한국사)
	김 준 (목포대학교 도서문화연구소 연구교수, 사회학)
	김창민 (전주대학교 교양학부 교수, 인류학)
	박걸순 (충북대학교 사학과 교수, 한국사)
	윤종빈 (충남대학교 철학과 강사, 한국철학)
전임연구원	김현숙 (마을연구단 전임연구원, 한국사)
	박종익 (마을연구단 전임연구원, 민속학)
	유보경 (마을연구단 전임연구원, 사회학)
	이연숙 (마을연구단 전임연구원, 한국사)
	곽호제 (마을연구단 전임연구원, 현 청양대학 초빙교수, 한국사)
	전종한 (마을연구단 전임연구원, 현 경인교육대학교 교수, 지리학)
	권병욱 (마을연구단 전임연구원, 사회학)
	권선정 (마을연구단 전임연구원, 지리학)
연구보조원	문광철 (충남대학교 대학원 국사학과 박사과정 수료)
	이헌미 (성공회대학교 NGO대학원 석사)
	김미영 (충남대학교 대학원 기록보존학과 석사과정)
	고형임 (한국교원대학교 대학원 석사, 역사교육 전공)
	김진희 (한국교원대학교 대학원 역사교육전공 석사과정)
	송기중 (충남대학교 대학원 국사학과 석사과정)
	오보경 (충남대학교 대학원 국사학과 석사과정)
	윤보윤 (충남대학교 대학원 국어국문학과 석사과정)
	윤애리 (충남대학교 대학원 국사학과 석사과정)
	정상화 (충남대학교 대학원 기록보존학과 석사과정)
	주계운 (충남대학교 대학원 국사학과 석사과정)
	오현정 (충남대학교 사회과학대학 사회학과)
	염지인 (충남대학교 사회과학대학 사회학과)
	장지선 (충남대학교 인문대학 국어국문학과)

빛깔있는 책들 501-7

충남 지역 마을지 총서 ⑥ 당진군 합덕읍 합덕리

당진 합덕마을

초판 1쇄 인쇄 2008년 7월 21일
초판 1쇄 발행 2008년 7월 28일

글 · 사진 충남대학교 마을연구단

발 행 인 장세우
편 집 황병욱, 오효영
마 케 팅 강승일
관 리 김인태, 정문철, 김영원

발 행 처 주식회사 대원사
주소 140-901 서울 용산구 후암동 358-17
전화 02. 757. 6717~9
팩스 02. 775. 8043
등록번호 제3-191호

http://www.daewonsa.co.kr

이 책에 실린 글과 사진은 저자와 주식회사 대원사의
서면 동의 없이는 아무도 이용하실 수 없습니다.

잘못 만들어진 책은 바꾸어드립니다.

값 8,500원

ⓒ충남대학교 충청문화연구소 마을연구단, 2008

이 책은 한국학술진흥재단의 2005년도 연구비 지원에 의해 출간되었습니다.

Daewonsa Publishing Co.,Ltd.
Printed in Korea 2008

ISBN 978-89-369-0267-4 04380

빛깔있는 책들

민속(분류번호 : 101)

1 짚문화
2 유기
3 소반
4 민속놀이(개정판)
5 전통 매듭
6 전통 자수
7 복식
8 팔도 굿
9 제주 성읍 마을
10 조상 제례
11 한국의 배
12 한국의 춤
13 전통 부채
14 우리 옛 악기
15 솟대
16 전통 상례
17 농기구
18 옛 다리
19 장승과 벅수
106 옹기
111 풀문화
112 한국의 무속
120 탈춤
121 동신당
129 안동 하회 마을
140 풍수지리
149 탈
158 서낭당
159 전통 목가구
165 전통 문양
169 옛 안경과 안경집
187 종이 공예 문화
195 한국의 부엌
201 전통 옷감
209 한국의 화폐
210 한국의 풍어제
270 한국의 벽사부적

고미술(분류번호 : 102)

20 한옥의 조형
21 꽃담
22 문방사우
23 고인쇄
24 수원 화성
25 한국의 정자
26 벼루
27 조선 기와
28 안압지
29 한국의 옛 조경
30 전각
31 분청사기
32 창덕궁
33 장석과 자물쇠
34 종묘와 사직
35 비원
36 옛책
37 고분
38 서양 고지도와 한국
39 단청
102 창경궁
103 한국의 누
104 조선 백자
107 한국의 궁궐
108 덕수궁
109 한국의 성곽
113 한국의 서원
116 토우
122 옛기와
125 고분 유물
136 석등
147 민화
152 북한산성
164 풍속화(하나)
167 궁중 유물(하나)
168 궁중 유물(둘)
176 전통 과학 건축
177 풍속화(둘)
198 옛 궁궐 그림
200 고려 청자
216 산신도
219 경복궁
222 서원 건축
225 한국의 암각화
226 우리 옛 도자기
227 옛 전돌
229 우리 옛 질그릇
232 소쇄원
235 한국의 향교
239 청동기 문화
243 한국의 황제
245 한국의 읍성
248 전통 장신구
250 전통 남자 장신구

불교 문화(분류번호 : 103)

40 불상
41 사원 건축
42 범종
43 석불
44 옛절터
45 경주 남산(하나)
46 경주 남산(둘)
47 석탑
48 사리구
49 요사채
50 불화
51 괘불
52 신장상
53 보살상
54 사경
55 불교 목공예
56 부도
57 불화 그리기
58 고승 진영
59 미륵불
101 마애불
110 통도사
117 영산재
119 지옥도
123 산사의 하루
124 반가사유상
127 불국사
132 금동불
135 만다라
145 해인사
150 송광사
154 범어사
155 대흥사
156 법주사
157 운주사
171 부석사
178 철불
180 불교 의식구
220 전탑
221 마곡사
230 갑사와 동학사
236 선암사
237 금산사
240 수덕사
241 화엄사
244 다비와 사리
249 선운사
255 한국의 가사
272 청평사

음식 일반(분류번호 : 201)

60 전통 음식
61 팔도 음식
62 떡과 과자
63 겨울 음식
64 봄가을 음식
65 여름 음식
66 명절 음식
166 궁중음식과 서울음식
207 통과 의례 음식
214 제주도 음식
215 김치
253 장醬

건강 식품(분류번호 : 202)

105 민간 요법　181 전통 건강 음료

즐거운 생활(분류번호 : 203)

67 다도　68 서예　69 도예　70 동양란 가꾸기　71 분재
72 수석　73 칵테일　74 인테리어 디자인　75 낚시　76 봄가을 한복
77 겨울 한복　78 여름 한복　79 집 꾸미기　80 방과 부엌 꾸미기　81 거실 꾸미기
82 색지 공예　83 신비의 우주　84 실내 원예　85 오디오　114 관상학
115 수상학　134 애견 기르기　138 한국 춘란 가꾸기　139 사진 입문　172 현대 무용 감상법
179 오페라 감상법　192 연극 감상법　193 발레 감상법　205 쪽물들이기　211 뮤지컬 감상법
213 풍경 사진 입문　223 서양 고전음악 감상법　251 와인　254 전통주
269 커피

건강 생활(분류번호 : 204)

86 요가　87 볼링　88 골프　89 생활 체조　90 5분 체조
91 기공　92 태극권　133 단전 호흡　162 택견　199 태권도
247 씨름

한국의 자연(분류번호 : 301)

93 집에서 기르는 야생화　94 약이 되는 야생초　95 약용 식물　96 한국의 동굴
97 한국의 텃새　98 한국의 철새　99 한강　100 한국의 곤충　118 고산 식물
126 한국의 호수　128 민물고기　137 야생 동물　141 북한산　142 지리산
143 한라산　144 설악산　151 한국의 토종개　153 강화도　173 속리산
174 울릉도　175 소나무　182 독도　183 오대산　184 한국의 자생란
186 계룡산　188 쉽게 구할 수 있는 염료 식물　189 한국의 외래 · 귀화 식물
190 백두산　197 화석　202 월출산　203 해양 생물　206 한국의 버섯
208 한국의 약수　212 주왕산　217 홍도와 흑산도　218 한국의 갯벌　224 한국의 나비
233 동강　234 대나무　238 한국의 샘물　246 백두고원　256 거문도와 백도
257 거제도

미술 일반(분류번호 : 401)

130 한국화 감상법　131 서양화 감상법　146 문자도　148 추상화 감상법　160 중국화 감상법
161 행위 예술 감상법　163 민화 그리기　170 설치 미술 감상법　185 판화 감상법
191 근대 수묵 채색화 감상법　194 옛 그림 감상법　196 근대 유화 감상법　204 무대 미술 감상법
228 서예 감상법　231 일본화 감상법　242 사군자 감상법　271 조각 감상법

역사(분류번호 : 501)

252 신문　260 부여 장정마을　261 연기 솔올마을　262 태안 개미목마을　263 아산 외암마을
264 보령 원산도　265 당진 합덕마을　266 금산 불이마을　267 논산 병사마을　268 홍성 독배마을